사회주의란 무엇인가?

전면 개정 증보판

국립중앙도서관 출판시도서목록(CIP)

사회주의란 무엇인가? / 존 몰리뉴 원작 ; 최일붕 편집·
번역. -- 개정 증보판. -- 서울 : 책갈피, 2013
     p. ;   cm

원표제: Arguments for revolutionary socialism
원저자명: John Molyneux
영어 원작을 한국어로 번역
ISBN 978-89-7966-098-2 03300 : ₩13000

사회 주의[社會主義]

340.24-KDC5
335-DDC21   CIP2013008984

사회주의란 무엇인가?

전면 개정 증보판

존 몰리뉴 원작 | 최일붕 편집·번역

책갈피

■ ■ ■
사회주의란 무엇인가?
전면 개정 증보판

존 몰리뉴 원작
최일붕 편집·번역
도서출판 책갈피 발행

등록 | 1992년 2월 14일(제18–29호)
주소 | 서울 중구 필동2가 106–6 2층
전화 | 02)2265–6354
팩스 | 02)2265–6395

이메일 | bookmarx@naver.com
홈페이지 | http://chaekgalpi.com

첫 번째 찍은 날 2013년 6월 24일
두 번째 찍은 날 2017년 7월 27일
세 번째 찍은 날 2018년 9월 13일

값 13,000원
ISBN 978-89-7966-098-2 03300
잘못된 책은 바꿔 드립니다.

차례

1 마르크스주의의 방법

2 | 자본주의 비판과 분석

3 | 계급투쟁

4 | 사회주의란 무엇인가?

5 | 사회주의 전략·전술

일러두기

1. 이 책은 John Molyneux, *Arguments for Revolutionary Socialism* (Bookmarks, 1987)을 번역한 초판 《사회주의란 무엇인가?》(2005)를 전면 개정 증보한 것이다. 자세한 설명은 옆면의 "편집자 머리말"을 참조하기 바란다.

2. 인명과 지명 등의 외래어는 되도록 외래어 표기법에 맞춰 표기했다.

3. 《 》부호는 책과 잡지를 나타내고, 〈 〉부호는 신문과 주간지를 나타낸다. 논문은 " "로 나타냈다.

4. 본문에서 [ ]는 옮긴이가 독자의 이해를 돕거나 문맥을 매끄럽게 하려고 덧붙인 것이고, 지은이가 덧붙인 것은 [— 몰리뉴] 식으로 지은이의 이름을 넣어 표기했다.

5. 본문의 각주는 원작자의 집필 날짜를 나타내거나 옮긴이가 설명을 첨가해 덧붙인 것이다.

6. 원문에서 이탤릭체로 강조한 부분은 고딕체로 나타냈다.

편집자 머리말

《사회주의란 무엇인가?》의 이 전면 개정·증보판은 2006~09년 좌파 주간지 〈맞불〉과 〈저항의 촛불〉에 연재된 존 몰리뉴의 "실천가들을 위한 마르크스주의 입문" 칼럼과 그 후 격주간지 〈레프트21〉에 실린 동ᇀ 저자의 글 중 관련성과 시의성 있는 글들을 추가해서 초판을 '혁명적으로' 개편한 것이다. 다소 중복된 내용들도 불가피하게 포함돼 있지만, 사회주의 입문서로서 큰 허물은 아닐 듯해 그대로 살렸다.

새로 추가된 글의 원문은 대부분 원작자의 블로그(http://john molyneux.blogspot.kr/)에서 찾아볼 수 있다. 혹시 원문이 궁금한 독자들을 위해 본문 각주에 집필 날짜를 적어 놓았다(단, 실제 집필 날짜와 블로그 게재 날짜가 조금씩 다른 경우가 있다). 블로그에 없는 글의 출처는 각주에 따로 명기했다.

초판은 편집자가 번역했고, 개정·증보판의 새로 추가된 글들은 〈레프트21〉 번역팀원들이 번역했는데, 굳이 일일이 명기하지는 않았다. 이 자리를 빌려 그분들께 감사의 말을 전한다. 이수현은 그분들의 번역 원고를 꼼꼼히 살펴보며 사소한 오역과 오·탈자를 바로잡고 용어를 통일시키려고 애를 많이 썼다. 이분의 노고에도 큰 고마움을 나타내고자 한다.

최일붕

들어가며
나는 어떻게 사회주의자가 됐는가*

　1967년 12월, 당시 19살이던 나는 뉴욕에서 사회주의자가 됐다.

　14살 때부터 나는 매우 반항적인 10대였다. 처음에 나는 선생님들과 논쟁하고 내가 다니던 전통적이고 보수적인 그래머스쿨[영국의 인문계 중등학교]의 권위에 도전하는 식으로 일종의 '지적' 반항을 했다.

　그 뒤 더 아나키즘적이고 심지어 허무주의적인 반항도 했다. 나는 '체제에 저항'했지만, 나 자신을 개인적 아웃사이더나 반항아(시인, 음악가, 부랑자, 도박사, 범죄자)라고 생각했지, 노동계급에게 일체감을 느낀 적은 없었다. 그때까지는 사회주의 사상을 접한 적도, 사회주의 활동가를 만난 적도 없었다.

　이런 사정은 사우샘프턴대학교에 진학하면서 바뀌었다. 사회주의 사상은 곧바로 나를 매료시키기 시작했다. 그 뒤 나는 겨울방학에 3주 동안 뉴욕 여행을 갔고, 뉴욕에 도착한 첫날 밤 호텔방에서 도둑을 맞았다. 그래서 맨해튼을 방황할 수밖에 없었다. 매디슨 거리를 따라 엠파이어스테이트 빌딩을 지나 값싼 숙소를 구하러 빈민가인 바워리 지구까지 갔다. 바워리에 있는 여관의 조그만 침실은 하룻밤 자는 데 1달러면 족했다.

---

*　격주간 〈다함께〉 63호. 2005. 9. 14.

그렇게 가까이에서, 그렇게 생생한 불평등을 목격한 것은 난생 처음이었다. (당시의) 복지국가 영국과는 비교조차 할 수 없었다. 한편에 맨해튼의 고층 건물들로 상징되는 기업 자본의 천문학적 부와, 다른 한편에 미국 사회의 실패와 냉대로 말미암은 완전한 타락(바워리에서 겨우 생계를 이어 나가는 알코올중독자, 변성알코올 섭취자, 마약중독자, 아프고 다친 노인)이 지척에서 공존했다.

그때 내가 깨달은 것은 이런 상반된 현상이 나란히 존재할 뿐 아니라 동전의 양면이라는 사실, 착취와 소외로 얼룩진 자본주의 체제의 산물이라는 사실이었다. 이런 깨달음 때문에 나는 사회주의자가 됐다.

1968년 1월, 영국에 돌아온 나는 처음으로 접촉한 마르크스주의 단체인 사회주의노동동맹SLL 소속 '청년 사회주의자들'에 가입했다(당시 내가 다니던 대학 캠퍼스의 유일한 조직이었다). 나는 그 조직이 제리 힐리라는 독단적 지도자가 지배하는 지극히 종파적이고 교조적이고 권위주의적인 조직임을 곧 알게 됐고 두 달이 채 못 돼 그 조직에서 나오고 말았다.

그 뒤 베트남전쟁 반대 운동에 뛰어들었고 1968년 3월 '베트남 연대 운동VSC'이 주최한 대규모 시위에 참가했다. 그 시위는 거버너 스퀘어에 있는 미국 대사관 앞에서 경찰과의 대규모 전투로 끝났다. 그때 처음으로 경찰 폭력을 맛봤다. 기마경찰이 시위대를 공격했을 때 느낀 두려움과 이에 맞서 저항하는 시위대의 용기를 보며 느낀 감동은 지금도 생생하다.

그 뒤의 결정적 시기는 학생 반란이 프랑스 노동계급의 총파업을 불러일으킨 파리의 5월이었다. TV에서 본 광경에 크게 고무된 나는 직접 프랑스에 가서 현장을 보기로 결심했다.

내가 파리에 도착했을 때는 학생들이 증권거래소를 포위한 다음 날 아침이었고, 방문 기간 내내 학생들과 경찰은 불안한 휴전을 지속하고 있었다. 그래서 나는 어떤 거리 전투에도 참가할 수 없었다. 그러나 투쟁의 잔해(보도블록을 깨뜨려 만든 돌멩이, 남아 있는 바리케이드, 붕대를 감은 채 걷고 있는 부상자)는 도처에 널려 있었고, 총파업의 힘으로 마비된 사회를 볼 수 있었다.

나는 곧장 점거 상태에 있던 소르본 대학으로 갔고, 거기서 밤을 지새며 많은 사람들을 만났다. 나는 그들이 학생인 줄 알았는데, 대다수는 투쟁에 매료된 젊은 노동자들이었다. 나는 또 파리 전역과 오데옹 국립극장(당시 이 곳은 운동의 목적, 전략, 전술 등을 24시간 내내 논의하는 상시적 대중 집회장으로 쓰였다)에 부착할 멋진 포스터를 대량 인쇄하고 있던 예술학교(에콜 데 보자르)도 방문했다.

나는 1968년 5월을 통해 무엇보다 투쟁 속에서 사람들이 어떻게 변하는지를 경험했고, 노동자 혁명이 서구 선진국에서도 가능하다는 확신을 얻었다(5월 사건이 있기 전에 좌파들 사이에서 득세했던 견해는 혁명은 오직 제3세계에서만 가능하다는 것이었다). 이제 나는 혁명적 사회주의자를 자처하게 됐고, 영국으로 돌아와 가입할 단체를 찾아 나섰다.

6월에 대학 친구 몇몇이 국제사회주의자들[5]의 토니 클리프를 만났다. 나는 그 모임에 참가하지 않았지만 친구들은 나에게 토니 클리프가 매우 인상적인 인물이었다고 전해 줬다. 즉, 국제사회주의자들은 종파적이지 않고 개방적인 반反스탈린주의 조직이며, 학생운동과 베트남전 반대 운동이 영국 노동계급을 향해 나아가길 원한다고 말했다는 것이다. 클리프는 또 내 친구들에게 가입원서를 몇 장 건네줬다. 나는 가입원서를 작성해서 클리프에게 발송했다. 당시 그 단체의 정책과 이론 등에 대해 아는 것이 전혀 없었지만 적어도 내가 함께하고 싶어 하는 것만큼은 분명했다.

그해 여름방학에 런던 집으로 돌아갔을 때 근처의 국제사회주의자들

지회에 가입했다. 1968년 여름은 흥미진진한 시기였다. 토니 클리프, 마이크 키드런 말고도 국제사회주의자들의 여러 지도적 활동가들을 만났고 많은 모임에 참석했으며 소련의 체코슬로바키아 침략에 반대하는 것을 포함해 다양한 운동과 시위에 참가했다. 또, 〈소셜리트스 워커〉 신문을 판매하기 시작했다.

그해 가을 사우샘프턴대학교로 돌아왔을 때, 나는 헌신적 회원이 돼서 지역 지회를 건설하기 시작했다. 그 헌신성은 지금까지 유지되고 있다.

2005년 한국어판 머리말

이 책은 영국의 좌파 주간신문 〈소셜리스트 워커〉에 썼던 칼럼들을 묶은 것이다. 그 칼럼의 제목은 '혼자 배우는 마르크스주의', '사회주의자들의 주장' 등 다양했다.

그 칼럼은 특정 독자층, 즉 스스로 생각하는 비판적 성향의 노동계급 활동가들을 염두에 두고 썼다. 그들은 주류 문화에 따르면, 존재하지 않는 사람들이었다. 노동계급 투사들에 대한 일반적 견해는 '별 생각 없는 폭도 비슷한 사람들'이라는 것이다. 그리고 그들의 행위 동기는 탐욕이나 질시의 정치학이라는 것이다.

적지 않은 중간계급 지식인들이, 심지어 추상적으로는 노동계급에게 우호적인 지식인들조차 노동자 투사들은 그저 먹고사는 문제나 조야한 구호 따위에만 관심 있는 사람들이라고 생각한다.

이제는 꽤 오래전의 일이 돼 버린 내 경험에 따르면 사실은 정반대다. 노동자 투사들은 지적으로 가장 뛰어나고 문화적 소양도 풍부한 노동계급의 대변자들이다.

그 이유 하나는 투쟁에 참가하다 보면 사람들의 의식이 고양되고 인식의 지평이 넓어지기 때문이다. 그러나 그들 스스로 그런 필요성을 느끼기 때문이기도 하다. 노동자 투사는 지배계급의 정치인이나 언론이 지배계급의 세계관(시사 쟁점에서 인간 본성까지 거의 모든 문제에 대한 지배계급의 견해)을 끊임없이 노동계급에게 강요하려는 것에 맞서 싸우느라 자기 동료와 끊임없이 사상투쟁을 벌이게 된다.

이렇게 일상적으로 주장하고 설득하는 독자들을 지원하려는 것이 칼럼을 쓴 동기였다(물론 다른 독자들도 분명히 있었을 것이다). 칼럼의 용어들은 최대한 간단명료해야 했지만(정규교육을 받지 못해 칼럼을 읽지 못하는 일은 없어야 했다) 그 내용은 아주 진지했고 때로는 꽤나 복잡한 문제를 다뤄야 했다.

칼럼의 전형적 논지 전개 방식은 '상식', 즉 사회주의 노동자가 동료 노동자에게서 접하는 흔해 빠진 생각과 태도(사실, 부르주아 이데올로기에 의해 형성되는)에서 출발해 이와 관련한 사회주의적 견해를 제시하는 것이었다. 그 과정에서 칼럼은 마르크스주의 세계관 전체의 주요 구성 요소들을 강화하려고도 노력했다.

15년이 지났건만 지구 반대편의 한국 출판사가 한국의 노동자와 사회주의자에게도 이 책이 유의미하다고 생각했다는 것은 현대 세계의 아주 중요한 사실을 입증한다. 즉, 전 세계 노동자들이 직면한 쟁점들은 완전히 똑같지는 않더라도 아주 비슷하다는 것이다.

그런 쟁점 중에서 정말로 세계적이고 엄청나게 중요한, 어쩌면 가장 중요한 쟁점이 바로 기후변화와 지구온난화다. 이 문제를 《사회주의란 무엇인가?》에서 다루지 못한 것은 당시에는 그 문제가 내 정치적 레이더에 거의 잡히지 않았기 때문이다. 오늘날은 그 문제를 회피할 수 없다. 모든 과학적 증거를 보면, 기후변화 때문에 환경 재앙과 인류 파멸이 닥칠 수도 있다. 모든 정치적 증거를 보면, 우리 지배자들은 몽유병자처럼 재앙을 향해 나아가고 있거나, 아니면 의식적으로 자신들의 이윤을 위해 인류의 미래를 걸고 도박을 하고 있다(후자의 가능성이 더 높다. 폴 믹가가 《인터내셔널 소셜리즘》 107호에 쓴 탁월한 글 "파멸로 가는 길On the Road to Catastrophe"을 보라).

이 두 가지 사실을 모두 고려하면, 또 다른 사회주의적 주장*이 정말로 강력하고 설득력 있음을 알 수 있다. 즉, 전 세계 노동계급이 자국 지배 계급한테서 권력을 빼앗아 인간의 필요를 위한 국제적 계획 생산 체제를 건설해야 한다는 주장 말이다.

2005년 7월
존 몰라뉴

---

* 이 소책자의 1987년판 영어 원제는 《혁명적 사회주의를 지지하는 주장들 Arguments for Revolutionary Socialism》이었다.

머리말

"철학자들은 세계를 이렇게 저렇게 해석해 왔다. 그러나 중요한 점은 세계를 변화시키는 것이다."

청년 카를 마르크스가 한 이 말은 런던의 하이게이트 묘지에 있는 그의 묘비에도 새겨져 있다. 그도 그럴 것이, 이 말은 마르크스가 정치 생애 내내 실천하고 저술한 것 전체에 영감을 줬기 때문이다.

그 뒤 150여 년이 지난 오늘날 세계를 변화시켜야 할 이유를 찾기는 어렵지 않다.

나라 간 불평등과 국민 내부의 불평등이 엄청날 뿐 아니라 갈수록 더 심각해지고 있다. 상상할 수 없을 만큼 막대한 돈이 무기 생산에 쓰이는 반면, 수많은 사람들이 기본 생필품도 없이 살아가고 있다.

파괴적인 전쟁들, 그로 인한 증오와 인종차별이 확산되고 있다. 거대 기업들과 그들을 대변하는 미국 정부가 노골적으로 세계를 지배하고 있다.

대다수 사람들은 일상생활, 특히 그들의 정신을 망가뜨리는 일터에서 무기력과 소외를 경험하고 있다. 여성, 즉 인류의 절반은 여전히 예속돼 있다.

우리의 정치인들과 전 세계 지배자들의 위선, 거짓말, 잔학 행위도 지속되고 있다. 지구온난화로 인한 환경과 인류의 재앙 앞에서 각국 정부는 범죄나 다름 없는 무대책으로 일관하고 있다.

이 모든 것, 그리고 다른 많은 것들을 보면, 우리 인류에게 더 나은 사회가 필요하다는 것을 분명히 알 수 있다. 이 사실을 정말로 이해할 수 없고 이해하려 하지 않는 자들은 현 체제에서 막대한 이득을 얻는 자들, 즉 부자와 권력자뿐이다.

그러나 세계를 어떻게 변혁할 것인가? 이것이 진정한 문제다.

중요한 직책을 맡고 있는 나쁜 사람들만 바꾸면 되지 않을까? 부시와 블레어를 제거하고 그들을 … 진보적인 인물들로 교체하면 어떨까?

그게 아니라면, 아마 인류의 의식이 집단으로 바뀌는 것이 필요할지도 모른다.

그러나 우리가 어떻게 해야 그런 일이 일어날까? 기도해야 할까? 그것도 아니라면, 점차 조금씩 개혁을 하나하나 추진하고 한 나라 한 나라의 상황을 개선하는 것이 해결책일까?

그것이 실효성이 별로 없고 우리에게 혁명이 필요하다면, 그렇다면 혁명이란 무엇일까? 폭탄을 설치하거나 쿠데타 음모를 꾸미는 것?

세계를 변화시키는 것이 정말 가능할까? 어쨌든 사람들은 아주 오래전부터(적어도 스파르타쿠스 이래로) 그런 노력을 해 왔지만, 지금까지는 그다지 성과가 없었던 듯하다.

이런 문제들을 잠깐만 생각해 봐도, 우리가 사회를 변화시키려면 사회가 어떻게 돌아가는지 이해해야 함을 알 수 있다.

우리는 불평등·전쟁·인종차별과 앞서 말한 다른 해악들의 원인이 무엇인지 알아야 한다. 체제의 약점이 무엇인지, 적절한 압력을 가해 이 체제를 무너뜨릴 수 있는 단층선이 어떻게 그어져 있는지 알아야 한다. 우리가 투쟁할 때 누가 우리의 친구이자 잠재적 동맹 세력이고 누가 우리의 적이 될 것인지 알아야 한다. 이 사회를 변화시키고자 한다면, 우리는 사회 변화 일반에 적용되는 원리들을 이해해야 한다.

이것이 바로 마르크스주의, 또는 마르크스주의 이론의 출발점이다. 단순한 진실은, 체제에 대한 온갖 다양한 비판들, 개혁이나 혁명에 관한 갖가지 이론들, 변화를 추구하는 갖가지 전략들 가운데 단연 가장 만만찮고 가장 깊은 숙고를 거치고 가장 일관되고 가장 효과적인 행동 지침이 마르크스주의라는 사실이다.

그 때문에, 여러 세대 동안 더 나은 세계를 위해 싸운 가장 단호한 투사들의 다수(레닌·트로츠키·룩셈부르크·그람시 같은 지식인들, 파리코뮌의 투사들과 1917년 페트로그라드의 프롤레타리아 같은 전투적 노동자들, 1960년대의 학생들)가 마르크스주의에 이끌린 것이다.

때로는, 사람들이 이끌린 특정 형태의 마르크스주의(스탈린주의 소련의 마르크스주의가 대표적 사례다)가 진정한 마르크스주의를 고약하게 왜곡하고 지독하게 배신한 것이었음이 입증되기도 했다.

이것은 우리가 다뤄야 할 진정한 문제, 쓰라린 유산이다. 그러나 인간 해방을 추구하는 진정한 마르크스주의는 항상 살아남았다.

각종 권력자들, 언론, 학자들은 마르크스주의가 낡고 시대에 뒤떨어진 쓰레기라고 거듭거듭 선언했다. 그러나 마르크스주의는 현상 유지에 반대하는 가장 뛰어난 지적·실천적 도전으로서 거듭거듭 부활했다. 이 책은 마르크스주의의 기본 사상들을 소개하고 설명할 것이다.

물론 쉽게 구할 수 있는 마르크스주의 입문서들이 이미 많이 나와 있다. 괜찮은 도서관과 서점에서는 그런 책들을 적어도 몇 권쯤 구할 수 있다. 그런 책 중 일부는 매우 훌륭하고, 일부는 매우 딱딱하거나 학술적이고, 일부는 심각하게 잘못돼 있다.

그런 책 대다수와 이 책의 차이는 무엇보나 이 책이 행동가를 위한 책이라는 점이다. 즉, 가끔은 청년이 아닌 사람들도 포함하지만 주로 청년 세대를 위한 책이다.

나는 권위주의적 지배와 신자유주의 세계화, 전쟁에 반대하는 투쟁을 통해 정치에 입문한 사람들, 체제에 대한 비판적 인식을 심화하고 체제에 도전하는 자신들의 전략을 명확하게 다듬으려 하는 사람들을 위해 이 책을 썼다.

■ ■ ■

유물론과 변증법이란 무엇인가?

마르크스주의는 노동계급의 처지에서 일반화한 사회 이론이다. 마르크스주의는 역사, 경제학, 정치학, 철학을 두루 다루며, 그것들을 하나의 통일된 이론으로 묶어세운다.

마르크스주의 철학을 흔히 '변증법적 유물론'이라고 한다. 마르크스주의는 생활필수품 생산을 바탕으로 관념들이 생겨나지 그 반대가 아니라고 본다는 점에서 유물론이라고 할 수 있다. 그렇다면 변증법이란 무엇인가?

변증법은 날마다 쓰는 말은 분명히 아니고 학교에서 가르치는 말은 더더욱 아니므로 이렇다 하고 설명하기가 어렵다. 이 말은 원래 고대 그리스에서 사용하던 철학 용어였는데, 18세기 말에 독일의 위대한 철학자 헤겔이 그 말을 이어받아 더욱 발전시켰다.

변증법은 변화의 논리, 즉 변동과 발전의 논리다. 변증법은 모든 사물은 변하며 생겨나서 사라져 가는 끊임없는 과정 속에 있다는 생각(그리고 사실)을 출발점으로 삼는다.

이 생각이 왜 중요한지 알려면 변증법과 '형식'논리학(원래 아리스토텔레스가 발전시킨 것인데, 이 형식논리학을 올바른 사고법으로 여기는 사람들이 많다)을 비교해 보면 된다. 형식논리학에서는 어떤 사물은 이것이면 이것이고 이것이 아니면 아닌 것이지, 동시에 둘 다일 수는 없다고 본다. 예컨대, 고양이는 담요 위에 있지 않으면 담요 위에 없다는 식이다.

형식논리학은 여러모로 쓸모가 있고 필요하기도 하다. 그러나 운동이나 변화를 생각할 때는 들어맞지 않는다. 담요 위로 막 올라서거나 담요에서 막 내려오려는 순간에 고양이는 담요 위에 있기도 하고 없기도 한 것이다. 바로 이 모순을 이해할 수 있게 해 준다는 점에서 변증법은 형식 논리학보다 한 걸음 앞서 있다.

우리가 사회 발전을, 특히 한 사회가 어떻게 다른 사회로 바뀌는가 하는 것을 분석할 때는 변증법이 진짜로 중요해진다. 지배계급은 자기네 방식으로 편제된 사회가 변함없이 언제까지나 계속되리라고 믿는다. 봉건 영주들은 봉건제가 하느님이 정하신 것이고 영원하다고 믿었다. 오늘날의 지배계급은 자본주의야말로 고정불변의 인간 본성을 반영하는 것이며 영원히 계속되리라고 믿는다. 그러나 변증법은 고정되거나 영원한 것은 없다고 주장한다. 봉건제가 역사의 한 자리를 차지했다가 역사의 뒤안길로 사라졌듯이, 자본주의도 역사의 산물로서 언젠가는 역사 무대에서 모습을 감출 것이라고 본다.

이제 변증법의 둘째 근본 명제를 제시할 때가 됐다. 뭔고 하니, 사회 변화는 내부 모순을 통해, 즉 대립물들의 투쟁을 통해 일어난다는 것이다. 사회는 하나의 전체를 이루지만 그 전체 안에는 서로 반목하고 대립하는 여러 힘(세력)들이 있기 마련이다. 한 사회가 다른 사회로 바뀌는 것은 그 사회를 지배하던 세력이 그 적대 요소, 즉 반대 세력에게 밀려났기 때문이다.

헤겔이 변증법을 발전시킨 것이 프랑스에서 혁명이 한창일 때였음은 결코 우연이 아니다. 모순을 통한 발전이라는 변증법 이론은 프랑스 대혁명의 철학적 표현이었던 셈이다.

그러나 프랑스 대혁명이 법률가와 지식인 등이 이끈 자본주의적 혁명이다 보니, 헤겔이 서로 대립하는 **관념들**(군주제 이념과 공화제 이념, 신분 사상과 평등 사상 따위) 사이의 투쟁을 역사의 원동력으로 본 것도 무리는 아니다. 그러나 헤겔보다 50년 늦게 태어나 노동계급의 견지에 선 마르크스는 헤겔을 뛰어넘을 수 있었고, 관념들 사이의 투쟁이란 따지고 보면 어

1장 마르크스주의의 방법

떤 물질적 이해관계를 나타내는 세력들 사이의 투쟁을 반영할 따름이라는 것을 보여 줬다. 마르크스에 힘입어 변증법은 계급투쟁의 논리가 됐다.

변증법의 셋째 명제는 양量의 변화가 질質의 변화를 부른다는 것이다. 변화는 특정 사회의 틀 속에서 일어난다. 예컨대, 자본주의 사회에서는 생산력이 날로 증대하고 진보하며 노동계급도 더욱 힘을 키워 간다. 이런 변화들은 얼마 동안은 양量의 변화에 머물고, 따라서 사회를 약간 바꿔 놓기는 하지만 완전히 다른 모습으로 만들지는 못한다. 그러나 변화가 너무 커서 옛 틀로는 담을 수 없는 때가 언젠가는 반드시 찾아온다. 발전이 계속되려면 옛 틀은 깨져야 하고 새로운 사회질서가 자리를 잡아야 한다.

따라서 변증법은 변화와 계급투쟁의 논리일 뿐 아니라 혁명의 논리이기도 하다. 처음에 철학에서 쓰일 때는 모호한 구석도 있었지만, 변증법은 실천을 돕는 강력한 도구다. 변증법 덕분에 마르크스주의자들은 노동계급 투쟁의 내적 동역학을 잘 알 수 있게 됐다.

■ ■ ■
저들의 진리와 우리의 진리

"우리는 모든 사람이 평등하게 창조됐으며 인간은 창조주가 부여한 양도할 수 없는 권리, 즉 생명권, 자유권, 행복추구권을 지닌다는 것을 자명한 진리로 여긴다."

미국의 독립선언문에 나오는 이 유명한 구절은 근대 자본주의가 발전할 수 있는 길을 연 부르주아 혁명이 한창일 때 울려 퍼진 선언들의 모범이라 할 만하다. 세 가지 점에서 그렇다.

첫째, 이 선언문은 뭔가 구체적 문제를 다루기보다는 이른바 보편적이고 절대적인, 그렇지만 추상적인 진리와 권리를 한데 모아 놓았다. 둘째, 세계의 거의 모든 곳에서 절대군주제가 판치던 당시에는 그 선언이 매우 진보적이고 참으로 급진적이었다. 셋째, 그러나 선언문을 작성하는 바로 그 순간에도 부르주아 혁명을 이끈 자들은 그 선언을 한 구절 한 구절 짓밟고 있었다. 미국은 독립 후에도 90년 동안이나 노예제를 그대로 뒀다.

오늘날에도 자본주의 선전과 이데올로기에서는 겉치레로나마 이와 같은 보편적 원칙들을 선포하지만 실제로는 여전히 그것들을 어기고 있고, 선언에 담긴 진보적 내용은 이미 오래전에 사라져 버렸다.

노동계급 혁명의 이론가인 마르크스는 '진리'와 '권리'에 대해 전혀 다른 태도를 보였다. 마르크스는 절대적 진리나 보편적 진리란 있을 수 없다고 생각했다. 왜냐하면 실천에 비춰 봐야 진리가 옳은지 그른지 알 수 있기 때문이다. 특정 명제는 사람들이 세계 속에서 어떤 실천을 할 수 있게 해 줄 때만 진리다. 따라서 '진리'는 역사적이며 뭐니 뭐니 해도 구체적이다. 특정 명제는 특정 조건들과 관련해서만 옳다. 조건들이 크게 바뀌면 그 명제는 더는 진리일 수 없다.

'권리'도 마찬가지다. 마르크스주의자들은 천부인권(신神이 부여한 타고난 권리) 따위는 없다고 본다. 사람들, 더 구체적으로 말해서 집단들과 계급들은 스스로 싸워서 얻거나 지켜 낸 권리들만을 지닐 따름이다.

마르크스주의자가 이런 '권리'를 지지하느냐 마느냐는 어떤 계급이 어디에 그 '권리'를 쓰려 하느냐에 달려 있다. 따라서 마르크스주의자는 노동계급이 뭉쳐서 실업에 맞서 싸우는 데 도움이 되는 '노동권'은 지지하지만, 사용자들이 파업 파괴를 정당화하려고 들먹이는 '[대체 인력의] 노동권'에는 반대한다.

자본가들과 친자본주의 언론이 '자유'가 어떠니 뭐가 어떠니 할 때는 마르크스주의자는 항상 "누구의 자유이고 무엇을 하려는 자유인가?" 하고 묻는다. 프랑스의 부르주아 혁명이 알맹이 없는 '자유·평등·우애'를 내건 반면에 러시아의 노동계급 혁명이 손에 잡힐 듯한 요구들, 즉 '빵·평화·토지'를 내놓은 것은 결코 우연이 아니다.

　이 점을 잘 보여 주는 또 다른 예는 언론의 자유다. 지배계급은 언제나 언론의 자유는 인간의 기본권이 돼야 한다고 힘줘 말한다. 그러나 자본주의 사회에서 언론의 자유는 온갖 제약과 한계에 묶여 있다. 만약 여러분이 사병이거나 중고등학생이거나 공무원이거나 직장에서 상사 밑에서 일하고 있다면, 어디 한번 윗사람에게 언론의 자유를 행사해 보라. 부르주아지는 자기네 지배를 유지하는 데 필요하다면 언제든 언론의 자유를 내팽개치려 든다는 것은 역사가 증명하는 바다.

　그렇다면 마르크스주의자는 '언론의 자유'에 대해 어떤 태도를 취해야 할까?

　대체로, 마르크스주의자는 언론의 자유를 지지한다. 그것이 뭐 천부인권이라서가 아니라, 생각과 토론이 활발하게 교환되는 게 자본주의 사회에서 노동계급에게 매우 이롭기 때문이다(사회주의 사회에서 사는 사람들에게도 마찬가지다). 더 나아가, 자본주의가 언론의 자유를 억누를 때 마르크스주의자는 반드시 이 권리를 옹호해야 한다. 사병들이 장교들을, 학생들이 선생들을, 특히 노동자들이 사용자들을, 나중에 어떻게 될까 봐 걱정하는 일 없이 마음 놓고 비판할 수 있다면 얼마나 멋지겠는가!

　그러나 마르크스주의자는 언론의 자유를 절대적 권리나 보편적 권리라고 주장하지 않는다. 예컨대, 마르크스주의자는 파시스트 단체가 다른 인종에 대한 증오심을 부추기거나 파시즘을 어떤 식으로든 퍼뜨릴 권리를 누려야 한다고 생각하지 않는다. 또, 노동자 국가에서 사회주의자들은 지배자 자리에서 쫓겨난 자본가계급이 반란이나 반反혁명을 꾀하는 데 이 권리를 악용하는 것을 인정하지 않을 것이다.

한편, 마르크스주의자는 언론의 자유를 인정하지 않는 것을(인종차별주의자의 경우라도) 만능으로 여기지 않는다. 상황과 관계없이 파시스트나 인종차별주의자의 입을 무턱대고 틀어막는 것이 절대적 원칙이 될 수는 없다. 하물며 그저 우리 맘에 들지 않는 견해라면 모두 그 입을 틀어막는 것은 더욱 안 될 말이다. 그것은 어디까지나 전술과 실제 현실에 비춰 판단할 실천적 문제다.

자본가계급은 보편적 권리와 원칙에 매달리고 마르크스주의자는 그런 권리와 원칙이 모두 시대와 조건에 따라 다르다고 주장하는데, 이런 차이는 왜 생길까? 위선과 정직의 차이일까? 그것도 어느 정도는 맞는 말이지만, 그보다는 위선과 정직도 두 계급이 어떤 처지에 있느냐에 달려 있음을 눈여겨봐야 한다. 자본가계급은 한 줌밖에 안 되므로 자기네 이익을 '국민'의 이익처럼 거짓으로 꾸미지 않고는 계속 지배할 수 없다.

그러나 마르크스주의는 노동계급의 이익을 대변한다. 노동계급은 절대다수니까 자신들의 특별한 계급 이익을 숨겨야 할 필요가 없다. 오히려 계급의 이익을 똑바로 아는 것이야말로 노동계급이 '자유'로 가는 지름길이다.

■ ■ ■

그러나 중요한 점은 세계를 변화시키는 것이다

"철학자들은 세계를 이렇게 저렇게 해석해 왔다. 그러나 중요한 점은 세

1장 마르크스주의의 방법

계를 변화시키는 것이다."

흔히 인용되는 마르크스의 말 가운데서도 가장 유명한 이 구절은 매우 적절하게도 하이게이트 묘지에 있는 그의 묘비에도 적혀 있다. 이 구절에서도 잘 알 수 있듯이, 마르크스는 자나 깨나 자본주의를 뒤엎는 일에 몰두한 가장 철저한 혁명가였다.

그런가 하면, 마르크스가 '세계를 해석'하는 데 매우 흥미를 느낀 것도 사실이다. 그래서 그는 한창 나이에 대영박물관에 틀어박혀 자본주의의 운동 법칙들을 '해석'하는 일에 몰두하기도 했다. 그렇다면, 마르크스주의에서 이론과 실천은 어떤 관계일까?

마르크스주의는 이론과 실천이 **통일**돼야 한다고 말한다. 혁명적 실천에는 혁명적 이론이 필요하다. 그리고 혁명적 이론에는 혁명적 실천이 필요하다. 어느 때는 이론이 강조되기도 하고 또 다른 때는 실천이 강조되기도 하지만, 따지고 보면 둘은 서로 뗄 수 없이 맞물려 있다.

먼저 이론이 실천에 중요하다는 점을 살펴보자. 노동계급에게는 이론이, 그것도 노동계급의 이론이 필요하다. 자기 이론이 없다면 노동계급은 어떤 식으로든 자본가계급이나 중간계급의 견해에 사로잡힐 수밖에 없다. 모든 사람은 알게 모르게 세계에 대한 이런저런 통념에 휘둘리기 마련이다. 이 통념이 사회주의적인 것이 아닐 때는 언제나 자본주의적이거나 그 비슷한 것일 수밖에 없다. 마르크스가 잘 지적했듯이, 어느 시대에나 그 시대를 지배하는 관념은 늘 지배계급의 관념이다.

노동자들이 노동계급의 해방은 노동계급의 손으로 이뤄야 한다고 믿지 않는 한, 그들은 위에서 누가 해방시켜 주기를 기다리거나 더 심할 때는 해방은 있을 수 없다는 결론에 이를 것이다. 노동자들이 경제 위기를 마르크스주의자의 눈으로 보지 못한다면, 그들은 자본가계급이 이러쿵저러

쿵 설명하는 것을 곧이듣게 될 것이다. 말하자면, "그건 신의 섭리야", "게으른 노동자들 탓이야", "노동조합이 너무 강하기 때문이야" 하고 생각하거나, 기껏해야 "정부가 경제관리를 잘못해서" 그런 것이니 조금 나은 정부를 세우면 된다고 생각할 것이다.

다시 말해, 마르크스주의 이론을 갖추지 못한 노동계급은 지배계급의 손에 놀아나기 마련이다.

두 가지 예를 들어 보자. [1978~79년] 이란과 [1980~81년] 폴란드의 노동자들은 자기 나라에서 억압자들에 맞서 훌륭하게 싸웠지만, 안타깝게도 제대로 된 사회주의 이론을 갖추고 있지 못했다. 두 나라 모두에서 종교가 그 허점을 파고들었다. 이란에서는 민중이 마침내 독재자를 거꾸러뜨렸지만, 그 자리에는 알라신의 축복을 받는 다른 독재자(호메이니)가 대신 들어앉았다. 폴란드 노동자들, 특히 연대노조는 상대방(야루젤스키 장군)이 결정적 한 방을 먹이려고 준비하고 있는 판에 평화와 자제를 요구하는 가톨릭교회의 말에 넘어가 버렸다.

이론 없이는 실천을 잘할 수 없다. 그러나 거꾸로 실천 없이는 이론도 발전할 수 없다. 따지고 보면 이론은 세계를 변화시키려는 실천 속에서 부딪히는 문제들에서 생겨난다. 마르크스가 사회가 어떻게 돌아가는지 알고 싶어 한 것은 그가 사회를 변화시키려는 투쟁에 몸담고 있었기 때문이다. 또, 마르크스가 자본주의가 어떻게 돌아가는지 밝혀낸 것은 그가 노동계급 편에 서 있었기 때문이다.

실천은 이론이 맞는지 틀리는지 검증하는 데도 필요하다. 이론이 제아무리 잘 다듬어져 있더라도, 복잡하기 짝이 없는 현실을 완벽하게 모두 표현하거나 담아낼 수는 없다.

언제나 이론은 복잡한 현실을 단순화하고 일반화한다. 제대로 단순화

1장 마르크스주의의 방법

했는지 어떤지는 결국 실천에서 판가름 난다. 사람들이 자신들의 세계를 만들고 통제하는 데 도움이 되는지 안 되는지로 말이다.

이론과 실천을 분리하고는 이론을 위한 이론을 발전시키려고 애쓰는 학술적 마르크스주의자들은 늘 있었다. 그들은 노동계급이 벌이는 투쟁은 나 몰라라 하면서 연구에만 몰두한다. 그렇지만 그들은 결국 실패할 수밖에 없다. 이론의 참된 원천인 실천은 물론 이론을 실천하는 데 필요한 규율과도 동떨어져 있기 때문이다.

마르크스주의는 계급투쟁에서 부딪힌 문제들이나 계급투쟁의 발전에 대응하면서 이론을 발전시켜 왔다. 마르크스는 파리코뮌을 보고 《프랑스 내전》이라는 책을 썼고, 트로츠키는 1905년 러시아 혁명을 겪고 연속혁명론을 내놓았다. 레닌은 제1차세계대전에 대응하는 과정에서 제국주의론을 발전시켰고, 1917년 혁명을 겪으면서 《국가와 혁명》을 썼다.

마르크스주의 전통을 빛낸 사람들은 모두 뛰어난 이론가이자 부지런히 움직인 혁명가였다. 이론도 물론 중요하지만, 우리의 목표는 이론과 실천을 실천 속에서 통일하는 것이다. 처음에 말했듯이, 중요한 점은 세계를 변화시키는 것이다.

■ ■ ■

우리는 왜 월요일을 싫어할까?

"금요일이여, 어서 오라!" 흔히 듣는 이 말은 우리가 대부분 자기가 하는 일을 따분하고 의미 없는 일로 여긴다는 사실을 보여 준다. 일에서 벗어날 때만 자유롭다고 느끼기 시작하므로 우리는 퇴근 시간만 기다리면서 하루하루를 보내게 된다.

우리가 하는 일의 내용, 즉 우리가 실제로 무엇을 만들고 무엇을 하는가 하는 것은 그다지 중요하지 않게 돼 버렸다. 내 요구나 남의 요구를 채우려고 뭔가 하는 것도 아니고, 우리 자신의 진정한 생명 활동의 일부로 하는 것도 아니다. 그저 생활을 꾸리자면 어쩔 수 없으니까 일을 한다. 마르크스는 자본주의 사회에서는 일이 그런 성격을 띨 수밖에 없음을 밝혔다. 그는 그것을 '소외된 노동'이라고 불렀다. 또, 마르크스는 소외된 노동이 임금노동과 밀접한 관계가 있음도 보여 줬다. 임금노동은 거의 모든 사람을 생산수단을 지배하는 자들에게 일할 능력을 팔아야 할 신세로 몰아간다.

소외된 노동이든 아니든 간에 노동은 사회의 기초다. 무엇을 어떻게 생산하는지는 역사가 어느 길로 가는지를 결정하는 기본 요인이다. 엥겔스가 옳게 지적했듯이 "인간은 과학이나 예술, 종교 등을 찾기 전에 먼저 먹고 마시고 누울 자리를 마련하고 옷을 입지 않으면 안 된다"는 것은 두말할 나위도 없다. 이렇게 단순 명쾌한 말이 왜 그토록 오랫동안 알려지지 않았을까?

그 이유는 첫째, 땀 흘려 일하는 사람들이 아주 오랫동안 늘 사회의 맨 밑바닥 신세에서 벗어날 수 없었기 때문이다. 그러다 보니 자신들이 하는 일을 중요하지 않은 양 여기게 됐다. 둘째, 노예주나 지주, 기업인, 금융업자처럼 사회를 운영한다는 사람들이 자신들은 생산적인 일을 하지 않다 보니 사회가 제대로 돌아가는 것이 마치 자기네 법이나 명령 덕분인 양 떠벌릴 수 있기 때문이다. 더욱이, 그들은 우리도 그렇게 믿도록 하는 데 열심이다. 학교에서 '영웅' 사관을 가르치는 것도 다 그 때문이다. 이와는 대조적으로, 마르크스가 노동의 참된 중요성을 볼 수 있었던 것은 노동계급에게 사회를 다스릴 수 있는 감춰진 힘이 있음을 알았기 때문이다.

1장 마르크스주의의 방법

마르크스는 노동에 두 측면이 있다고 봤다. 첫째, 그는 도구를 써서 원재료를 변형해 인간이 살아가는 데 쓰일 수 있는 생산물을 만들어 내는 실제 작업에 주목했다. 사회가 이 일을 할 능력을 마르크스는 생산력이라고 불렀다. 둘째, 마르크스는 사람들이 생산을 위해 맺는 관계들을 분석했다. 이 관계에는 부족 사냥에서 이뤄지는 협업이나 노동자와 자본가 사이에서 형성되는 종속이 모두 포함된다. 마르크스는 이러한 관계들을 생산관계라고 불렀다.

생산력 수준이 생산관계를 결정한다. 원시적 도구를 써서 사냥하던 생산력 발달의 첫 단계에는 부족이 출현했다. 대토지 경작이 발전하자 노예제와 이어서 농노제라는 생산관계들이 나타났다. 교역과 공장제 수공업, 제조업이 차례로 발전함에 따라 임금노동이 유력한 생산관계가 됐다. 마르크스는 사회의 생산관계들을 한데 아울러 '생산양식'이라고 불렀다.

마르크스는 과거 역사의 주요 시대로 네 가지 생산양식을 들었다(그는 그것들을 아시아적·고대적·봉건적·자본주의적 생산양식이라고 불렀다). 그는 다가올 다섯 번째 시대의 생산양식은 사회주의가 되리라고 내다봤다.

■ ■ ■

소외의 근원*

마르크스의 소외론은 마르크스주의 전체에 결정적으로 중요한 문제인데, 언뜻 보면 변증법과 마찬가지로 '철학적'이고 '난해한' 문제처럼 비칠

---

* 2006. 12. 5.

수 있다. 그러나 소외는 우리의 일상적 경험과 직결돼 있다.

마르크스의 소외 개념을 정확히 설명하기 어려운 이유 하나는 '소외'라는 말이 일상 어법에서 "사람들이 멀리하거나" "버림받거나" "따돌림당한" 느낌을 뜻하는 것으로 굳어진 반면 마르크스의 소외 개념은 일상적 의미와 관계가 있으면서도 상당히 다르기 때문이다.

또 다른 문제는 오래된 철학적 어법이 있다는 것이다. 그것은 마르크스의 청년기에 (특히 헤겔의 저작에서) 유행한 어법인데, 이것도 마르크스의 소외 개념과 관련이 있지만 상당히 다른 것도 사실이다.

또, 이 주제를 다룬 많은 학술 논저들이 이런 차이를 이해하지 못해 결국은 마르크스의 진의를 놓치고 만다는 사실도 덧붙여야 한다.

마르크스가 자신의 소외론을 처음으로 그리고 가장 포괄적으로 설명한 것은 《1844년의 경제학·철학 초고》였다. 이 책은 마르크스가 기존의 철학, 경제학, 사회 이론과 관련해서 자신의 사상을 설명한 초기 저작들 가운데 하나다.

기존의 철학 어법에서 인간의 소외는 인간이 '신'이나 '삶의 진정한 의미' 또는 자기 자신의 '진정한 본성'으로부터 단절되고 분리됐다는 뜻이었다. 헤겔에게 소외는 이 세 가지 모두를 뜻했으나, 그것은 근본적으로 정신의 문제, 우리의 그릇된 의식과 불충분한 인식의 문제(헤겔 철학은 이 문제를 교정하려 했다)였다.

마르크스는 이 점을 잘 알고 있었지만, 그가 이 문제를 다루는 방식은 달랐다. 그는 소외가 단지 '감정'이나 의식의 문제가 아니라 물질적·경제적 사실이라는 것을 보여 줬다. 애덤 스미스와 데이비드 리카도의 정치경제학을 이용해서 마르크스는 자본주의 사회의 노동자들이 자신의 노동생산물에서 소외된다는 사실을 보여 줬다. 다시 말해, 노동자들은 자기 손으로 만든 생산물을 소유하지도 통제하지도 못한다. 그 생산물은 노동자들과 대립하고 그들을 지배하는 '사물'의 세계를 이룬다. 그리고 노동자들이 더 열심히 일하고 더 많이 생산할수록 이 낯설고 적대적인 세계의 힘은 강해진다.

마르크스는 다음과 같이 말했다. "노동이 부자를 위해 경이로운 것들을 생산하는 것은 사실이다. 그러나 노동자에게는 궁핍을 생산해 준다. 노동은 왕궁을 생산한다. 그러나 노동자에게는 오두막을 생산해 준다. 노동은 아름다움을 생산한다. 그러나 노동자에게는 뒤틀리고 일그러진 것을 생산해 준다."

그러나 마르크스는 그 분석을 더 결정적인 단계까지 밀고 나아간다. 그는 노동자들이 자신의 생산물에서 소외돼 있다면 그 이유는 그들이 생산 행위, 노동과정 자체에서 소외돼 있기 때문이라고 주장한다. "생산물은 어쨌든 생산 활동의 결과일 뿐이다." 그렇다면 노동을 소외시키는 것은 무엇일까?

먼저, 마르크스는 노동이 노동자에게 외부적인 것이라는 점을 지적한다. "그것[노동]은 그의 본질에 속하지 않는다. 따라서 그는 노동할 때 자신을 긍정하는 것이 아니라 부정한다." 그것은 자발적 노동이 아니라 강요된 노동이고, 강제가 사라지자마자 "전염병과 마찬가지로 기피의 대상이 된다." 무엇보다, 노동은 노동자 자신의 것이 아니라 누군가 다른 사람의 것이고, "노동할 때 그는 자신이 아니라 다른 사람의 지배를 받는다." 잠깐만 생각해 보면, 이것이 자본주의 사회의 임금노동을 정확하게 묘사한 말임을 분명히 알 수 있다. 자본주의 사회에서 노동자들은 자신의 노동력을 사용자에게 판매해야만 생존할 수 있다.

이 점이 매우 중요한 이유는 노동이 인간에게 근본적인 것이기 때문이다. 노동을 통해서 인간은 진정한 인간이 되고, 자신의 역사와 사회를 창조한다. 따라서 노동의 소외는 생산자들이 자신이 생산하는 물질세계로부터, 개인적으로든 집단적으로든 자신의 인간성으로부터, 그들 자신과 사회로부터, 그리고 자연으로부터도(노동을 통해서 인간은 맨 처음으로 자연과 관계 맺기 때문에) 소외되고 소원해진다는 뜻이다. 따라서 소외는 우리 사회 전체에 널리 퍼져 있다. 심지어 자본가들도 소외를 피할 수 없다. 왜냐하면 그들도 똑같은 과정에서 벗어나지 못하기 때문이다. 다만, 그들은 똑같이 소외된 관계의 보수적 측면일 뿐이다.

따라서 소외론에는 마르크스주의의 자본주의 비판 전체가 맹아적 형태로 담겨 있다. 마르크스의 소외론은 왜 자본주의가 근본적으로 비인간적이고 몰인정한 체제인지 보여 준다. 그리고 왜 자본주의가 산 노동을 죽은 노동에, 인간을 이윤에 종속시키는지 보여 준다. 왜 노동자들의 생활수준이 향상될 때조차 그들의 삶이 임금노동에 의해 뒤틀리고 일그러지는지 보여 준다. 왜 가장 친밀한 인간관계조차 그토록 자주 상처받고 왜곡되는지 보여 준다. 왜 천대하는 자들뿐 아니라 천대받는 자들도 서로 상대방을 매우 야만적으로 다룰 수 있는지 보여 준다. 왜 자본주의가 궁극적으로 통제 불가능한 체제인지, 심지어 자본가들 자신도 통제할 수 없는 체제인지 보여 준다. 그리고 왜 자본주의에서는 생산과 과학기술이 진보할 때마다 그것이 오히려 우리를 위협하고 파괴하는지 보여 준다. 핵 절멸의 위협, 나치의 홀러코스트 대량 학살, 지구온난화의 잠재적 재앙은 모두 소외된 노동에 바탕을 둔 세계의 극단적 사례들이다.

그리고 소외가 비록 심오한 철학적 개념이기는 하지만, 그것은 또한 모든 노동자가 즉시 깨닫는 것이기도 하다. 그들이 공장, 콜센터, 슈퍼마켓, 주방에서 경험하는 일상적 삶의 현실이기 때문이다. 모든 파업, 모든 노

1장 마르크스주의의 방법

동조합 투쟁은 임금을 둘러싼 것이든 노동시간이나 노동조건을 둘러싼 것이든 부분적으로 소외된 노동에 대한 반란이다.

그러나 마르크스의 소외론에는 혁명적 함의도 있다. 임금과 노동조건의 개선, 사회복지의 향상, 모종의 의회 입법 그 어느 것도 소외를 극복할 수 없다. 의식이나 태도의 변화도 마찬가지다. 오직 생산관계의 질적 변화만이, 사회의 노동자 권력과 작업장의 노동자 통제만이 노동자들을 노동의 주인으로 만들 수 있고, 따라서 소외를 끝장내고 인간성의 진정한 발전으로 나아가는 길을 열 수 있다.

■ ■ ■
착취란 무엇인가?

노동자들이 노동력을 자본가에게 팔 때 어떤 일이 일어날까? 사용자는 노동자에게 일정 시간 노동을 시키고 노동자는 노동한 '대가'로 임금을 받는다. 이것은 마치 공정한 거래처럼 보인다. 즉, 일정 액수의 돈이 일정 시간의 노동과 교환됐으니 마치 공정한 거래처럼 보이는 것이다. 양측이 그렇게 하기로 동의하기 때문에 교환은 결코 강도 짓이 아니다.

흔히들 '착취'는 사용자가 이례적으로 노동자들을 어찌어찌 속일 때만 일어나는 것이라고 생각한다. "공정한 노동에 따른 공정한 임금"이라는 구호가 인기를 끄는 걸 보면 많은 노동자도 이런 생각을 받아들이는 듯하다.

그러나 마르크스는 착취가 예외가 아니라 법칙이며 임금노동과 착취는 떼려야 뗄 수 없는 관계임을 보여 줬다. 그는 '상품'을 분석하는 데서 출발했다. 자본주의 사회에서는 자본과 노동력은 모두 '상품', 즉 교환하려고 생산하는 재화이기 때문이다.

상품은 모양과 크기가 가지가지이고 쓰임새도 매우 다양하다. 대양을 가로지르는 호화 여객선에서 과자 한 봉지까지 온갖 것들이 다 상품이 될 수 있다. 한편, 상품은 모두 (화폐를 통해) 서로 교환될 수 있다. 그럴 수 있는 것은 상품에 오로지 한 가지 공통점이 있기 때문이다. 상품은 모두 인간이 일정 시간 노동해서 만들어 낸 것이다. 한 상품의 가치는 사회가 그것을 생산하는 데 들인 노동시간이 얼마나 되는지에 따라 결정된다(마르크스는 이것을 '사회적 필요노동시간'이라고 불렀다).

이제 이 '노동가치론'을 노동력이라는 상품에 적용해 보자. 노동력의 가치도 그것을 생산하는 데 드는 노동시간이 얼마인지에 따라 결정된다. 다시 말해, 노동자가 먹고 입고 살고 교육받고 하면서 자신을 재생산하는 데 드는 시간에 따라 노동력의 가치가 결정되는 것이다. 노동자가 받는 임금은 노동자의 노동능력 '생산'에 드는 비용에 충당된다. 이 점에서는 노동력을 거래하는 교환도 다른 것과 마찬가지로 '공정한' 교환처럼 보인다.

그러나 노동력은 다른 모든 상품과 다르다. 노동력은 **창조력**이 있다. 노동력은 그것을 유지하는 데 드는 것보다 더 **많은** 가치를 창출한다(만약 인간 노동이 자신이 소비하는 것 이상을 생산하지 못한다면 생산력 발전도 없었을 것이고 역사도 없었을 것이다). 그러나 이 '잉여'가치는 노동자가 아니라 자본가에게 돌아간다.

따라서, 예컨대 한 노동자가 1주일에 40시간 일해 주기로 하고 자본가에게 25만 원을 받아서 그 돈으로 1주일을 살아갈 수 있다면, 그 노동자는 25만 원의 가치가 있는 상품을 예컨대 20시간만 일해도 생산할 수 있는 것이다. 나머지 20시간은 무보수 노동이 돼 자본가에게 돌아가는 것이다.

바로 이 무보수 노동이 자본주의 착취의 숨겨진 비밀이다. 겉보기로는

'공정한' 듯한 교환이 이뤄지는 가운데 보수 없는 노동이 모든 이윤의 원천을 이룬다. 왜냐하면 앞서 말한 나머지 20시간(물론 이 수치는 여러 조건에 따라 달라질 수 있다) 동안 노동자는 자본가를 위해 25만 원어치의 재화를 더 생산할 것이기 때문이다. 마르크스는 이것을 '잉여가치'라고 불렀다. 이 잉여가치가 바로 자본가의 이윤이다.

마르크스의 잉여가치론은 자본주의가 착취에 바탕을 두고 있음을 밝혀 준다. 또, 화해할 수 없는 이해관계 대립이 자본주의 체제의 한가운데 있어 이 체제를 서로 투쟁하는 계급들로 양분한다는 사실도 보여 준다. 경쟁에 쫓기는 자본가들은 언제나 노동자들에게서 더 많은 무보수 노동시간을 짜내려고 한다. 한편, 인간적 필요에 쫓기는 노동자들은 그 시간을 줄이고 싶어 한다. 따라서 한쪽은 "일 빨리 해라, 생산성이 올라야 임금도 올린다, 임금 깎겠다" 하고, 다른 한쪽은 "임금 올려라, 파업이다, 노동조합 투쟁이다" 하며 서로 다투게 된다.

이런 갈등을 푸는 길은 오직 하나, 노동자들이 착취의 결과에 맞서는 싸움에서 한 걸음 더 나아가 생산수단을 손에 넣고 노동력 판매를 끝장내서 아예 착취의 싹을 도려내는 것뿐이다.

■ ■ ■

계급이란 무엇인가?[*]

마르크스의 역사 이론에서는 계급투쟁이라는 개념이 결정적 구실을

---

[*]   2006. 9. 13.

사회주의란 무엇인가?

40

한다. 마르크스는 계급투쟁이 역사의 주요 동력이라고 봤고, 계급투쟁이라는 수단에 의해 하나의 생산양식이 다른 생산양식으로, 예컨대 봉건제가 자본주의로 또는 자본주의가 사회주의로 바뀐다고 봤다. 그런데 계급이란 무엇인가?

현대 자본주의 사회에서 이 문제는 매우 복잡해졌는데, 이것은 결코 우연이 아니다. 계급이라는 말은 한편으로 언론과 각종 문헌, 일상생활에서 아주 폭넓게 쓰인다. 왜냐하면 부富의 소유 정도나 라이프 스타일, 각종 기회의 편차가 아주 큰 사람들의 층層이 존재한다는 것은 너무 분명해서 도저히 부인할 수 없기 때문이다. 다른 한편으로, 우리의 지배자들로서는 대중, 특히 노동 대중이 계급에 대한 분명한 인식, 다시 말해 계급의식을 발전시키지 못하게 막아야 한다.

그래서 100년 넘게 지배계급은 기꺼이 학자들(특히 사회학자들)과 전문가들에게 돈을 대 주며 다양한 계급 이론과 개념을 만들어 내게 했다. 그들 지배계급은 이런 이론들이 한 가지 조건만 충족하면 그 이론의 내용에 별로 신경쓰지 않았다. 그 조건이란, 그들이 진정으로 두려워한 마르크스주의 계급론을 '논박'해야 한다는 것이다.

이런 이데올로기적 미혹의 주된 전략은 계급의 본질을 주관의 문제로 취급하는 것이다. 즉, 사람들이 사회구조 속에서 자신이나 다른 사람들의 위치를 어떻게 이해하고 자신의 계급 정체성을 어떻게 규정하느냐 하는 문제로 취급하는 것이다. 이런 논쟁에서 중요한 구실을 한 지식인이자 20세기 초의 사회학자인 막스 베버는 사회적 행동의 주된 요인으로 경제적 계급이 아니라 '지위'와 '지위 집단'에 초점을 맞췄다. 베버가 말한 지위는 다른 사람들의 눈에 비친 개인의 위신을 가리킨다.

언뜻 객관적 기준에 따른 것처럼 보이는 정부 통계나 사회학 통계에서 흔히 나타나듯이, 계급을 직업으로 규정할 때조차(예컨대, 교사는 중산계급, 정비사는 노동계급 하는 식으로) 직업 분류는 지위라는 막연하고 주관적인 기준에 따라 이뤄진다.

계급을 주관적으로 다루게 되면 계급 개념이 쉽사리 달라진다. 그래서 시간과 공간에 따라 계급 개념이 달라진다. 또, 이제 계급 분열은 사라졌고 더는 계급이 중요하지 않다는 주장이나 계급의 관점에서 정치를 이해하는 것은 시대착오적이라는 주장 따위로 쉽게 이어지기도 한다.

이와 달리, 마르크스주의는 비록 계급의식을 분명히 중시하지만 계급 분열이 객관적인 것이라고 주장한다. 사람들이 계급 분열을 인식하든 안 하든 객관적으로 사회구조 속에 계급 분열이 존재한다는 것이다. 마르크스는 계급 분열이 사회의 생산관계에서 비롯했고 이를 바탕으로 하고 있다고 봤다. 흔히 이것을 표현하는 문구가 "계급은 생산수단과 맺고 있는 관계로 규정된다"는 것이다. 그리고 여기에는 흔히 "그것은 [생산수단의] 소유 여부 문제다"라는 말이 덧붙여진다. 비록 이 공식이 대체로 올바른 방향을 가리키고 있기는 하지만, 그것은 불충분할 뿐 아니라 때로 오해를 낳을 수도 있다. 노예주, 봉건지주, 자본가는 모두 생산수단의 소유자이지만 서로 다른 세 계급이다. 마찬가지로, 현대 사회에서 삼성의 중간 관리자나 작업 현장의 노동자는 모두 생산수단 소유자가 아니지만 둘은 똑같은 계급에 속하지 않는다.

마르크스주의 계급론을 더 제대로 이해하려면 세 가지 요점을 파악해야 한다. 첫째, 사회의 생산관계는 하나의 전체인 특정 생산 체제를 이룬다는 것과 계급은 이 체제 전체에서 그것이 하는 구실에 따라 규정된다는 것이다. 개별적 경우[개인의 사례]가 아니라 체제 전체에서 출발해야 한다.

둘째, 계급은 사람과 사물(생산수단, 즉 토지·기계·공장 등) 사이의 관계 문제일 뿐 아니라 사람들 사이의 사회적 관계 문제이기도 하다. 즉, 계급은 서로 충돌하는 과정을 거쳐 형성된다.

셋째, 그런 충돌의 원인은 시기심이나 라이프 스타일의 차이, 심지어 단순한 불평등이 아니라 착취적 생산관계, 즉 한 집단이 다른 집단의 노동에서 잉여(이윤)를 체계적으로 수취하는 것 때문이다. 계급투쟁은 생산과정의 착취에서 비롯하고, 거기서 사회생활의 모든 분야로 확대된다.

자본가계급의 온갖 자유주의적·사회학적 설명들과 마르크스주의 계급론의 차이점이자 친자본주의적 설명에서 찾아볼 수 없는 것이 바로 이 착취 개념이다. 착취 때문에 이해관계의 객관적 충돌이 일어난다. 처음에는 임금, 노동시간, 노동조건 등을 둘러싸고, 나중에는 주택, 의료, 교육, 법질서, 외교정책(전쟁이냐 복지냐) 등을 둘러싸고 충돌이 벌어진다.

이런 분석을 현대 자본주의 사회와 일부 중요한 지역에 적용해 보면, 모든 선진국에서 본질적으로 같은 계급 구조를 발견하게 된다.

상층에는 지배계급인 자본가계급이 있다. 그들은 주요 생산수단을 소유하거나 통제하고, 임금노동자들을 고용해서 그들에게서 나오는 이윤으로 살아간다. 지배계급의 성원이 모두 몸소 고용과 이윤 축적에 관여하는 것은 아니지만, 그들은 모두 그런 일에 매여 있고 그에 의존해서 살아간다. 물론 일부 정치인들과 일부 국가 관료들은 몸소 관여한다.

지배계급의 반대편에는 사회의 대다수인 노동계급이 있다. 그들은 자신의 노동력을 팔아서 생활하고 자본가계급에게 착취당한다. 노동계급에는 육체 노동자와 사무직 노동자가 모두 포함된다. 항운 노동자나 자동차 노동자뿐 아니라 간호사나 교사도 노동계급인 것이다. 주로 자신의 노동

1장 마르크스주의의 방법

력을 팔아서 생활하는 사람은 모두 노동계급의 일부다. 그들이 광산이나 공장에서 일하든 콜센터나 대학에서 일하든 상관없다.

이 양대 계급 사이에는 흔히 중간계급이라고 부르는 다양한 중간 계층들이 있다. 중간계급의 상층은 그 처지가 점차 지배계급을 닮아 가고 하층은 점차 노동계급을 닮아 간다. 중간계급에는 두 부류가 있는데, 둘 다 위계적으로 조직돼 있다. 한편에는 소상공인, 즉 프티부르주아지가 있다. 그들은 자영업자일 수도 있고 노동자들을 몇 명 고용할 수도 있다. 다른 한편에는 관리자들이 있다. 관리자들은 생산수단을 소유하지 않고 봉급을 받는다는 점에서 노동계급처럼 보일 수 있다. 그러나 사실 그들이 받는 보수는 여느 노동자들이 받는 것과 달리 임금이 아니다. 즉, 그들은 착취당하지 않는다. 오히려 자신들이 통제하는 노동자들의 착취를 감독하고 실행하는 대가로 보수를 받는다. 그런 관리자들은 사기업에만 있는 것이 아니라 학교, 병원, 국가 관료 집단에도 있다.

현대 사회의 기본적 정치 지형을 결정하는 것은 자본가계급과 노동계급의 투쟁이다. 지배계급[자본가계급과 그 정치인, 고위 국가 관료]은 중간계급 없이는 사회를 운영할 수 없다는 점에서 중간계급도 중요한 구실을 하지만, 이들은 정치적으로 양대 계급 사이에서 동요하다가 더 강력한 '인력引力'을 발휘하는 쪽으로 끌리는 경향이 있다.

많은 저개발국에는 또 다른 주요 계급인 농민이 있다. 그들은 생산과 정치에서 중요한 구실을 하지만, 심지어 농민이 여전히 다수인 곳에서조차 결정적인 것은 대개 자본가들과 노동자들 사이의 투쟁이다. 그리고 명백히 세계 규모에서는 국제 자본가계급과 국제 노동계급의 투쟁이 인류의 미래를 결정할 것이다.

■ ■ ■
역사는 어디로 가고 있을까?

사회의 기초는 생산이다. 사람들이 어떤 사회관계들을 맺고 법은 어떻고 정부 형태는 어떤가 하는 것은 따지고 보면 인간이 생활에 필요한 것들을 생산하는 능력에 달려 있다. 이것이야말로 마르크스 역사 이론의 으뜸가는 명제다. 그렇다면 하나의 생산양식은 어떻게 다른 생산양식으로 바뀔 수 있을까?

생산양식은 마음만 먹는다고 해서 바꿀 수 있는 게 아니다. 생산양식을 바꾸는 게 좋겠다고 사람들을 설득해서 될 일도 아니다. 마르크스는 어떤 생산양식 안에서 그런 변화가 일어나려면 먼저 생산력이 새로운 생산관계를 뒷받침할 만큼 발전해야 한다고 봤다. 그 전에 일어나는 혁명들은 모두 실패할 수밖에 없다.

생산력이 일단 그런 수준에 도달하고 나면, 기존 생산관계들은 반동적 성격을 띠게 된다. 옛 생산관계들은 사회가 더 발전하는 것을 가로막고, 따라서 당장이라도 깨지기 쉽다.

자본주의는 이미 오래전에 이 단계에 접어들었다. 자본주의는 세계경제와 국제분업을 낳았다. 자본주의는 노동시간을 크게 줄여도 될 만큼 생산성을 끌어올렸다. 자본주의는 하기에 따라서는 모든 사람이 인간다운 생활을 누리기에 충분할 만큼 생산을 증대시켰다.

그러나 자본주의 생산관계는 이것을 가로막는다. 사회가 기업주들과 노동자들로 나뉘고 기업주들이 이윤을 놓고 서로 싸우는 곳에서는 빈곤과 기아가 끊이지 않고, 긴 노동시간도 줄어들 줄 모르며, 세계는 서로 으르렁거리는 국가들로 쪼개져 전쟁이 되풀이된다.

자본주의 세계가 여전히 존속하고 있다는 사실은 생산력 발전이 그 자체로는 체제 변화를 가져오지 않는다는 것을 우리에게 일깨워 준다. 생산관계는 계급 관계다. 여기에는 생산을 지배하는 지배계급이 있고 생산을 하는 피착취 계급들도 있다. 지배계급은 반동적 생산관계를 유지해야만 기득권을 지킬 수 있다. 생산양식을 변화시키려면 새로운 생산력을 대표하는 피착취 계급이 지배계급을 쓰러뜨리려고 투쟁해야 한다. 따라서, 역사를 이끄는 힘은 계급투쟁이다.

봉건제에서 자본주의로의 변화는 이 과정을 보여 주는 좋은 보기다. 이 과정에서 중간계급인 부르주아지가 착취받는 다른 계급들의 지지를 받으며 절대군주의 권력을 깨부수고, 자본주의 발전을 가로막고 있던 봉건적 제약들을 쓸어 없애기 위해 싸웠다. 이 투쟁에서 결정적 순간은 위대한 두 혁명, 바로 1642년의 영국 혁명과 1789년의 프랑스 혁명이었다.

자본주의에서 사회주의로의 변화는 또 다른 본보기가 될 것이다. 여기서는 노동계급이 천대받는 사람들 전체의 선두에 서서 자본가계급의 권력을 분쇄하고 생산의 사회적 통제를 확립하기 위해 투쟁할 것이다. 이 투쟁에서도 결정적 계기는 혁명이 될 것이다.

그러나 사회주의로 전진하는 것이 필연은 아니다. 인간의 역사가 그저 기계처럼 굴러가는 과정일 수는 없다. 전진할지 후퇴할지는 집단적 계급 행동과 인간의 결정에 달려 있다. 프리드리히 엥겔스는 다음과 같이 말했다. "자본주의 사회는 사회주의로 진보하느냐 야만주의로 뒷걸음치느냐 하는 갈림길에 서 있다." 과연 어떻게 될지는 계급투쟁의 결과에 달려 있다.

■■■
저들의 역사와 우리의 역사: 역사유물론이란 무엇인가?[*]

노동계급·자본주의·혁명·국제주의 같은 마르크스의 핵심 정치사상은 그 자체로도 중요하지만, 더 광범한 사상 체계, 흔히 '역사유물론'이라고 부르는 마르크스 역사 이론의 일부이기도 하다.

역사유물론은 마르크스주의 전체의 중추다. 역사유물론은 구석기시대부터 현대까지 인류 역사 전체를 개괄적으로 설명한다. 그리고 마르크스주의자들이 프랑스 혁명이나 제2차세계대전 같은 과거 사건뿐 아니라 중국의 성장이나 레바논 전쟁 같은 현재 사건을 분석할 때 사용하는 방법이기도 하다. 또, 역사유물론은 단지 이론이 아니라 행동 지침이기도 하다.

사실에 충실하면 됐지 군이 역사 이론을 고민할 필요가 있느냐고 묻는 사람들도 있을 것이다. 그러나 이것은 착각이다. 역사에는, 정말이지 역사의 어느 시점에든, 무수한 '사실들'이 있고 무수한 사건들이 일어난다. 역사에 대한 어떤 설명이든 인류의 발전에 중요한 사실과 그렇지 않은 사실이 어떤 것인지, 그런 사실들의 적절한 관계가 어떤 것인지 결정하려면 일반 이론에 의존해야 한다. 어떤 역사 서술이 이 점을 인정하든 안 하든 간에 그렇다.

주류 역사, 즉 언론과 학교에서 유행하는 역사는 주로 다음과 같은 '이론'을 바탕으로 한다. 역사를 좌우하는 것은 뭐니 뭐니 해도 권력자 개인들(황제·국왕·정치인·군장성 등등)의 행동, 특히 그들이 벌인 전쟁이나 그들이 추진한 정책, 그들이 제정한 법률 등이다. 이 이론은 지배계급의

---

[*]   2006. 8. 14.

관점을 꽤나 분명히 표현한다. 지배계급은 자신들이 역사를 만든다는 생각을 당연하게 여긴다.

이와 달리, 지식인들에게 인기 있는 이론은 역사를 좌우하는 주된 요인이 사상이라는 것이다. 그 사상은 플라톤·아리스토텔레스·공자 같은 위대한 철학자의 사상일 수도 있고, 다양한 시대의 사회를 난해하게 인식하고 그 '시대정신'을 표현하는 '자유'·'민족주의'·'민주주의'·'경제성장' 같은 실체 없는 사상일 수도 있다. 이런 관점의 중대한 약점은 그런 사상들이 어디서 비롯했는지 또는 그런 사상들이 왜 그때 생겨났는지 설명하지 못한다는 것이다.

또, 특히 학자들이 매력을 느끼는 관점도 있다. 역사의 동력은 특정한 단일 요인이 아니라는 관점이다. 역사를 좌우하는 것은 '다양한' 요인들이라는 것이다. 경제도 약간 영향을 미치고, 정치도 약간 영향을 미치고, 계급이라는 요인도 있고, 종교라는 요인도 있고 기타 등등. 요즘에는 이 목록에 '인종'과 '성性'이 흔히 추가된다. 때로는 '다원주의'라고 부르고 때로는 '포스트모더니즘'이라고 부르는 이 방법은, 특정한 결심을 하거나 어느 한쪽을 편들기를 원하지 않으면서도 자신의 사상이 공평무사하고 정교하며 심오하다고 내세우고 싶어 하는 사람들에게 딱 들어맞는다. 그런 관점은 '다양한' 요인들이 어떻게 생겨나고 어떻게 상호작용하는지 설명하지 못한다. 즉, 모든 것을 설명하지만 아무것도 설명하지 못한다.

이 모든 관점을 아우르는 것은 사회와 역사를 위에서 아래로 내려다보는 경향이다. 마르크스의 역사 이론은 사뭇 다르다. 마르크스의 이론은 아래로부터, 노동계급의 관점에서 역사를 본다. 그리고 이 점을 공공연하게 시인한다. 마르크스의 역사 이론은 강력한 개인들의 행동과 사상이 역사에서 일정한 구실을 한다는 것을 부인하지 않지만, 거기서 시작하지 않는다. 마르크스의 역사 이론은 먹고살려고 애쓰는 평범한 노동자 대중의 일상 행동과 노동에서 시작한다.

역사유물론은 친자본주의적인 다양한 주류 이론들보다 더 급진적일 뿐 아니라 더 일관되고 더 과학적이다. 왜냐하면 역사유물론은 역사의 출발점, 즉 현실의 인간들과 그들의 필요, 그 필요를 충족하고자 그들이 무엇을 하는가 하는 데서 출발하기 때문이다. 마르크스는 다음과 같이 썼다. "인간이 '역사를 만들기' 위해서는 먼저 생존해야 한다는 것이 모든 역사의 첫째 전제 조건이다. 그러나 인간이 생존하려면 무엇보다 의식주를 비롯해 다른 많은 것들이 충족돼야 한다." 물론 동물도 물질적으로 필요한 것들이 있지만, 그 차이는 인간이 사회적 노동을 통해 생계 수단을 생산한다는 것이다.

따라서 역사유물론은 무엇보다 생산 — 생산의 기술적 수단(마르크스가 생산력이라고 부른)과 생산의 사회적 관계(마르크스가 생산관계라고 부른) — 에 초점을 맞춘다. 생산력과 생산관계가 특정 생산양식, 즉 고대 노예제 사회나 봉건제나 자본주의 같은 경제체제를 이룬다.

마르크스는 생산양식이 사회의 "진정한 기초", 즉 경제적 토대이며 "그 위에 법률적·정치적 상부구조가 형성된다"고 주장한다. 경제적 토대가 "전반적인 사회적·정치적·지적 생활 과정에 주된 영향을 미친다. 인간의 의식이 그들의 생활을 결정하는 것이 아니라 사회적 생활이 그들의 의식을 결정한다."

여기서 마르크스의 통찰은 이런 관계에 대한 흔한 통념을 뒤집는다. 예를 들어 보자. 사람들이 자본주의 사상을 신봉하기 때문에 우리가 자본주의 사회에 살고 있는 것이 아니라 우리가 자본주의 사회에 살고 있기 때문에 사람들이 자본주의를 신봉하는 것이다(누군가가 자본주의 개념

1장 마르크스주의의 방법

을 만들어 내기 오래전부터 자본주의 사회는 봉건제의 토양에서 자생적으로 발전하기 시작했다). 대서양의 노예무역과 서구 제국주의가 인종차별에서 비롯한 것이 아니라 인종차별이 노예무역과 제국주의에서 비롯했다(노예무역과 제국주의는 자본주의가 성장하는 과정의 일부였다). 또, 최근의 현상으로, 이슬람 혐오 때문에 미국 제국주의가 중동과 중앙아시아의 에너지 자원을 지배하려 애쓰는 것이 아니다. 그 반대가 진실이다.

마르크스가 이런 통찰(과거의 역사와 현재의 정치를 모두 이해하는 데 대단히 중요한)을 할 수 있었던 것은 그가 이미 노동계급의 혁명적 잠재력을 깨닫고 있었기 때문이다.

■ ■ ■
사회는 어떻게 변화될까?[*]

마르크스의 역사 이론은 생산에 초점을 맞춘다. 사회가 생활필수품의 생산을 조직하는 방식이 생산양식이다. 이 경제 토대 위에 법률·정치·종교·철학·도덕·예술 등 상부구조가 형성된다.

그러나 하나의 생산양식은 어떻게 다른 생산양식으로 바뀔까? 이것은 마르크스 자신에게, 그리고 오늘날 우리에게, 즉 자본주의 생산양식을 폐지하기를 원하는 사회주의자들에게도 매우 중요한 문제다.

이 문제에 답하려면, 마르크스가 생산의 두 측면, 즉 생산력과 생산관계를 구분했다는 사실로 돌아가야 한다. 근본적 사회 변화의 바탕에는

---

[*]   2006. 8. 19.

생산력과 생산관계의 상호작용과 충돌이 놓여 있다.

생산력은 사회가 재화를 생산하는 능력, 즉 사회의 자원·노동·지식·기술 등이다. 예를 들어 보자. 석기시대 수렵인들의 창·활·화살, 중세 농민의 소나 말이 끄는 쟁기, 산업혁명기의 방적기와 증기기관차, 현대 산업의 생산라인·발전소·컴퓨터 등이 생산력이다.

생산관계는 사람들이 생산과정에서 맺는 사회적 관계다. 생산관계는 원시공산제 수렵·채집 사회의 씨족 관계에서 고대 이집트·그리스·로마의 노예 소유주와 노예, 중세의 지주와 농노·농민, 오늘날의 자본가 사용자와 임금노동자 관계까지 다양하다.

마르크스는 생산력 발전 수준이 생산관계를 좌우한다고 주장했다. "맷돌은 봉건영주의 사회를 만들어 내고, 증기기관은 산업자본주의 사회를 만들어 낸다." 그러나 생산력 증대가 결코 균등하거나 획일적이지는 않지만, 시간이 흐르면 생산력은 발전하는 경향이 있다. 왜냐하면 인류는 더 효과적인 생산방식을 발견하기 때문이다. 생산력 발전의 특정 단계에 생산력은 기존 생산관계(법률적 소유관계로 표현된다)와 충돌하게 된다. 생산관계가 처음에는 생산력 증대를 뒷받침했지만, 이제는 생산력의 더한층 발전에 장애물, 즉 '족쇄'가 된다. 그러면 "사회혁명의 시대가 시작된다"고 마르크스는 말했다.

이런 모순이 시작될 때 사회 전체는 장기간의 위기에 빠져든다. 낡은 생활 방식이 더는 효과적이지 않게 된다. 낡은 사상들과 기존 제도들이 그 권위를 잃기 시작한다. 비판적이고 혁명적인 새 사상들이 나타나기 시작한다. 그런 위기는 새로운 생산관계와 새로운 생산양식이 확립되고 사회가 전진할 수 있을 때만 해결된다.

유럽에서 봉건제가 자본주의로 전환할 때 바로 그런 일이 일어났다. 그리고 그것은 오늘날 자본주의의 일반적 위기 배후에서, 이제는 세계 규모로 작용하고 있다. 전 세계 모든 사람에게 괜찮은 생활을 보장할 수 있는 생산력이 존재하는데도 수많은 사람이 빈곤과 영양실조, 주택난에 시달리는 것은 그 때문이다. 우리 주위에서 끝없는 충돌과 전쟁이 벌어지는 것도 그 때문이고, 우리가 환경 재앙의 위협에 시달리는 것도 그 때문이다. 그런 위기는 오직 새로운 생산양식, 즉 사회주의 사회가 확립돼야만 끝날 것이다.

이렇게 말하면, 모든 과정이 기계적·필연적인 것처럼, 즉 인간의 행위와 무관하게 경제적으로 결정되는 것처럼 들릴 수도 있다(여러 이유로 마르크스는 가끔 그렇게 주장했다). 그러나 이것은 결코 진실이 아니고 마르크스의 진의도 아니었다. 왜냐하면 생산력과 생산관계의 충돌은 사회 계급들 사이의 충돌이기도 하기 때문이다.

원시공산제 수렵·채집 사회의 종말 이래로 생산관계는 항상 계급 관계, 즉 착취와 억압의 관계였다. 한 계급(주요 생산수단을 소유하고 통제하는 계급)이 [사회를] 지배하는 지배계급(고대 사회에서는 노예 소유주, 봉건제에서는 지주 귀족, 자본주의에서는 부르주아지)이었다. 이 계급은 기존 질서를 유지하는 데 확고한 이해관계가 있다. 기존 질서가 그들의 권력과 특권의 토대이기 때문이다. 생산력 발전에서 비롯하는 도전에 직면할 때마다 그들은 "이제 우리의 시대는 끝났으니 무대에서 우아하게 퇴장하자"고 말하지 않는다. 오히려 현재 상태를 유지하려고 격렬하게 싸운다. 그러면서 "우리의 생활양식"이나 "우리의 문명"을 지키자고 말한다.

생산력 발전은 또 특정 계급과 연결되고 그런 계급을 만들어 낸다. 봉건제에서는 매뉴팩처와 상업의 성장이 신흥 부르주아지를 만들어 냈고, 자본주의 사회에서는 근대적 산업이 노동계급을 만들어 낸다. 위기의 해결과 인류의 운명은 낡은 지배계급과 신흥 계급 사이의 투쟁의 결과에 달려 있다.

이 투쟁의 결과는 결코 예정돼 있지 않다. 16세기 유럽에서 부르주아적 혁명에 실패한 이탈리아와 독일은 300년 전으로 되돌아갔다. 그 나라들은 19세기에 가서야 국가 통일을 이룰 수 있었다. 중국에서는(한국에서도) 낡은 제국의 질서가 자본주의 발전을 억누를 수 있었고, 그 때문에 20세기에 들어섰을 때도 여전히 심각한 빈국이었고 결국은 제국주의의 오랜 피해자가 돼야 했다. 1918~23년 독일에서 노동자 혁명이 패배하자 스탈린과 히틀러가 떠올랐고, 이 때문에 7000만 명 이상이 목숨을 잃어야 했다.

지배계급은 부壽·전통··이데올로기, 특히 국가권력 등 많은 것을 소유하고 있다. 이것들은 특히 천대받는 계급들을 억압하는 데 적합하게 만들어져 있다. 혁명적 계급의 투쟁은 경제투쟁뿐 아니라 정치투쟁, 즉 국가권력을 쟁취하려는 투쟁이어야 한다. 그 투쟁의 승리는 정치의식·동원·조직화에 달려 있다. 그중 상당 부분은 지금 우리 활동가들이 하고 있는 일이다.

■ ■ ■
마르크스주의와 종교[*]

마르크스가 마르크스주의자로서, 즉 노동자 혁명의 옹호자로서 가장 먼저 쓴 글은 종교에 대한 논의로 시작한다. 더욱이, 그 글(1843년에 쓴

"헤겔 법철학 비판 서문")에는 마르크스의 말 중 십중팔구 가장 유명한 말, 즉 "종교는 사람들의 아편"이라는 문구가 들어 있다.

그렇지만 마르크스의 진정한 종교관은 대체로 잘 알려져 있지 않거나 오해를 받아 왔다. 때와 장소에 따라서는 이것이 그다지 중요하지 않은 듯한 경우들도 있었다. 사회에서 종교의 영향력이 약해지는 듯했기 때문이다. 예컨대, 1960년대의 유럽이 그랬다. 그러나 1980년대 이후 이란 혁명의 영향과 특히 9·11과 '테러와의 전쟁'으로 이슬람이 정치적 문제로 대두되자 사정이 바뀌었다. 세계의 정치 상황이 하도 많이 변해서, 좌파와 자칭 마르크스주의자들조차(그리고 마르크스의 종교 분석을 이해하지 못한 많은 사람들도) 완전히 길을 잃고 헤매기 십상이다.

가장 흔한 오해는 다음과 같은 것들이다. 첫째, 스탈린 집권 이래 소련의 경험에서 알 수 있듯이 마르크스와 마르크스주의자들은 종교에 적대적이기 때문에 종교를 금지하거나 탄압하려 한다는 것이다. 둘째, 마르크스주의는 모든 종교 사상을 그저 어리석고 고루한, 그래서 경멸받아 마땅한 사상으로 여긴다는 것이다. 셋째, 마르크스주의자들은 모든 종교와 종교 사상이 항상 반동 세력과 지배계급의 동맹이나 도구라고 본다는 것이다.

물론 마르크스가 종교적 세계관을 거부한 무신론자였다는 것은 사실이다. 이 점은 마르크스의 유물론 철학과 역사 이론의 요체였다. 마르크스는 의식이 사회적 존재를 결정하는 것이 아니라 사회적 존재가 사회적 의식을 결정한다고 생각했고, 사상이 역사를 만드는 것이 아니라 역사가 사상을 만든다고 생각했다.

이 점은 종교도 마찬가지다. 마르크스는 다음과 같이 썼다. "종교가 인간을 만드는 게 아니라, 인간이 종교를 만드는 것이다." 바로 이런 유물론적 방법 덕분에 오히려 마르크스는 흔히 알려진 것보다 훨씬 더 복잡하고 세련되고 어떤 의미에서 체계적인 종교 분석을 할 수 있었다.

사람들이 종교를 만든다면, 그것은 종교가 인간의 실제 필요를 충족하거나 충족하는 듯하기 때문이다. 계급이 출현하기 전의 수렵·채집 사회에서 종교가 처음으로 발전했을 때, 인간은 동물이나 자연력과 밀접하게 상호작용하고 그것에 철저하게 의존하며 살았다. 어떤 의미에서 인간은 동물이나 자연력을 잘 알았지만 결코 과학적으로 이해하지는 못했다. 이런 상황에서 흔히 종교는 범신론적 정령精靈 숭배라는 형태를 띠었다. 강·바람·산·해·달·늑대·곰·원숭이·코끼리 등이 신령한 존재로 여겨졌다. 다시 말해, 합리적 설명이 전혀 불가능하던 때 종교는 사람들의 의존 심리를 정서적으로 표현하고 인생의 영고성쇠를 '해명'해 줬다.

5000여 년 전 계급이 분화하고 여성이 천대받기 시작하고 국가가 사회를 지배하게 됐을 때, 자연에 대한 의존은 여전했지만 여기에 더해 불평등·착취·노예제, 사람들이 통제할 수 없고 이해할 수 없는 사회적 힘에 대한 의존과 그 힘의 지배, 즉 소외도 나타났다.

종교는 이런 사정을 반영했다. 신은 이제 더는 자연의 혼령이 아니라 제우스·야훼·알라처럼 강력한 권위를 가진 남성이 되기 시작했다. 그와 동시에, 종교는 천대받는 사람들에게 내세에서는 재산이 아니라 선행에 따라 보상이 이뤄질 것이라고 약속하며 위안을 주기 시작했다.

마르크스는 다음과 같이 썼다.

종교는 … 아직 자기완성을 이루지 못했거나 이미 자신을 잃어버린 사람의 자기의식이고 자기인식이다. … 이 국가, 이 사회가 종교의 뒤집힌 세계관을 만들어 낸다. 왜냐하면 이 국가와 사회 자체가 뒤집힌 세계이기 때문이다. 종교는 이 세계에 대한 일반 이론이고, 백과사전적 개요이고, 대중적 형태의 논리이고, 정신적 체면이고, 열정이고, 도덕적 제재이고, 엄숙한 보완이고, 위안과 정당화의 보편적 토대다.

따라서 종교의 형태와 규모와 기능은 다양하고, 그것은 항상 구체적 사회 조건에 달려 있다. 종교는 지배계급의 지위를 정당화한다(심지어 왕과 독재자, 기업주와 군장성도 자기 정당화가 필요하다). 그리고 사회질서는 신의 뜻이라고 설교하고 대중에게 세속의 권위를 존중하라고 역설하며(“카이사르[로마 황제]의 것은 카이사르에게 바치라”) 수동성을 부추기는 등 대중에게도 지배계급을 정당화한다. 그런가 하면, 천대받는 자들의 고통과 더 나은 세계를 바라는 그들의 희망을 표현하고 심지어 공공연히 반란을 옹호하기도 한다. 그래서 마르크스는 종교에 대해 다음과 같이 말했다.

[종교는] … 현실의 고통을 표현할 뿐 아니라 현실의 고통에 항의하기도 한다. 종교는 천대받는 피조물의 한숨이고, 무정한 세계의 감정이고, 영혼 없는 세계의 영혼이다.

수천 년 동안 이어져 온 주요 종교들(그리스도교·이슬람교·불교 등)의 특징 가운데 하나는 그런 종교들이 겉보기에 연속성을 유지하면서도, 다양한 시기와 다양한 장소에서 이 다양한 구실을 모두 할 수 있을 만큼 적응력이 뛰어나다는 것이다.

그래서 17세기 유럽에는 봉건세력의 반혁명적 그리스도교(가톨릭)와 부르주아지의 혁명적 그리스도교(칼뱅주의)가 공존했다. 1960년대 미국에는 백인 인종차별주의자들의 그리스도교와 인종차별에 반대하는 흑인들의 그리스도교가 공존했다. 라틴아메리카에는 독재자들과 미국 제국주의의 가톨릭이 빈민의 가톨릭과 공존하고, 중동에는 사우디아라비아 왕가의 친제국주의 이슬람교와 하마스나 헤즈볼라의 반제국주의 이슬람교가 공존한다.

이런 분석에서 나오는 정치적 결론들은 흔히 마르크스의 것으로 알려진 상투적 주장들과 모순된다. 첫째, 마르크스주의자들은 (혁명 전이든 혁명 후든) 종교를 금지하려는 노력 일체를 철저하게 반대한다. 오히려 마르크스주의자들은 종교 신앙과 예배의 자유 원칙을 옹호한다. 종교를 '폐지'할 수 있는 단 하나의 방법은 종교를 낳는 소외와 착취 상황을 폐지하는 것뿐이다.

둘째, 사회주의 혁명은 노동자 대중 자신의 행동이므로 종교 신앙을 가진 노동자들도 혁명을 일으키고 혁명운동에 참여하는 것은 불가피하고 또 꼭 필요할 것이다.

셋째, 마르크스주의자들은 특정 종교가 다른 종교보다 본래 더 반동적(이거나 더 진보적)이라는 생각을 거부한다. 분명히, 지금 이 말은 주로 이슬람교에 적용되지만 다른 상황에서는 힌두교나 불교 등에도 적용될 수 있다. 종교적 색채를 띠거나 종교 지도자들이 이끄는 정치 운동들 — (가톨릭 신자인) 우고 차베스나 (불교도인) 티베트 민족주의나 중국의 파룬궁이나 이라크와 팔레스타인의 이슬람 저항 세력 — 에 대한 우리의 태도는 그 운동의 종교 신앙을 판단 근거로 삼지 않는다. 그 운동이 대변하는 객관적 사회 세력과 그 정치적 대의의 정당성이 우리의 판단 근거다.

마르크스주의와 예술*

마르크스주의가 예술(음악·문학·회화·조각·사진·영화·드라마·무용 등 모든 창조 예술)에 대해 뭐라고 주장하는지는 제한적이지만 중요한 문제다.

그것이 제한적인 이유는 마르크스주의가 예술가들에게 창작 비법이나 지침을 제공하지 않고 또 그래서도 안 되기 때문이다. 마르크스주의적 기계 조작법이나, 바둑 두기법이나, 높이뛰기법이 없듯이 '마르크스주의적'으로 시를 쓰거나 그림을 그리거나 트럼펫을 연주하거나 교향곡을 작곡하는 법 따위는 없다(마르크스 자신은 젊었을 때 시를 몇 편 쓴 적이 있지만 작품들이 그저 그래서 금세 포기했다).

마르크스주의는 예술가들이 섹스·꿈·종교 같은 주제가 아니라 계급·전쟁·혁명 같은 특정 주제를 다뤄야 한다거나 예술이 공공연하게 정치적이거나 헌신적이어야 한다고 요구하지 않는다.

마르크스주의는 예술을 평가하는 간편한 정치적·이데올로기적 기준을 제공하지도 않는다. 마오쩌둥은 중국 혁명의 지도자였을 뿐 아니라 시인이기도 했지만, 그가 뛰어난 시인인지 아닌지는 그가 뛰어난 혁명가나 중국 지배자였는지 아닌지와 상관없다. T S 엘리엇이 반동적이었다는 이유로(그는 실제로 매우 반동적인 인물이었다) 그를 형편없는 시인으로 평가하거나, 디에고 리베라가 피카소보다 더 좌파적이었다는 이유로 리베라를 더 위대한 화가로 평가하는 마르크스주의자가 있다면 그는 예술에 대

---

* 2008. 1. 15.

한 태도에서 마르크스주의자라고 하기 어렵다.

마르크스(와 엥겔스)는 진보적 소설가 에밀 졸라보다 반동적인 친親귀족 소설가 발자크를 더 좋아했다. 왜냐하면 발자크가 당시 프랑스 사회의 모습을 더 완벽하고 통찰력 있게 묘사한 더 훌륭한 작가라고 생각했기 때문이다. 문학과 예술을 둘러싸고 스탈린주의자들과 논쟁할 때 트로츠키가 주장했듯이, 마르크스주의의 관점은 예술을 예술의 잣대로 판단할 것을 요구한다.

그러나 마르크스주의는 다음과 같은 것들을 제공한다. 첫째, 인류의 개인적·집단적 발전 과정에서 예술이 차지하는 일반적 중요성에 대한 독특한 평가와 이해. 둘째, 예술과 문화의 역사 전체를 이해하는 최상의 분석 방법. 셋째, 개별 예술 작품의 의미와 중요성을 분석하는 데 아주 유용한 관점.

개별 예술 작품이나 예술 일반이 혁명의 발발이나 결과를 결정적으로 좌우했다고 주장한 위대한 마르크스주의자는 아무도 없다. 그렇지만 그들은 모두 예술에 진지한 관심이 있었고 조예가 깊었고 예술을 즐겼다. 이 점에서 예술은 정치적 행동보다는 의약품이나 영양식과 더 비슷한 구실을 하는 듯하다. 또, 인류 역사에 등장하는 모든 사회에 예술이 존재했다는 사실은 예술이 사회적 필요라는 주장을 뒷받침한다. 마르크스주의 덕분에 우리는 이 점을 이해할 수 있다.

마르크스주의는 창조적 노동이 인간됨의 필수 조건이라고 본다. 《독일 이데올로기》에서 마르크스와 엥겔스가 주장하듯이, 인간은 "자신의 생존 수단을 생산하는" 노동 덕분에 다른 동물보다 더 뛰어난 존재가 될 수 있었다(엥겔스가 쓴 "원숭이가 인간이 되는 과정에서 노동이 한 구실"도 참조하라). 인류는 노동을 통해 주변 환경과 역사와 자기 자신을 만들어 낸다.

그러나 계급으로 분열된 사회에서, 특히 자본주의 사회에서 대다수 사람들은 일상적 시기에 창조적 노동의 가능성을 박탈당한다. 그들의 노동은 소외된다. 즉, 그들은 자신의 노동을 통제하지 못하고 자신을 위해서가 아니라 다른 사람을 위해 노동할 수밖에 없고, 그런 노동은 그들의 삶을 손상시키고 왜곡한다.

계급사회에서 가능한 창조적 노동 형태 가운데 하나, 즉 생산자가 통제하는 노동이 바로 예술이다(다른 하나는 혁명적 실천이다). 그래서 예술에서는 사상과 감정의 진술한 소통이 가능하다. 그런 소통 방식은 철저하게 상업적인 오락·언론·광고에서는 불가능하다. 그리고 이 때문에 예술은 우리 인간과 마르크스주의자들에게 중요하다. 심지어 그런 예술의 이데올로기가 보수적이고 예술 세계와 문화 산업을 지배계급이 지배하고 있을 때조차 그렇다.

사실, 마르크스주의가 예술의 역사를 이해하는 핵심 명제는 주요 물질적 생산수단을 지배하는 계급이 근본적으로 예술의 생산도 지배한다는 것이다. 왜냐하면 마르크스주의는 종교·철학·정치·법률과 함께 예술을 사회의 상부구조(생산력과 생산관계로 이뤄진 경제적 토대에 의존하고 그 토대의 제약을 받는)로 보는 역사유물론을 바탕으로 예술의 역사를 다루기 때문이다.

물론 경제 발전과 계급과 예술의 관계를 기계적으로 이해해서는 안 되지만(그 관계는 복잡하다. 그리고 다양한 요인들에 의해 매개된다), 수많은 부르주아 학파의 형식주의적 예술·문학 비평처럼 그 관계 자체를 부인하거나 무시해서는 문화사의 전반적 흐름이나 주요 발전을 이해할 수 없다.

예컨대, 왜 중세 유럽의 예술은 (상대적으로) 매우 정적이고 형식적이고 변화가 없었을까? 왜냐하면 봉건제의 (상대적으로) 느린 생산력 발전과 그에 따라 불변의 생산관계에 의존하는 엄격한 사회적 위계질서가 중세 유럽의 예술에 반영됐기 때문이다.

13세기 말 피렌체에서 (단테와 조토[이탈리아 화가]의 등장과 함께) 시작되고, 레오나르도 다빈치와 미켈란젤로와 티치아노에서 절정에 이르고, 그 뒤 독일·네덜란드·영국 등지로 퍼져 나가 뒤러[독일의 화가이자 조각가]·브뤼헐[네덜란드 화가]·렘브란트·셰익스피어 같은 위대한 예술가들을 배출한 르네상스라는 탁월한 예술적·문화적 고양의 원동력은 무엇이었을까? 역사유물론은 그것이 처음에는 봉건제의 족쇄 안에서 성장하다가 나중에는 그 족쇄를 깨뜨린 자본주의 체제, 그리고 역동적이지만 모순된 자본주의 체제와 연관된 계급, 즉 부르주아지의 성장을 반영하는 것이라고 대답할 것이다.

수백 년씩 지속된 장엄한 예술 사조들(르네상스·바로크·로코코·신고전주의·낭만주의)이 갑자기 사라지고 모더니즘이 분출해 (인상주의·표현주의·야수파·입체파·미래파·절대주의·다다이즘 등의) 예술운동들이 거의 눈 깜짝할 사이에 나타났다가 사라진 이유를, 현대 자본주의가 강요하는 "생산의 끊임없는 혁신"과 "모든 사회 조건의 부단한 교란"에 대한 대응이라는 사실을 외면한 채 설명할 수 있을까?

블루스, 재즈, 리듬앤드블루스, 솔뮤직, 힙합 등의 잇따른 출현, 즉 엘비스 프레슬리에서 에이미 와인하우스[영국의 솔뮤직·재즈·리듬앤드블루스 가수]에 이르기까지 현대 대중음악의 변화 전체를 미국 흑인들의 자유를 위한 투쟁과 떼어 놓고 이해할 수 있을까?

심지어 개별 작품이나 예술가 개인에 대해서도 마르크스주의는 독특

　　　　　　　　　　　　　1장 마르크스주의의 방법

한 통찰을 제공한다. 존 버거는 빼어난 저작 《보는 방법》*에서 사본주의 사회관계에 대한 마르크스주의적 비판을 이용해 한스 홀바인[독일 화가]의 그림 〈대사들〉과 네덜란드 정물화들을 탁월하게 설명한다.

찰리 채플린의 영화 〈모던 타임스〉와 사뮤얼 베케트의 《고도를 기다리며》도 마르크스의 소외 이론을 모르면 이해할 수 없다. 18개월 전 한국에서 나는 한국인 예술가 백남준이 TV 모니터들을 쌓아 올려 만든 작품 〈다다익선〉을 봤다. 그 작품을 분석하려면 트로츠키의 불균등·결합 발전 이론이 필요하다.

제아무리 마르크스주의라 해도 예술에 대한 구체적 지식과 예술적 감수성을 대신할 수는 없는 법이다. 그러나 예술은 사회의 일부이고 사회와 끊임없이 상호작용하며 발전한다. 가장 풍부하고 가장 심오하고 가장 과학적으로 사회를 분석하는 방법인 마르크스주의는 예술에 대한 우리의 인식을 훨씬 풍부하게 해 줄 수 있다.

---

* 국역: 《다른 방식으로 보기》, 열화당, 2012.

자본이란 무엇인가?

자본주의는 자본이 지배하는 체제다. 그렇다면 자본이란 무엇인가? 흔히들 자본이란 그저 거액의 돈이나 기계 등의 생산수단이라고 생각한다. 지배계급도 그렇게 생각하기를 좋아한다. 이런 식으로 생각하면 자본 없이는 생산도 이뤄질 수 없고 따라서 자본주의는 영원한 체제인 듯 여기게 된다.

그러나 마르크스는 이런 겉모습을 꿰뚫고 들어가 자본이란 일종의 사물(화폐나 기계 따위)일 뿐 아니라 일종의 사회관계, 특히 생산관계이기도 하다는 것을 보여 준다. 자본은 나무에 열리는 게 아니다. 자본은 생산돼야 한다. 따라서 자본은 '축적'이요 '축적된 노동'이다(마르크스는 자본을 '죽은 노동'이라고 부르기도 했다). 물론, 축적된 노동은 사회주의를 비롯한 모든 생산 체제에서 필요하다. 축적된 노동은 특정한 사회관계 속에서만 자본이 된다.

첫째, 축적된 노동의 가치를 늘리는 방식으로 노동자들의 산 노동력과 교환될 수 있을 때 축적된 노동은 자본이 된다. 자본주의가 발전하려면, 생산수단을 가지지 못해서 생산수단을 소유하고 지배하는 사람들에게 자기 노동력을 팔 수밖에 없는 사람들로 이뤄지는 계급이 있어야만 한다.

따라서 자본에는 임금노동이 반드시 뒤따른다. 둘은 동전의 양면이다.

둘째, 자본은 다수 자본들로만, 다시 말해 따로 움직이며 서로 경쟁하는 생산 단위들로만 존재할 수 있다. 바로 이런 경쟁 때문에, 축적된 노동을 소유한 사람들은 그것을 다 써 버리기보다는 자본으로 활용하려고, 즉 노동자들을 고용해서 그 가치를 늘리려고 애쓰게 된다. 헨리 포드가 유독 욕심이 많아서 자꾸만 더 많은 이윤을 올리려고 기를 쓴 게 아니다. 제너럴모터스나 도요타나 폭스바겐 같은 다른 자동차 대기업과 경쟁하다 보니 어쩔 수 없었던 것이다.

생산을 위한 생산, 축적을 위한 축적. 바로 이것이 자본주의의 기본 동력이다.

사유재산은 부차적 문제다. 사유재산이 자본주의 발전의 전형적 형태였던 것은 사실이다. 그러나 노동자들이 생산수단에서 분리돼 있고, 생산수단을 지배하는 소수가 경쟁 때문에 노동자들을 착취해서 가치를 증대시키지 않을 수 없도록 압박을 받는 한, 자본과 자본주의는 사라지지 않을 것이다.

국유 기업인 프랑스의 르노자동차는 사유 기업인 아이비엠IBM이나 미쓰비시와 자본주의 기업이라는 점에서는 다를 바가 없다. 국유화된 '(주)소련'은 부분적으로만 국유화된 '(주)미국'과 꼭 마찬가지로 자본주의적이다.

따라서 자본주의란 노동자들의 산 노동이 축적된 노동을 늘리는 수단 노릇밖에 못 하는 체제다. 죽은 노동이 산 노동을 지배한다. 노동자는 기계의 부속물일 뿐이다. 사회주의는 사회적 소유와 노동자들의 생산수단 통제를 통해 이 관계를 뒤집어 놓을 것이다. 죽은 노동은 산 노동에 기여하게 될 것이다. 이윤을 위한 생산이 아니라 필요를 위한 생산이 이뤄질 것이다.

■ ■ ■
노동자들은 어떻게 착취당할까?*

착취 때문에 계급이 생겨나고 착취가 계급투쟁에 영향을 미친다는 마

---

* 2006. 10. 2.

르크스주의자들의 주장은 먼저 계급들이 생겨난 뒤에 이따금 한 계급이 다른 계급을 착취한다고 생각하는 흔한 통념과 반대다. 마르크스의 착취 개념은 우리 사회에서 유력한 개념과 근본적으로 다르다.

사회에서 유력한 개념에 따르면, 착취는 대체로 과거지사(예컨대, 산업혁명기의 아동노동 착취)가 됐거나, 아니면 오늘날 예외적으로만 존재하는 것(예컨대, 특별히 저임금을 지급하는 악덕 사용자들의 소행)이다. 그러나 마르크스에게 착취는 예외가 아니라 통례였다. 이른바 '선량하고 관대한' 사용자들에게 고용된 상대적 고임금 노동자들조차 착취당한다. 착취는, 본래부터 자본주의적 임금노동 관계에 타고난 것이다.

사용자들과 그 지지자들은 "말도 안 된다"고 한목소리로 아우성친다. "우리는 노동자들을 고용할 때 임금과 노동을 공정하게 거래한다. 그리고 그것은 쌍방이 자유롭게 체결하는 자발적 계약이다. 정말이지, 노동자들은 일자리를 제공하는 우리에게 감사해야 한다. 그게 싫으면, 관두고 다른 데 가서 일하면 될 거 아니냐?"

사실, 이런 주장은 처음부터 끝까지 틀렸다. 자본가들은 "일자리를 제공"하거나 "일자리를 창출"하지 않는다. 자본주의 전에도 일자리가 있었고, 자본주의가 끝난 뒤에도 일자리는 있을 것이다. 일자리, 다시 말해 수행을 요하는 직무들은 인간의 필요에서 비롯하는 것이고, 지구상에 존재하는 65억 명의 인구는 모두 의식주와 교육 등등이 필요하므로 65억 명이 할 일은 절대로 부족하지 않다. 자본가들이 실제로 하는 일은 생산수단을 소유하고 지배해서 대다수 사람들이 자본가들 자신을 위한 일 외에는 다른 일을 할 수 없게 만드는 것이다. 그리고 자본가들이 노동자를 고용하는 것도 자비심이나 시민적 의무 때문이 아니라 이윤을 얻으려고, 즉 그들이 가진 자본의 가치를 증식하기 위해서다.

그러나 그 이윤은 어떻게 만들어질까? 이윤은 어디서 나올까? 분명히 노동자들에게 충분한 보수를 지급해서는 아니다. 그러나 어떻게 자본가들은 이 공공연한 도둑질을 날마다, 해마다, 계속해서 거리낌 없이 할 수 있을까? 그리고 어떻게 그것이 겉으로는 그토록 공정하게 보일 수 있을까? 이 모든 질문에 대답한 것, 그리고 "공정거래"의 외관 이면에서 노동자들한테서 무보수 노동을 체계적으로 뽑아내는 과정이 숨어 있음을 입증한 것이 마르크스의 가장 위대한 지적 성취 가운데 하나였다.

마르크스 대답의 출발점은 자본주의 사회에서는 노동자들이 일할 능력, 즉 노동력도 다른 여느 상품과 마찬가지로 상품으로 사고팔린다는 것이다. 마르크스는 상품의 가치(가치는 가격과 똑같은 것은 아니지만, 실제의 가격은 가치를 기준으로 오르내린다)가 그 상품을 생산하는 데 사회적으로 필요한 노동시간에 따라 결정된다고 말했다. 요컨대, 빵 한 덩어리가 1달러에 팔리고 셔츠 한 벌은 20달러, 자동차 한 대는 1만 달러에 팔리는 이유는 (현재의 기술 수준에서) 빵 한 덩어리를 만드는 데 드는 시간보다 자동차 한 대 만드는 데 드는 시간이 1만 배나 많고 셔츠 한 벌을 만드는 데 드는 시간이 20배 많기 때문이다.

당연히 친자본주의 경제학자들은 이런 '노동가치론'을 부인하지만, 실제로 모든 자본가는 거의 본능적으로 이 사실을 알고 있다. 어떤 자본가가 자신의 생산물을 계속 가치 이하로 판매한다고 치자. 그는 분명히 손해 볼 것이고 머지않아 파산하고 말 것이다. 그런데 또 어떤 자본가는 자신의 생산물을 가치 이상으로 판매한다고 치자. 조만간 그와 경쟁하는 다른 자본가가 그보다 더 싸게 판매할 것이고, 그러면 가치 이상으로 판매하는 자본가도 파산하고 말 것이다. 따라서 경쟁 때문에 자본가들은 노동시간으로 측정된 가치를 중심으로 오르내리는 가격대로 생산물을 판매할 수밖에 없다.

이제 이 사실을 노동력이라는 상품에 적용해 보자. 노동력의 가치인 임금도 그 노동력을 생산하는 데, 즉 노동자가 계속 일할 수 있도록 그 노동자를 돌보고 먹이고 입히고 훈련하는 등등을 하는 데 사회적으로 필요한 노동시간에 따라 결정된다. 그러나 노동력이 다른 여느 상품과 마찬가지로 사고팔리더라도, 한 가지 결정적 측면에서 노동력은 다른 모든 상품과 다르다. 노동력은 [가치를] 창조한다. 즉, 생산과정에 투입된 노동력은 노동력 생산에 필요한 가치보다 더 많은 가치를 생산한다. 마르크스가 잉여가치라고 부른 그 차이는 자본가의 주머니로 들어가고 모든 이윤의 궁극적 원천이 된다.

무슨 말인고 하니, 하루 8시간씩 주 40시간 노동하고 일당 40달러, 주급 200달러를 받는 노동자가 자신의 임금에 해당하는 재화나 서비스를 생산하는 데 예컨대 하루 5시간, 주 25시간 걸린다면 그는 하루 3시간, 주 15시간의 무보수 노동을 하는 셈이다. 따라서 가장 엄밀한 의미의 착취인 무보수 노동은 노예제나 봉건제, 산업혁명 초기뿐 아니라 현대 자본주의에서도 명백하게 존재한다.

마르크스의 잉여가치론은 엄청나게 중요하다. 그것은 임금노동에 대한 자본가의 견해의 이데올로기적·자기본위적 본질을 들춰내고, 자본주의 경제의 운동 법칙을 과학적으로 분석할 수 있는 길을 열었다. 그러나 잉여가치론의 구실은 여기서 그치지 않는다. 잉여가치론은 서로 조화될 수 없는 이해관계의 직접적 충돌이 자본주의 생산의 핵심임도 보여 준다. 노동시간이 길수록 무보수 노동도 많아지고, 따라서 자본가의 잉여가치도 늘어난다. 노동시간이 짧을수록 무보수 노동도 줄어든다. 임금 수준이 낮

을수록 이윤 수준은 높아진다. 임금 수준이 높을수록 이윤 수준은 낮아진다. 따라서 임금과 이윤은

서로 반비례한다. 자본의 몫인 이윤은 노동의 몫인 임금이 하락하는 것과 같은 비율로 상승하고, 그 반대의 경우도 마찬가지다. 이윤은 임금이 하락하는 만큼 상승하고, 임금이 상승하는 만큼 하락한다. … 자본의 이해관계와 임금노동의 이해관계는 정면으로 대립한다(마르크스,《임금노동과 자본》).

이것은 마르크스의 착취 이론이 어떻게 그의 계급·계급투쟁 이론을 뒷받침하는지를 잘 보여 준다.

■ ■ ■
자본주의란 무엇인가?[*]

'지피지기知彼知己'라는 말은 오래되고 유익한 격언이다. 노동계급 운동과 전 세계 수많은 사람들(농민, 학생, 지식인 등등)의 적敵은 자본주의다. 그러나 평범한 사람들 사이에, 그리고 우리 운동 안에는 흔히 아주 모호한 자본주의 개념이 널리 퍼져 있다.

그 이유는 우리 지배자들이 그것을 원하기 때문이고, 따라서 저급 언론부터 명문 대학에 이르기까지 자본주의에 대한 혼란스런 개념을 널리 유포하기 때문이다. 무엇보다 그들은 사람들이 자본주의를 폐지하려는

---

* 2006. 6. 17.

생각을 꿈도 꿀 수 없도록 만들고자 자본주의가 영원불멸의 제제(인간 본성의 문제)인 양 여겨지기를 바란다.

따라서 그들은 자본주의를 인간의 특성, 즉 적어도 어느 정도는 인간만큼 오래된 '탐욕'이나 약 5000년 전에 출현한 '화폐'나 약 1만 년 전에 출현한 '사유재산'과 동일시한다. 보통 사람들이 이런 생각에 영향받는 것도 당연하다. 그렇다고 해서 보통 사람들이 자본주의, 특히 자신들이 날마다 경험하는 자본주의의 결과를 싫어하지 않는 것은 아니다. 또, 그들이 자본주의에 때로는 매우 격렬하게 저항하지 않는 것도 아니다. 그러나 그런 생각은 자본주의를 전복하려는 노력을 심각하게 저해한다.

카를 마르크스의 많은 지적 성과 가운데 가장 중요한 것 하나는 자본주의가 무엇이고, 역사적으로 어떻게 출현했고, 자본주의를 움직이는 근본 동역학이 무엇인지를 분명하고 정확하게 분석했다는 것이다.

맨 먼저 파악해야 할 것은 자본주의가 어떤 태도나 관념이 아니라 특정한 경제체제, 즉 생산을 조직하는 특정한 방식이라는 것이다. 자본주의는 처음에 자생적으로, 그리고 인류 역사에서 비교적 근래에 출현했다. 자본주의는 유럽에서 중세 후기에 그 전의 생산양식, 즉 봉건제 안에서 본격적으로 발전하기 시작했다.

자본주의는 과거에도 상품생산 체제였고 지금도 여전히 그렇다(상품은 시장에서 판매하려고 생산한 제품이다). 자본주의에서는 노동력도 상품이 되고, 임금노동이 주된 노동 형태가 된다. 자본주의 체제를 지배하는 것은 자본이다(그래서 자본주의라고 부른다). 자본은 다른 자본들과의 경쟁에서 그 가치를 증식할 목적으로 임금노동을 착취하는 데 사용되는 축적된 부다. 임금노동과 자본의 관계는 자본주의를 규정하는 근본적 사회관계다.

자본주의는 제대로 발전하기 위해서 경제적으로 발전해야 했을 뿐 아니라 자본 소유자들(자본가들, 즉 부르주아지)이 정치권력도 장악해야 했다. 그 시작이 16세기 네덜란드 혁명과 17세기 영국 혁명이었다. 미국 혁명과 프랑스 대혁명, 그리고 (영국의) 산업혁명 뒤에 자본주의는 전 세계로 퍼져 나갔다. 오늘날 자본주의는 거의 모든 곳을 지배한다.

이런 기본적 특징들을 보면, 자본주의가 왜 봉건제보다 더 진보적인 체제인지 알 수 있다.

첫째, 임금노동은 그에 앞선 노예·농노·농민의 노동보다 진보였다(인간의 자유, 생산성, 혁명적 잠재력이라는 측면에서 보면 그랬다).

둘째, 자본가들은 자기들끼리 서로 경쟁하기 때문에 과거의 봉건영주나 다른 지배자들이 통치할 때는 상상도 할 수 없던 규모로 생산을 발전시킬 수밖에 없었다.

그러나 이런 기본적 특징들은 온갖 비인간적 행위, 불평등, 경제 위기, 전쟁, [환경] 파괴의 씨앗도 품고 있다. 이 모든 것은 자본주의 역사의 특징이었고, 그 때문에 오늘날 자본주의의 전복이 그토록 절실한 것이다.

일반화한 상품생산 체제의 발전 때문에 이제는 모든 것을 사고파는 세상이 됐다. 자본가들은 할 수만 있다면 허공의 공기도 판매할 것이다. 노동력도 상품이 되다 보니 노동자들은 자신의 노동에서, 그리고 자신이 노동해 만든 생산물에서 소외된다. 그 때문에 노동은 무의미한 고역이 되고 노동자들은 기계(와 사무실)의 부속품이 된다. 자본에 의한 임금노동 고용은 착취 과정이고, 그 때문에 노동자들은 기력이 쇠하고 불평등은 더 심해진다.

자본들 간의 가차없고 통제되지 않는 경쟁 때문에 주기적으로 경제 위기가 발생해 기업들이 파산하고 생산이 감소하고 대량 실업과 빈곤이 잇따른다. 똑같은 경쟁 때문에, 더 크고 강력한 기업들이 더 작고 약한 기업들을 인수하고, 자본과 생산이 점점 더 소수의 거대 기업들 수중에 집중된다. 이 기업들 간의 경쟁 — 자원(석유!)·시장·노동력·투자처를 차지하기 위한 — 때문에 점점 더 잔인한 전쟁들과 끔찍한 환경 파괴가 일어나 사회의 생존 자체가 위협받는 지경에 이른다.

역사적으로 자본주의에 대한 가장 중요한 오해 두 가지는 자본주의를 사적 소유와 동일시하거나 자유 시장과 동일시한 것이었다. 두 경우 모두, 체제의 중요하고 때로는 유력한 특징 하나를 체제의 본질 자체와 동일시한 것이 오류였다.

사회민주주의자들(독일 사회민주당이나 영국 노동당 같은)은 자본주의 국가가 국가 소유와 국가 계획을 확대하면 자본주의를 점차 폐지하거나 적어도 길들일 수 있다고 믿었다. 그들은 틀렸다. 그 결과는 자본주의와 사회주의의 혼합이 아니라 자본주의와 국가자본주의의 혼합이었을 뿐이다.

스탈린주의자들은 국가 소유와 국가 계획이 거의 절대적인 나라들(옛 소련과 중국 등)이 사회주의 사회라고 믿었다(그런 나라에서는 노동자들이 생산도 국가도 통제하지 못했고, 임금노동이 여전히 남아 있었고, 그 국가가 나머지 세계 자본주의와 경쟁하고 있었는데도 말이다). 스탈린주의자들도 틀렸다. 특권적 국가 관료들이 사회를 지배하는 체제는 사회주의가 아니라 관료적 국가자본주의 억압 체제였을 뿐이다.

오늘날 반反세계화 운동 안의 일부 사람들은 자본주의가 아니라 신자유주의만이 우리의 적이라고 생각한다. 신자유주의가 적인 것은 사실이지만, 그것은 자본주의라는 히드라의 여러 머리 가운데 하나일 뿐이다. 그 머리를 자르는 것은 좋은 일이고 필요하기도 하지만, 그것만으로는 다른 머리들에 치명타를 가할 수 없다.

결국 자본주의를 폐지하고 사회주의를 건설하는 방법은 하나뿐이다. 노동자들 스스로 [생산수단을] 소유하고 생산과정을 통제하는 것이다. 그리고 이를 위해 전에 부르주아지가 했듯이 정치권력을 장악해야 한다.

이 모든 것을 로자 룩셈부르크는 다음과 같이 요약했다. "자본주의의 사슬은 그 사슬이 벼려진 곳에서 끊어져야 한다!"

■ ■ ■
자본주의는 어떻게 경제 위기를 낳는가?

자본주의 체제에서는 경제 위기가 되풀이된다. 지금 우리는 가장 최근의 경제 위기를 겪고 있다. 지배계급과 그들에게 빌붙어 사는 언론인, 정치인, 경제학자 등은 이런 경제 위기를 다양하게 설명한다. 언제는 우연 탓으로 돌렸다가 다른 때는 날씨나 '신의 섭리' 탓으로도 돌리고, 또 어느 때는 노동자들의 탐욕을 꾸짖는가 하면, 정부 정책이 잘못된 탓이라고 하기도 한다.

그러나 언제나 변함 없는 사실은 경제 위기 때문에 노동계급이 가장 괴로움을 겪는다는 점이다. [영국에서] 공식 실업인구가 1980년에 200만 명을 넘어섰다. 1930년대와 견줄 만한 대량 실업의 시대를 향해 서서히 나아가고 있는데도 해결의 전망은 보이지 않는다.

마르크스주의자는 실업을 설명할 때 자본주의 생산은 이윤을 위한 생산이라는 사실에서 출발한다. 따라서 자본주의 사회에서는 이윤을 올리는 데 어떻게든 도움이 될 때만 일자리를 얻을 수 있다. 이윤에 도움이 안 되는 사람들은 언제든 일자리에서 쫓겨난다.

따라서 어떤 시기의 전반적 고용수준은 당시 산업 전반의 평균이윤율이 얼마나 되는지에 따라 결정된다. 자본가들은 평균이윤율이 높을 때는 열심히 투자하고, 사업을 확장하며, 새 계획을 추진하고, 새 인력을 찾는다. 그러나 평균이윤율이 낮을 때는 투자를 꺼린다. 오래된 산업들은 새 설비를 갖추지 못해 시대에 뒤떨어지고 경쟁력도 잃게 돼 문을 닫을 수밖에 없다. 새 산업이 그 자리를 메우지도 못한다. 당연히 실업은 늘어난다.

이런 상황들은 저마다 고유한 운동을 한다. 노동자들이 새로 일자리를 얻으면 그들이 쓸 돈도 당연히 더 많아진다. 상품의 수요가 늘어나고, 늘어난 수요를 충족하려고 생산도 증대된다. 그러면 더 많은 노동자들이 일자리를 잡을 기회를 얻는다. 한편, 실업이 늘어나면 노동자들은 쓸 돈이 적어진다. 상품의 수요가 줄어들고, 그에 따라 생산도 줄고 더 많은 노동자들이 일자리를 잃는다. 그러면 불황이 찾아든다.

여기서 드는 핵심 의문은 도대체 왜 이윤율이 오르락내리락하냐는 것이다. 경제가 호황으로 갈지 불황으로 갈지를 결정하는 것은 무엇일까? 여기에는 두 과정이 영향을 미친다. 첫째 과정은 주기성을 띤다. 이 과정은 호황과 불황이 거의 규칙적으로 반복되게 한다. 호황 때는 노동력 수요가 늘어나므로 노동자들은 이윤이 줄어들 정도까지 임금을 끌어올릴 수 있다. 그러면 이윤율이 떨어지고 호황은 불황으로 바뀐다. 불황 때는 실업 때문에 노동자들의 교섭력이 약해져서 임금은 떨어지고, 결국 이윤율이 회복된다. 불황은 다시 호황으로 바뀐다.

둘째 과정이 더 근본적이다. 이 과정이란 이윤율의 장기적 저하 경향이다.

자본주의는 경쟁에서 벗어날 수 없으므로 자본가들은 저마다 되도록 생산을 더 늘리고 시장을 더 많이 차지하려고 애쓴다. 그러나 자본주의는 착취를 바탕으로 하므로 노동자들에게 그들이 생산한 재화를 모두 구입할 만한 임금을 주는 법이 없다. 그러다 보니 자본주의에는 언제나 과잉생산이라는 위험이 따라다닌다. 팔릴 수 있는 것보다 더 많이 생산할 위험 말이다.

자본주의는 이 문제를 임금을 올려서 해결할 수 없다. 그러면 이윤이 줄어들 테니 말이다. 이 문제의 해결책은 자본가들이 생산수단을 더 많이 생산하는 데 이윤을 끊임없이 재투자하는 것이다. 다시 말해, 더 많은 기계를 만들고 또 그 기계를 만드는 기계를 생산하는 데 투자해야 한다. 자본가들이 투자하기만 한다면 그렇게 계속 굴러갈 수 있겠지만, 자본가란 이윤이 생겨야 투자하는 법이다.

그러나 생산수단에 대한 이런 투자는 이윤율의 장기적 저하 경향을 부추긴다. 왜냐하면 이윤은 오직 노동력을 쥐어짜야만 생기기 때문이다. 다시 말해, 이윤은 기계류로 대표되는 축적된 노동에서 생기는 게 아니라 노동자들의 산 노동에서만 생기기 때문이다. 자본가들이 기계류를 점점 더 많이 사들일수록, 산 노동이 자본가의 지출에서 차지하는 몫은 상대적으로 점점 더 적어질 수밖에 없다(컴퓨터 덕분에 예전에는 몇 사람이 하던 일을 한 사람이 할 수 있게 된 데서 알 수 있듯이, 오늘날에는 이런 일이 대규모로 일어나고 있다).

그러면 이윤율(자본가의 총지출과 비교한 이윤량)은 떨어진다. 자본가는 노동자들에게 더 열심히 더 오래 일하라고 몰아치면서 떨어진 이윤율을 벌충하려고 하겠지만 사정은 마찬가지다.

일단 이윤율이 어느 수준 이하로 떨어지면 자본가들은 투자 의욕을 잃게 되고, 생산수단이 팔리지 않으면서 체제는 과잉생산이라는 위기를 맞는다. 즉, 기계들은 팔리지 않고 공장 건물과 사무실 등은 텅 비게 된다. 경기후퇴의 악순환이 계속되고, 기업들은 파산하고 노동자들이 일자리에서 쫓겨나 실업자들이 들끓게 된다.

물론 이윤율 하락을 벌충하는 요인도 여럿 있다. 예컨대 전쟁으로 막대한 자본이 파괴된다든지, 평화로운 시기에도 언제나 군비 지출 규모를 높은 수준으로 유지한다든지 하면 얼마 동안은 노동력보다 자본이 지나치게 많아지는 사태를 피할 수 있다. 또, 1970년대부터 선진 자본주의 나라들은 신흥공업국으로 자본수출을 늘려 왔다. 그러다 보니 그 나라들 안에는 투자할 자본이 줄어들어, 그만큼 과잉생산이 완화돼 왔다.

경제 위기는 허약한 기업들을 파산시켜 상당한 자본을 파괴하거나 그 가치를 떨어뜨린다. 그러면 살아남은 기업들은 이윤율을 올릴 수 있다. 바로 그래서 자본주의는 늘 호황과 불황을 거듭하고, 1880년대와 1890년대, 그리고 성과가 훨씬 좋았던 제2차세계대전 종전 이후 4반세기 동안처럼 지속적 성장을 구가할 수도 있다.

그러나 바로 이 경제성장 때문에 이윤율 하락이라는 기본 경향은 조만간 다시 고개를 들 수밖에 없다. 현재 세계를 휩쓰는 불황도 이렇게 이윤율이 다시 떨어졌기 때문이다. 더구나 오늘날에는 자본의 단위가 과거에 비해 규모와 집중도가 훨씬 커져, 파산도 쉬운 일이 아니다. 여러 자동차 제조업체들이 경쟁하고 있을 때는 불황기에 하나나 둘쯤은 나머지 기업들을 위해 희생될 수도 있다. 그러나 자본이 집중돼 요즘처럼 자동차 제조업체가 두세 개의 거대 기업밖에 없을 때는, 그 기업이 무너지면 경제 전체가 돌이킬 수 없는 손상을 입게 된다.

따라서 자본주의는 단기간의 급격한 경제 위기를 이용해 자본의 일부를 파괴하고 그에 힘입어 이윤율을 회복하기가 더욱 어려워졌다. 그 대신 우리는 정도가 덜한 불경기를 겪는다. 그러나 이 불경기는 질질 끄는 데다 회복될 전망도 없다.

이윤율이 떨어지는 경향은 자본주의의 밑바탕에 깔린 해결할 수 없는 모순이다. 그것은 자본주의 생산관계가 인류의 생산력 발전을 가로막게 됐다는 사실을 구체적으로 보여 준다. 대량 실업은 이윤 추구에 바탕을 둔 자본주의 체제의 본성 자체에 깃든 모순 때문에 생긴다. 이윤을 위한 생산이 아니라 필요를 위한 생산이 이뤄질 때에야 비로소 인류는 경제 위기와 그것에서 비롯한 이루 말할 수 없는 비참한 생활에서 벗어나 진보를 향해 자유롭게 나아갈 수 있을 것이다.

■ ■ ■
경제 위기에 대한 몇 가지 단상[*]

경제 위기가 심화하는 것을 보면서 나는 웃고 싶기도 하고 울고 싶기도 했다. 서방 지배계급들과 그들의 정치적·이데올로기적 대변자들이 모순에 빠지고 망가지는 것을 보면 웃음이 나왔다. 그들은 지난 20여 년 동안 그토록 확신에 차 숭상해 온 경제 학설들을 죄다 포기할 수밖에 없었다. 한편, 전 세계 노동 대중과 빈민에게 닥칠 것이 불 보듯 뻔한 고통과 불행을 생각하면 나는 울고 싶어졌다. 저들은 자신들이 부른 위기의 대가를 우리가 치르기를 바란다.

---

[*]   2008. 10. 28.

웃기는 일들이 많았다. 예컨대, 신보수주의·신자유주의를 추구해 온 조지 부시의 우파 정부가 모기지 업체인 프레디맥과 패니메이를 인수하는 사상 최대 규모의 국유화를 단행한 데 이어 일련의 국유화 조처들을 실행할 수밖에 없게 된 것이 그렇다. 그러나 그런 조처들은 … 사회주의 아닌가? 사실, 그것은 사회주의가 아니라 국가자본주의일 뿐이다. 그러나 몇 달 전이었다면 부시 일당은 그런 조처들을 사회주의라고 비난했을 것이다.

영국에서 특히 재미있었던 것은 영국 정부의 한 입으로 두 말 하기였다. 영국 정부는 아일랜드 정부가 아일랜드 은행들의 예금을 지급 보증해준 것에 대해 (그러면 사람들이 영국 은행들에서 돈을 빼내 아일랜드 은행들로 옮길 것이므로 아일랜드 정부의 조처는 시장을 왜곡하는 불공정 경쟁이라고) 불평을 늘어놓은 바로 다음 날 아이슬란드 정부가 아이슬란드 은행들이 파산했을 때 영국인들의 예금을 보호해 주지 않았다고 불평을 늘어놓았다.

그리고 미국 연방준비은행 총재를 지냈고 자유 시장의 교황 노릇을 했던 앨런 그린스펀이 자신의 이데올로기에 '결함'이 있었다고 시인했다. 사실, 리먼브러더스·AIG·메릴린치·HBOS·와코비아(이들은 수백 년 동안 축적과 착취를 자행해 온 자본주의의 거인들이자 세계의 지배자들이었다)가 잇따라 무너지거나 살려 달라고 국가에 비는 것을 보면서 일종의 희열을 느낄 정도였다.

그러나 물론 우리는 저들의 곤혹스러움 뒤에 평범한 사람들의 현실적 고통이 뒤따를 것임을 알고 있다. 임금 삭감과 해고, 실업과 빈곤, 주택 압류와 강제 퇴거 등이 경기 침체의 필연적 결과다. 복지 혜택 삭감과 교육·의료 등 사회복지사업의 축소 등이 머지않아 자본주의 정부의 대책이 될 것이다. 가난한 나라들에서는 굶주림과 물자 부족 사태가 벌어질 것이고, 개발도상국들에서는 발전이 주춤하거나 일부 개발도상국들은 아예 붕괴할 것이고, 심지어 가장 부유한 선진국들에서도 노동계급은 고통에 시달릴 것이다.

웃다가 울다가 하면서 괴로워하는 사이에 17세기의 위대한 철학자 스피노자의 말이 떠올랐다. "웃지도 말고 울지도 말라. 다만 이해하라!" 그래서 이 위기를 이해하는 데 도움이 될 만한 점 세 가지를 지적하고 싶다. 첫째, 지금의 위기는 자연재해나 기후 재앙이 아니라는 것이다. 그린스펀은 이 위기를 "100년에 한 번 닥칠 만한 쓰나미"로 묘사했다. 그리고 주류 언론에도 "경제적 태풍", "[경제적] 허리케인" 운운하는 말들이 넘쳐 난다. 이것은 터무니없는 소리다. 지금의 위기는 결코 자연적인 것도 아니고 신의 섭리도 아니다. 이 위기는 순전히 인간이 만들어 낸 것이다. 이 위기는 개략적이나마 예측할 수 있는 것이었고, 실제로 크리스 하먼이나 로버트 브레너 같은 마르크스주의 경제학자들이 예측했던 것이다. 그리고 그린스펀에게는 미안한 말이지만, 이런 경제 위기들은 "100년에 한 번"보다 훨씬 더 빈번하게 되풀이된다.

둘째, 이 위기는 근본적으로 신뢰성의 위기가 아니다. 자본주의 언론과 평론가들은 항상 이런 위기가 근본적으로 투자가들, 투기꾼들, 심지어 제조업자들의 신뢰도 문제라고 주장하려 한다. 때때로 그들은 "기초적 실물경제는 건전하다"는 진부한 말로 교묘히 빠져나가려 한다. 물론 신뢰도가 일정한 구실을 하는 것은 분명하다. 만약 여러분이 은행 파산을 우려한다면 은행에서 돈을 찾으려 할 것이고, 그래서 은행 파산 가능성을 더욱 높일 것이다. 만약 어느 회사의 투자수익률이 낮을 것으로 예상된다면 다른 회사에 투자하려 할 것이고, 만약 전반적 경기 침체가 예상된다면 십중팔구 돈을 금으로 바꿀 것이고 그래서 경기 침체의 기간을 늘리고 정도를 심화시키는 데 일조할 것이다.

그러나 이런 '신뢰성'이나 신뢰성 부족은 밑도 끝도 없이 제멋대로 마구 생겨나는 것이 아니다. 신뢰도는 허공에 떠돌아다니다가 투자자들의 마음속으로 갑자기 파고드는 것이 아니라 현실 세계의 증거와 경험을 바탕으로 한다. 예컨대, 신용 경색의 시발점이 된 미국 서브프라임 모기지 시장의 문제들은 단지 사람들의 머릿속에 있는 문제들이 아니었다. 실제로 모기지 상환을 할 수 없게 된 사람들의 현실적 문제였다. 그리고 모기지 대출업체들의 관점에서 보면, 주택 시장 위축 국면에서 압류 주택을 유리한 조건으로 팔 수 없게 됐다는 현실적 문제였다.

마르크스의 경제학이 이룬 큰 성과 하나는 모든 부의 창출이 궁극적으로 자연을 이용해 노동하는 데 달려 있다는 것과 모든 가치가 사회적 필요노동시간의 지출에 달려 있음을 입증했다는 점이다. 증권 거래, 헤지펀드, 환투기가 난무하는 저 높은 세계의 가격들이 이 현실의 물질적 가치들에서 너무 멀어지면, 머잖아 다시 돌아가게 돼 있다. 마치 고무줄이 늘어났다가 줄어들 듯이 말이다.

내가 이야기하고 싶은 셋째 요점은 지금의 위기가 단지 월가 등의 탐욕스런 은행가들이나 금융업자들 때문에 일어난 것이 아니라는 점이다. 이 말은 은행가들이나 금융업자들에게 면죄부를 주려는 것이 아니다. 그들은 분명히 탐욕스런 자들이고, 그들의 탐욕은 위기의 동역학을 이루는 중요한 구성 요소다. 그러나 분명히 해 두자. 그들이 최대한의 이윤을 가차없이 추구했을 때 그들은 엑손과 셸, 월마트와 삼성 등 제조업·소매업·기타 모든 업종의 자본주의 기업들이 추구하는 것과 똑같은 논리, 즉 자본주의 고유의 경쟁 논리를 추구했을 뿐이다. 이를 두고 마르크스는 "축적을 위한 축적"이라고 말했다. 은행의 과잉 대출은 호황기에 과잉 생산이 나타나는 일반적 경향의 변형일 뿐이다. 이런 경향도 이미 오래전에 마르크스가 지적한 바 있다.

더욱이 현재 위기의 뿌리는 단지 금융 부문이 아니라 이른바 '실물'경제에 닿아 있다. 영국에서는 영국 경제가 3사분기에 이미 후퇴하기 시작했음을 보여 주는 통계 수치들이 막 발표되고 있다. 3사분기라면 금융 붕괴가 시작되기 전이었다. 금융 위기를 촉발하고 앞서 말한 신뢰도 상실을 불러일으킨 것은 분명히 '실물'경제의 문제들이었다. 특히, 전반적 평균이윤율이 최근에 저하한 것이 근본적 문제였다.

이 세 가지 신화(위기를 자연재해로 묘사하거나, 신뢰도 상실에서 비롯한 것으로 보거나, 탐욕스런 은행가들 탓으로 돌리는 것)의 이면에는 정치인들과 주류 언론과 따분한 전문가들의 의도가 숨어 있다. 그들은 붕괴의 원인을 체제의 비교적 피상적인 측면들에서 찾으려 하거나 자본주의 자체를 범인으로 지목하는 분석을 어떻게든 피하려 한다.

그리고 그것을 보면 우리는 마르크스가 스피노자보다 한 걸음 더 나아갔음을 알 수 있다. 마르크스는 1845년에 "철학자들은 세계를 이렇게 저렇게 해석해 왔다. 그러나 중요한 점은 세계를 변화시키는 것이다!" 하고 썼다. 현재 상황에서 세계를 변화시킨다는 것은 두 가지를 뜻한다. 하나는 노동계급을 결집해서 해고, 임금 삭감, 주택 압류, 복지 삭감, 세금 증가 등 앞으로 벌어질 온갖 공격에 맞서 저항하는 것이다. 다른 하나는 자본주의 위기에서 궁극적으로 벗어나는 길은 자본주의를 전복하고 이윤이 아니라 필요를 위한 생산 체제로 자본주의를 대체하는 것뿐임을 이해하는 운동과 정당을 건설하는 것이다.

■ ■ ■
오늘날의 자본주의[*]

자본주의는 14세기에 유럽 등지의 봉건제 내에서 처음 등장했다. 일련의 오랜 투쟁·혁명·전쟁을 거친 후 19세기 초 유럽에서 자본주의는 유력한 생산양식으로 확립됐다.

바로 이때 자본주의의 구조와 운동 법칙을 포괄적으로 분석한 최초 인물이 마르크스였다. 오늘날의 자본주의와 마르크스 시대의 자본주의를 비교해 보면 무엇이 변했고 무엇이 안 변했는지 알 수 있을 것이다.

가장 두드러진 변화는 자본주의의 작동 규모다. 마르크스가 자본주의를 분석하기 시작한 1840년대에 자본주의는 유럽에서는 유력한 생산양식이었지만, 선진 공업 형태의 자본주의는 여전히 영국·네덜란드·벨기에와 프랑스·독일의 일부 지역 등 북서 유럽 귀퉁이에 국한돼 있었다. 오늘날 자본주의는 정말로 전 세계를 지배한다.

자본주의는 무역과 특히 무력을 통해 이미 오래전에 거의 모든 곳에 '이르러' 영향을 미쳤지만, 오늘날 지구상에서 재화의 대부분이 자본주의를 바탕으로 생산되지 않는 나라는 하나도 없을 것이다.

1848년에 이른바 '세계의 공장'이었던 영국은 가장 유력한 경쟁 상대였던 프랑스보다 훨씬 더 강력한 경제 강국이었다. 19세기 말쯤 독일이 프랑스를 앞질렀고 미국도 빠르게 성장하고 있었다. 제1차세계대전이 끝났을 때 미국은 분명히 영국뿐 아니라 유럽 전체를 앞질렀다. 제2차세계대전이 끝났을 때 미국의 지배력은 훨씬 더 확고해졌고, 미국에 맞설 만한

---

[*]   2007. 7. 23.

경쟁 상대는 소련 국가자본주의뿐이었다.

오늘날 미국의 경제적 지배력은 여전하다. 군사적 지배력도 그렇다. 그러나 미국이 비록 냉전에서 승리했지만 그 경제적 주도력은 많이 약해졌다. 1950~60년대에 독일과 일본의 '경제 기적'은 미국을 압박했고, 지금은 중국이 새로운 도전자로 떠오를 뿐 아니라 인도도 크게 도약하고 있다.

게다가 한국과 브라질처럼 중요하고 독자적인 자본축적의 중심들이 세계 곳곳에서 많이 생겨났다. 그래서 자본주의는 전 세계를 더 완벽하게 '메웠고' 그 어느 때보다 더 다극적이다.

이런 지리적 확산과 더불어 주요 자본주의 기업들(엑손모빌·월마트·도요타·삼성 등)의 규모와 범위도 엄청나게 증대했다. 다시 말해, 자본의 집중과 세계경제 통합의 정도가 엄청나게 증대한 것이다. 이것은 단지 원료와 공산품의 국제 운송과 판매가 엄청나게 성장했다는 뜻이 아니라 개별 상품을 만드는 과정 자체가 국제적 과정이 됐다는 뜻이다.

자본주의 체제의 성장 과정은 결코 순탄하지 않았다. 1930년대의 대불황이나 1970~80년대의 국제적 경기후퇴 같은 심각한 국제적 위기들, 또 특정 나라나 지역에 국한되기는 했지만 그래도 엄청난 규모의 혼란들이 있었다.

국가의 경제적 구실도 대체로 커졌지만, 그 과정 또한 아주 불균등했다. 1970년대에 신자유주의가 시작되고 1989~91년에 '공산주의'가 붕괴한 이래로 국가의 구실은 히틀러·스탈린·루스벨트·케인스의 시대보다 분명히 쇠퇴했다. 그러나 신자유주의 이데올로그들이 예측하거나 원하는 만큼 쇠퇴한 것은 아니었다.

또 다른 중요한 변화는 대중의 평균 생활수준이 향상됐다는 것이다.

처음에는 이른바 서방의 선진 공업국들에서 그랬고, 그 뒤에는 상당수의 신흥 공업국들에서도 그랬다. 문화적 차이를 무시한 채 생활수준 통계 수치를 곧이곧대로 믿을 수는 없지만, 각국의 평균수명은 대강의 그림을 보여 준다.

1850년에 미국 백인 남성의 평균수명은 38세였고 백인 여성은 40세였다. 2001년에 미국 백인 남성의 평균수명은 75세, 여성은 80세로 늘었다. 캐나다·스웨덴·프랑스·호주 같은 나라에서도 비슷한 변화가 있었는데 심지어 평균수명이 미국보다 높다. 멕시코·브라질·폴란드와 심지어 중국 사람들의 평균수명도 이제는 70세를 넘어섰다.

이런 변화를 피상적·일면적으로 보면 자본주의의 성공 신화처럼 보일 수 있다. 그러나 여전히 변하지 않은 것이 변한 것보다 훨씬 더 근본적이다.

첫째, 사회의 기본적 생산관계가 변하지 않았다. 주요 생산력은 여전히 극소수가 소유·지배한다. 그들은 노동력을 팔아서 먹고사는 사람들을 착취하는 것을 바탕으로 자기들끼리 서로 경쟁한다. 직접생산자들은 여전히 자신의 노동과 노동 생산물로부터 소외돼 있다. 그들이 생산하는 세계는 그들 자신은 물론 궁극적으로는 어느 누구도 통제할 수 없는 세계다. 사회는 적대적 계급들(자본가계급과 노동계급)로 분열돼 있고, 그들의 이해관계는 서로 정반대다.

둘째, 체제의 근본적 동역학도 변하지 않았다. 오늘날의 중국이나 산업혁명기의 영국이나 체제의 근본적 동역학은 똑같다. 즉, 인간의 필요가 아니라 이윤이 먼저인 자본축적 드라이브가 그것이다.

이런 근저의 연속성 때문에, 앞서 말한 자본주의의 변화들은 모두 어둡거나 부정적인 측면을 간직하고 있다.

생활수준의 향상이 실질적인 것도 사실이지만 엄청나게 불균등한 것도 사실이다. 예컨대 평균수명을 다시 거론하자면, 앙골라가 37세, 모잠비크가 40세, 남아프리카공화국이 42.5세다.

또, 국가 간 불평등과 국내의 불평등이 모두 심화하고 있다. 1980년 미국에서 기업 최고경영자의 보수는 생산직 노동자의 42배였는데 2000년에는 525배였다! 1998년 유엔개발계획UNDP 보고서를 보면, 세계 최고 부자 225명의 재산을 모두 합친 금액 1조 달러는 세계에서 가장 가난한 사람 25억 명의 연간 소득을 모두 합친 것과 맞먹었다. 또, 세계 최고 갑부 세 명의 재산이 48개 최빈국의 국내총생산GDP을 모두 합친 것보다 많았다.

자본주의가 경제성장을 이룬 것은 사실이지만 자본주의의 파괴적 경향도 그만큼 커졌다. 전쟁과 대량 학살이라는 측면에서 보면, 20세기는 인류 역사상 단연 최고였다. 그리고 오늘날 인류의 생존에 대한 위협은 그 어느 때보다 더 커졌다. 미국이 유일 초강대국으로 등장하고 (중국이 미국의 지위를 잠재적으로 위협할 수 있는 강국으로 부상하자) 군사력의 사용과 위협 경향이 감소하기는커녕 오히려 증대했다. 여기에다, 자본주의가 기후변화를 통해 환경과 인류의 미래에 가하는 파괴적 위협도 추가해야 한다.

그러나 마르크스가 정확히 예측했듯이, 자본주의의 국제적 '승리'처럼 보이는 것의 가장 중요한 결과는 자본주의의 무덤을 파는 사람들, 즉 국제 노동계급의 수가 크게 늘어나고 지리적으로도 확산되고(한국에서 남미까지) 점차 성장하는 거대 도시들(콜카타에서 카이로까지)에 집중되고 있다는 것이다.

2장 자본주의 비판과 분석

자본주의와 제국주의[*]

《공산당 선언》에서 마르크스가 강조했듯이, 자본주의는 끊임없이 변하고 발전하는 체제다. "부르주아지는 생산도구를, 그래서 생산관계를 끊임없이 혁신하지 않고는, 그와 함께 사회관계 전체를 끊임없이 혁신하지 않고는 존재할 수 없다. … 생산의 끊임없는 혁신, 모든 사회 조건의 끊임없는 교란이 … 부르주아의 시대를 다른 모든 시대와 구분 짓는 특징이다."

제1차세계대전 개전 전인 마르크스 사후 25~30년 사이에 대다수 지도적 마르크스주의 이론가들은 자본주의가 새로운 발전 단계로 접어들었음을 분명히 알게 됐다. 이 새로운 단계의 자본주의는 마르크스가 《자본론》에서 분석한 자본주의와 여러모로 달랐다. 이 시기의 가장 중요한 특징 하나는 이른바 '거대 열강들'(영국·프랑스·독일·러시아 등)이 거의 세계 전역에서 식민지 쟁탈전을 벌였다는 것이다.

이 새로운 단계의 자본주의를 가리키는 말로 '제국주의'라는 용어가 널리 쓰였다. 제국주의 분석이 마르크스주의의 주요 과제가 됐고, 이 과제는 제국주의 열강들의 경쟁이 세계대전(당시까지 인류 역사상 가장 파괴적인 충돌)이라는 대량 학살로 분출하자 훨씬 더 절박해졌다.

힐퍼딩·카우츠키·룩셈부르크·트로츠키·부하린·레닌 등 당대의 많은 지도적 마르크스주의자들이 이 과제에 뛰어들었다. 힐퍼딩의 《금융자본》(1910년), 룩셈부르크의 《자본축적》(1915년), 부하린의 《제국주의와 세계경제》(1916년)가 제국주의 논쟁에서 특히 중요한 기여를 했지만, 단연 가

---

[*] 2007. 4. 13.

장 영향력 있는 분석으로 입증된 것은 레닌의 소책자 《제국주의 — 자본주의의 최고 단계》(1916년)였다.

레닌의 소책자에는 중요한 한계가 있었다. 레닌 자신도 이 소책자가 제국주의라는 주제를 다룬 '대중적 개설서'일 뿐이라고 설명했고, 차르 정권의 검열을 통과해야 했으므로 제국주의의 경제적 특징들만을 다루고 정치적 결론 도출은 되도록 자제했다. 그렇지만 이 소책자는 제국주의의 핵심 특징과 구조, 전쟁과 제국주의에 반대하는 레닌의 정치적·이론적 토대를 놀라우리만큼 분명하고 정확하게 요약하고 있다.

레닌은 "제국주의가 자본주의 일반의 근본적 특징의 발전이자 그 직접적 연장"이라고 보면서도, 제국주의에는 다음과 같은 다섯 가지 주요 특징이 있다고 주장했다.

1. 자본의 독점이 자본주의적 자유경쟁을 대체하고, 거대 독점기업·카르텔·트러스트 등이 경제생활을 지배한다.

2. 은행자본과 산업자본이 융합해 '금융자본'이 되고, 금융과두제가 출현한다.

3. 상품 수출(그 전 단계 자본주의의 전형적 특징이었던)이 자본 수출로 바뀌고, 특히 자본 부족과 값싼 노동력·토지·원료 때문에 이윤율이 높은 경제적 후진국들로 자본이 수출된다.

4. 국제 독점자본들이 형성돼, 세계 전역에서 영업하며 자기들끼리 세계를 분할한다.

5. 이런 경제적 분할과 함께, 거대 열강들 사이의 세계 영토 분할도 완료된다. 따라서 또 다른 확장, 또 다른 식민지 병합은 오직 강압적 세계 재분할을 통해서만 가능하다.

2장 자본주의 비판과 분석

레닌의 분석은 분명히 제1차세계대전에 대한 마르크스주의적 분석일 뿐 아니라, 그의 혁명적 반전反戰 견해를 뒷받침하는 것이기도 했다. 전쟁이 제국주의의 필연적 결과이고 제국주의가 자본주의의 최근 단계이므로, 자본주의에 바탕을 둔 '평화'는 모두 새로운 전쟁 전의 일시적 '휴전'일 뿐이다. 진정한 평화는 자본주의를 혁명적으로 전복해야만 찾아올 것이다.

이런 분석을 할 때마다 레닌은 자신과 카우츠키의 차이를 열심히 강조했다. 당시 카우츠키는 세계에서 가장 뛰어난 마르크스주의 권위자로 널리 알려져 있었다. 그러나 카우츠키가 1914년 8월 제1차세계대전에 반대하지 않았기 때문에 레닌은 그를 배신자로 봤다.

카우츠키는 제국주의가 자본주의의 이런저런 '단계'나 심지어 자본주의 자체의 경제적 필연도 아니라고 주장했다. 그는 제국주의가 각별히 친제국주의적인 자본가들의 영향력 아래 채택된 '정책'일 뿐이라고 주장했다. 그는 또, 자본주의가 머지않아 '초超제국주의' 단계로 진입할 수 있다고, 아니 거의 그럴 것이라고 주장했다. '초제국주의' 단계에서는 서로 경쟁하는 독점기업들끼리, 국가들끼리 서로 싸우거나 충돌하지 않고 평화적으로 합의·협력하게 될 것이라고 했다.

레닌은 그런 견해가 제국주의의 정치와 경제를 완전히 분리해서 본다는 점에서 이론적으로 틀렸을 뿐 아니라, 자본주의의 모순이 없는 비非제국주의적이고 평화로운 자본주의가 가능하다는 환상을 부추겨, 전쟁·제국주의·자본주의에 반대하는 투쟁을 무디게 만들고 기회주의·개혁주의·계급협력 노선으로 직결된다는 점에서 정치적 재앙이기도 하다고 주장했다.

제국주의에 대한 레닌의 경제적 분석은 피억압 민족의 자결권에 대한 그의 정치적 견해라는 맥락 속에서도 봐야 한다. 그가 처음에 이런 견해를 발전시킨 것은 차르 제국 내의 많은 피억압 민족들(라트비아인·그루지야인·우크라이나인 등)과의 관계를 고려한 결과였다. 레닌은 억압 민족인 러시아의 혁명가들이 피억압 민족이 원한다면 분리할 권리도 옹호해야 할 절대적 의무가 있다고 주장했다. 레닌은 이를 바탕으로 해서만 노동계급이 국제적으로 단결할 수 있다고 주장했다.

그는 이런 견해를 식민지 일반으로 확대·적용해서, 제국주의 때문에 아일랜드에서 중국까지 반제국주의 투쟁이 반드시 일어날 것이라고 주장했다. 그리고 이런 투쟁들이 제국주의 열강을 약화시키고 노동계급의 제국주의 열강 전복을 돕는 결정적 구실을 할 것이라고 주장했다. 그러므로 제국주의에 반대하는 세계의 피억압 민족·국민과 노동계급 사이의 국제적 동맹이 반드시 필요하다고 했다(물론 독자적인 혁명적 사회주의 조직을 포기하지 말아야 한다고 했다).

레닌의 《제국주의론》이 출간된 지 91년이 흐르는 동안 세계 자본주의는 경제적·정치적으로 엄청난 변화 ― 1930년대의 대불황, 파시즘과 스탈린주의의 성장(과 몰락), 제2차세계대전, 냉전, 상시 군비 경제와 전후 장기 호황, 식민주의의 퇴조, 1970년대 경제 위기의 재발, 세계화 등 이루 말할 수 없이 많은 변화 ― 를 겪었다. 때때로 레닌의 분석에서 어떤 요소들, 즉 저개발국으로의 자본 수출 같은 요소들은 적절하지 않게 된 반면, 다른 마르크스주의자들이 강조한 요소들, 예컨대 부하린이 지적한 국가와 자본의 결탁은 훨씬 더 적절해졌다. 그렇지만 레닌이 분석한 핵심들이 시간의 검증을 아주 잘 통과했다는 것, 그리고 그것들이 대부분 오늘날의 세계에도 여전히 적용될 수 있다는 것은 정말 놀라운 일이다.

우리는 여전히 거대 자본주의 기업들(물론 레닌 당시보다 훨씬 더 큰)

과 제국주의 국가들이 지배하는 세계에서 살고 있다. 자본주의 체제의 이데올로그들이 옛 소련 붕괴 뒤 평화로운 '새로운 세계 질서'가 찾아왔다거나, '역사의 종말'이 도래해 충돌이 끝났다거나, 자본주의 세계화 덕분에 빈곤과 전쟁이 사라졌다고 환상을 퍼뜨렸지만, 제국주의는 여전히 호전적이고, 반제국주의 반란도 성장하고 있다. 미국이 유일 제국주의 초강대국이라는 형태로 존재하고 있지만, 이 미국이라는 열강은 중국이나 부활하는 러시아 같은 미래의 잠재적 위협들에 맞서 나름대로 전략을 짜야만 하고, 이미 이라크와 아프가니스탄에서 '과잉 확장'해 있다. 그리고 물론 우리 편을 보면, 제국주의와 제국주의 전쟁에 비타협적으로 반대하는 것이 사회주의 정치의 절대적 핵심으로 여전히 남아 있다.

■ ■ ■
전쟁은 왜 일어날까?*

미국과 영국이 이라크와 아프가니스탄, 발칸반도 등지에서 전쟁을 벌이기 전에도 세계 전역에서 유혈 낭자한 충돌이 끊이지 않았다. 알제리, 앙골라, 콩고, 소말리아, 르완다, 체첸, 아제르바이잔, 기타 등등.

사실, 지난 20세기를 돌아보면 전 세계에서 전쟁이 끊이지 않다시피했다. 그 가운데 단연 두드러진 것은 제1·2차세계대전이다. 양차 세계대전에서 각각 1600만 명과 5000만 명이 죽은 것으로 추산된다.

그러나 1914년 이전에도 보어전쟁, 러일전쟁, 발칸전쟁, 쿠바를 차지하

---

* *Socialist Worker* No. 1846. 2003. 4. 12.

기 위한 미국-스페인 전쟁과 많은 식민지 전쟁이 있었다. 양차 대전 사이에는 러시아 내전(열강의 간섭 전쟁), 중일전쟁, 이탈리아의 아비시니아[에티오피아] 침략, 아일랜드 독립 전쟁과 내전, 스페인 내전 등이 있었다.

1945년 이후의 유력한 흐름은 냉전이었다. 그러나 한반도, 말레이시아, 아덴, 그리스, 쿠바, 과테말라, 베트남, 캄보디아, 짐바브웨, 모잠비크, 인도, 파키스탄, 방글라데시, 비아프라,* 아일랜드, 엘살바도르 등지에서 수많은 국지전이 벌어졌다. 목록은 거의 끝이 없다.

전쟁을 시작할 때마다 지도자들은 평화, 안보, 자유, 민주주의를 위해 싸운다고 말한다. 그러나 전쟁이 끝날 때 평화는 다음 전쟁 때까지 휴지기일 뿐임이 밝혀진다. 오늘날도 마찬가지다. 부시와 블레어가 이라크 점령에 성공한다면, 다른 나라로 눈을 돌리는 것은 시간문제일 뿐이다.

수많은 생명을 파괴하고 자원을 엄청나게 낭비하는 전쟁이 다반사로 일어나는 것을 어떻게 설명할 수 있을까? 수천 년의 역사와 수백 년의 이른바 서양 문명과 계몽주의에도 왜 우리는 여전히 전쟁에서 벗어나지 못할까? 오히려 전보다 더 끔찍한 전쟁이 더 빈발하는 이유는 무엇일까?

인간 본성 탓이라고 간단히 무시해 버리는 사람들도 있다. 그러나 이것은 체념이나 심지어 전쟁 정당화로 연결될 뿐, 아무것도 설명해 주지 못한다. 또한 잘못된 설명이기도 하다. 그것은 인류가 수렵·채집 생활을 하면서 아주 오랫동안 전쟁 없이 살았다는 사실을 설명할 수 없다. 또, 왜 세계 일부 지역(예컨대 스칸디나비아)에서는 오랫동안 평화가 지속된 반면 중동 같은 다른 지역들은 충돌의 온상인지도 설명할 수 없다.

---

* 1967년 5월 나이지리아에서 분리 독립을 선포한 서아프리카 국가. 1970년 1월 독립국가의 주권을 상실했다.

민중 봉기를 제외하면, 전쟁을 벌이는 것은 '민중'이 아니라 정부와 국가다. 정반대의 선전에도 불구하고 국가는 직감·정서·이상에 따라 행동하는 것이 아니라, 기득권에 따라 행동하는 경우가 압도적이다. 그리고 자국민의 이익이 아니라 그 국가를 통제하는 지배계급의 이익에 따라 행동한다.

현대 세계에서 전쟁이 끊이지 않는 이유를 설명하려면, 먼저 우리가 살고 있는 경제체제, 즉 자본주의 내부에 전쟁으로 치닫는 경향이 붙박이처럼 존재한다는 사실을 깨달아야 한다.

자본주의는 경쟁적 착취 체제다. 착취, 즉 소수가 압도 다수 노동자들한테서 날마다 부를 쥐어짜내는 것 자체가 격렬하고 끊임없는 충돌을 낳는다. 이런 충돌을 봉쇄하고 억압하기 위해 착취자들, 부자들은 사회 위에 군림하는 국가기구, 즉 군대·감옥·경찰 등 무장한 사람들의 특별 기구를 만들어 낸다. 이런 국가는 자국민을 통제할 뿐 아니라 영토·무역·자원 등을 차지하기 위해 다른 국가나 국민을 상대로 전쟁을 벌일 능력도 있다. 그 때문에 전쟁의 역사는 곧 착취의 역사였다. .

대략 500년 전 자본주의가 등장하자 이것은 더욱 강화됐다. 자본주의 체제에서 기업은 모두 다른 기업과 끊임없이 경쟁해야 한다. 이런 경쟁이 체제 전체를 관통한다. 구멍가게는 구멍가게끼리 경쟁하고, 백화점은 다른 백화점과, 섬유회사는 다른 섬유회사와 경쟁한다.

결국 경쟁은 자본축적 경쟁이다. 그러나 거기에는 토지·원료·노동력·시장, 그 밖에 이윤에 도움이 되는 것은 무엇이든 차지하기 위한 투쟁도 포함된다. 이런 경쟁 압박 때문에 자본주의는 그 전의 어떤 경제체제(예컨대 봉건제)보다 더 역동적일 뿐 아니라 더 파괴적이고 더 위험하기도 하다.

자본주의 나라들 내에서는 국가가 노동자들을 억압할 뿐 아니라, 대체로 자본주의 기업들 간의 경쟁이 합법적·비폭력적 한계를 벗어나지 않도록 유지하는 구실도 한다. 그러나 경쟁은 사라지지 않으며 국가를 통해 국제적으로 재연돼 거듭거듭 전쟁으로 이어진다.

18세기와 19세기 초에 영국 국가는 인도, 캐나다, 서인도제도, 마침내 유럽을 지배하기 위해 프랑스와 잇따라 전쟁을 벌였다. 산업혁명에 성공하고 이런 전쟁에서 승리한 덕분에 영국은 19세기에 사상 최대의 제국을 거느린 세계 지배 국가가 될 수 있었다.

그러나 20세기의 끔찍한 전쟁들은 단순히 자본주의 일반의 산물이 아니라 제국주의라는 19세기 말에 시작된 특정 단계의 자본주의의 산물이었다. 19세기 말에 자본주의 산업은 유럽의 모든 주요 열강으로 확산됐고, 중소기업들 간의 경쟁은 국제적으로 활동하는 거대 독점자본들 간의 경쟁으로 변모했다.

그 결과 주요 제국주의 열강들이 세계의 거의 모든 지역을 정복하고 식민지로 만들었다. 이 과정에서 압도적으로 우세한 군대들이 변변찮은 무기를 가진 '원주민들'을 학살한 식민지 전쟁들이 잇따랐다.

그러나 그 때문에 여태껏 상상하지 못한 대규모 전쟁이 가능해지기도 했다. 세계가 이미 분할돼 있었으므로 유럽 국가들 간의 경제적·군사적 세력 관계 변화는 곧바로 세계 재분할 투쟁을 낳게 됐다.

특히, 독일이 19세기 말~20세기 초에 유럽의 주요 경제 대국으로 부상했다. 독일은 1870년에야 통일국가가 됐으므로, 19세기에 진행된 식민지 쟁탈전에서 빠져 있었다.

그러나 이제 독일은 아프리카나 아시아, 중동부 유럽에서 독일의 '정당한' 몫을 차지하기로 했다. 영국·프랑스·러시아는 이를 저지하기로 했다.

2장 자본주의 비판과 분석

이것이 제1차세계대전이라는 끔찍한 피바다의 신성한 원인이었다. 유럽의 지배계급들은 식민지와 이윤을 위해 자국 노동자들과 청년들을 [전쟁터로] 보내 서로 수백만 명을 죽이게 했다.

제2차세계대전은 근본적으로 제1차세계대전의 연속이었다. 영국 정부가 전쟁을 벌인 이유는 파시즘에 반대했기 때문이 아니라 영국 제국을 지키기 위해서였다. 미국이 전쟁에 뛰어든 것은 프랑스 국민을 해방하기 위해서가 아니라, 태평양에서 일본의 위협에 맞서 미국의 이익을 지키기 위해서였다. 궁극적으로 독일의 도전을 두려워했기 때문이기도 하다.

오늘날의 전쟁들도 근본적으로 똑같은 제국주의적 이윤·정복 드라이브에서 비롯한 것이다. 물론 상황은 다르다. 1989~91년 소련의 붕괴로 새로운 상황이 조성됐기 때문이다.

그때 미국 지배계급은 미국의 거대 기업이 지배하는 '새로운 세계 질서'를 확립할 기회가 찾아왔다고 생각했다. 이 프로젝트의 핵심은 세계의 주요 산유국들을 지배하는 것이었다.

미국 국가가 볼 때 2001년 9월 11일은 또 다른 '기회의 창'이었다. 부통령 딕 체니, 국방장관 도널드 럼스펠드, 그의 부관 폴 월포위츠, 기타 주변 인물들은 9·11 덕분에 이런 전략을 공격적으로 추구할 기회를 얻었다고 확신했다. 그들의 목표는 이라크 석유에 대한 지배권을 얻고, 중동과 중앙아시아에서 미국의 지배력을 강화하며, 어떤 국가도 미국의 권력을 무시하거나 앞으로 미국에 도전해서는 안 된다는 메시지를 전 세계에 보내는 것이었다.

바로 이것이 오늘날의 상황을 그토록 위험하게 만드는 것이다. 영국 지배자들은 언제나 세계 무대에서 미국의 핵심 동맹으로, 유럽에서 미국의 주요 대리인으로 행세해 왔다.

그러나 중동과 세계 다른 지역의 국민들은 말할 것도 없고, 유럽을 주도하고 싶어 하는 프랑스나 독일, 러시아나 중국(경제 대국으로 급속하게 성장하는)도 미국 자본 앞에 순순히 무릎 꿇지 않는다.

미래의 충돌 가능성은 끔찍하며, 자본주의가 존속하는 동안은 여전히 남아 있을 것이다. 바로 그 때문에 우리가 평화로운 세계와 B-52 폭격기, 집속탄, 핵전쟁 위험이 없는 세계를 원한다면 이 전쟁에 있는 힘껏 저항해야 함과 동시에, 그 본성상 전쟁을 낳는 자본주의 체제를 끝장내는 운동도 건설해야 하는 것이다.

■ ■ ■ ■
사회주의냐 야만이냐?

위기에 빠진 자본주의가 어떤 모습으로 바뀔 수 있는지 이미 20세기에 똑똑히 본 바 있다. 바로 파시즘이다. 나치는 유럽의 대부분을 석권해 전쟁과 약탈을 일삼았고 수많은 사람들을 단지 인종이나 민족, 정치적 신조가 다르다는 이유만으로 학살했다.

지금 파시스트들은 고립된 채 뿔뿔이 흩어져 있고 정치 무대에서도 뒷전에 밀려나 있다. 그렇다고 해서 '파시즘은 이제 끝났어' 하고 안심하면 안 된다. 독일에서도 1928년까지만 하더라도 히틀러가 이끄는 나치는 대수롭지 않게 보였다. 그러나 5년도 채 안 돼 그들은 권력을 잡았다. 프랑스에서 나치인 국민전선이 하루가 다르게 세력을 넓혀 가는 것만 보더라도 파시즘은 결코 만만히 볼 게 아니다.

따라서 파시즘에 대한 분석은 지금도 마르크스주의자가 갖춰야 할 주요 이론적 무기로 남아 있다. 또, 그 분석은 반드시 정확해야 한다. 다시 말해, 진짜 파시즘과 이런저런 우익 독재를 혼동하면 안 된다. 혼동했다가는 쓸데없는 공포심이나 부추기고 진짜 파시즘이 얼마나 잔인하고 위험한지 과소평가하게 된다.

파시즘 분석에서 무엇보다 먼저 지적해야 할 것은 그것이 사회 전체를 갑자기 휩쓰는 집단 광기 따위가 아니라는 점이다. 또, 파시즘은 독일이나 이탈리아 국민의 국민성에서 비롯한 것도 아니고, 사악한 재능을 갖춘 악마 같은 카리스마적 지도자가 만들어 낸 것도 아니다. 그런가 하면 파시즘은 단순한 민주주의 파괴나 인권 침해도 아니다(자본주의 사회에서 그런 일은 늘 일어난다). 오히려, 파시즘은 자본주의의 본성 자체 때문에 나타난, 그러나 특정한 계급적 근원이 있는 현상이다. 권력을 잡은 파시즘은 독립적 노동계급 조직들을 모조리 파괴한다는 점에서 흔히 보는 자본주의적 민주주의와 사뭇 다른 자본주의적 지배 형태다.

파시즘을 떠받치는 계급은 뭐니 뭐니 해도 작은 상점 주인이나 자영업자 같은 프티부르주아지[중간계급(주로 그 하층을 가리킴)]이며, 파시스트 운동의 핵심 성원들도 이 계급에서 나온다. 중간계급은 대자본과 조직 노동계급 사이에서 숨 막혀 한다. 경제 위기가 심각해지면 양쪽에서 오는 압력은 더욱 커지고, 기업들이 와르르 무너질 판이 되면 중간계급은 필사적으로 빠져나갈 구멍을 찾는다.

이럴 때 노동계급이 혁명적 지도부의 지휘 아래 위기를 해결할 능력과 결의를 보여 주면 노동계급은 중간계급을 상당 부분 자기편으로 끌어들일 수 있다. 그러나 노동계급이 분명한 지도력을 보이지 못하면 중간계급은 태도를 크게 바꿔 우파 쪽으로 기울고 마침내 파시즘으로 돌아선다.

왜냐하면 파시즘이라는 이데올로기야말로 불안에 떠는 중간계급의 경험을 반영하는 것이기 때문이다. 파시즘은 국제 대자본의 횡포에 대항한다는 번지르르한 빈말과 노동운동에 대한 불타는 적개심을 결합한다. 그리고 이렇게 앞뒤가 안 맞는 태도들을 한데 묶기 위해, 국제 자본주의와 공산주의가 인종과 민족의 순수성을 해치려는 세계적 음모의 일환이라는 인종차별적 착각을 퍼뜨린다(독일에서는 나치가 유대인을 희생양으로 삼았고, 오늘날 프랑스에서는 국민전선이 외국인, 특히 아랍계를 제물로 삼으려 한다).

그러나 중간계급은 현대 자본주의에서 지배계급이 될 수 없다. 따라서 이 계급에 기반을 둔 파시즘은 혼자 노력해서는 권력을 잡을 수 없다. 파시즘이 등장하려면 지배계급이 뒤를 밀어줘야 한다.

한편, 지배계급이 보기에 파시즘은 위험한 도박이다. 자기들이 '천한 상것들'이라고 멸시해 온 사람들에게 권력을 넘겨줘야 하기 때문이다. 따라서 지배계급은 궁지에 몰릴 대로 몰려서야 비로소 파시즘의 뒤를 민다. 다시 말해, 첫째, 경제 위기가 너무 심각해서 노동운동을 뿌리 뽑지 않고는 자본주의가 이윤율을 회복할 수 없고, 둘째, 지배계급이 그런 노동운동 때문에 목숨 걱정을 할 만큼 겁에 질린 바 있으며, 셋째, 파시즘으로 밀어붙이면 충분히 승산이 있을 만큼 노동계급이 취약하다고 지배계급이 확신할 때다. 지배계급에게는 자기 명을 재촉할 생각은 조금도 없다.

혁명적 상황이 벌어졌지만 개혁주의에 물든 지도부 때문에 좋은 기회를 놓친 직후에 이런 일이 가장 흔히 일어난다. 1921년의 이탈리아, 1933년의 독일, 1936년의 스페인이 바로 그 보기들이다. 사회주의 혁명을 이루지 못한 대가는 이처럼 가혹하다.

파시즘이란 무엇인가?[*]

20세기에 노동계급이 겪은 최악의 패배인 히틀러와 나치의 집권은 20세기에 인류가 겪은 최악의 재앙인 제2차세계대전, 그리고 인류에 대한 최악의 범죄인 홀러코스트의 직접적 원인이 됐다.

그래서 이 사건들의 연관은 매우 중요한 정치적 문제를 많이 제기한다. 나치 현상의 원인은 무엇일까? 나치 운동의 성격은 무엇일까? 나치는 어떻게 권력을 잡을 수 있었을까? 나치를 저지할 수는 없었을까? 그런 일이 또다시 일어날 수 있을까? 무엇보다, 그런 일이 다시는 되풀이되지 않도록 하기 위해 과거에서 배울 수 있는 교훈은 무엇일까?

이 모든 문제를 여기서 다 다룰 수는 없고, 나치즘을 마르크스주의적으로 분석한 요점이라도 제대로 알게 되면 위의 문제들에 대한 더 충분한 답변의 기초를 마련할 수 있을 것이다.

나치즘에 대한 마르크스주의적 분석은 독일에서 히틀러가 집권할 때인 1929~33년에 레온 트로츠키가 주로 발전시켰다. 그리고 그런 분석은 나치즘에 대한 부르주아적 해석이나 정설 공산주의, 즉 스탈린주의적 해석과 관련지어서, 그리고 그 해석들과 대조해서 살펴볼 때 가장 잘 이해할 수 있다.

수많은 신문 기사, 책, 영화, TV 프로그램 등에 나오는 부르주아적 견해는 나치즘을 독일의 국민성(예컨대 권위주의·군국주의·잔인함 따위)이 표출된 것으로 보거나 히틀러라는 악마 같은 천재 개인의 산물로 본

---

[*] 2007. 7. 4.

다(즉, 히틀러가 사악한 웅변술로 독일 국민 전체를 호렸다는 것이다). 형식적으로는 서로 모순되는 이 두 견해는 사회 세력이나 경제와의 연관, 특히 자본주의 체제와의 연관을 완전히 외면한다는 점에서 상호 보완적이다.

그러나 간단명료한 사실 두 가지가 이 부르주아적 견해가 모두 틀렸음을 보여 준다. 첫째, 독일의 나치즘은 **국제** 파시스트 운동의 일부였다. 파시스트 운동은 단지 독일에서 시작되거나 끝나지 않았다. 이른바 '온건한' 나라라는 영국을 포함해 거의 모든 나라에 존재했고(물론 강력함의 정도는 조금씩 달랐지만), 이탈리아에서 무솔리니의 집권과 함께 시작됐다.

둘째, 히틀러와 그의 나치당은 1929년 10월 월가의 주가 폭락과 함께 시작된 국제 경제 위기 이후에야 독일에서 진정한 정치 세력이 될 수 있었다. 그 전에는 히틀러의 이른바 강력한 웅변술도 독일 국민에게 거의 효과가 없었다.

트로츠키를 비롯한 마르크스주의자들은 모두 파시즘이 제1차세계대전 뒤에 자본주의 체제를 괴롭힌 국제적 위기의 산물이자 그에 대한 대응이라고 봤다. 파시즘은 의회 민주주의를 폐기하고, 반동적 독재 체제를 수립하고, 노동계급을 분쇄해서 그런 위기를 자본에 유리하게 해결하려는 노력이었다.

트로츠키는 이런 일반적 분석에 아주 중요한 한 가지를 덧붙였다. 그는 파시즘이 단지 자본가계급 전체 또는 심지어 일부 대기업들이 추진한 정책이나 정치 경향에 불과한 것이 아니라고 봤다. 오히려 파시즘은 프티부르주아지, 즉 하층 중간계급을 기반으로 하는 진정한 대중운동으로 시작된다.

이 계급은 경제 위기 때 심각하게, 그리고 특별히 고통을 겪는다. 그들은 위로는 은행과 거대 독점기업에 짓밟히고, 아래로는 노동조합과 조직 노동계급의 압박에 시달린다. 경제 위기 때문에 절망에 빠지고 양대 계급 사이에 끼여 괴롭다고 느낀 중간계급은 광포해져서 파시스트의 데마고기에 넘어가는 비옥한 토양이 된다.

이런 계급 기반이야말로 파시스트와 나치의 이데올로기(유대인 혐오를 비롯한)를 이해하는 열쇠다. 한편으로, 파시스트와 나치는 '반反자본주의' 언사를 사용하지만, 자본주의 자체가 아니라 국제 금융자본을 비난한다. 다른 한편으로, 그리고 훨씬 더 중요한 것은 그들이 공산주의·사회주의·노동조합에 맹렬하게 반대한다는 점이다. 이 두 요소를 결합하면, 적어도 파시스트의 머릿속에는 유대인 혐오가 떠오르게 된다. 즉, 금융자본과 공산주의의 배후에는 유대인들의 사악한 음모가 도사리고 있다는 것이다 (어쨌든, 로스차일드와 마르크스는 모두 유대인이 아니냐는 식으로). 결국 국가·민족·지도자·인종이 계급을 초월하는 신화적 존재로 격상된다.

중간계급(의 하층)이라는 기반은 또, 파시즘이 운동으로 발전하는 데서도 결정적으로 중요하다. 파시즘이 아무리 많은 지지자들을 끌어모은다 해도 파시즘 자체로는 권력을 잡을 수 없다. 왜냐하면 하층 중간계급은 자본가계급을 타도할 수 없기 때문이다. 오히려 그들이 집권하려면 1932년 가을 독일에서 그랬듯이 대자본가들에 의해 '끌어올려져야' 한다.

그러나 지배계급은 극단적 압력을 받아야만, 그리고 위기가 너무 심각해서 더는 예전 같은 방식으로 지배할 수 없다는 것과 파시스트들을 이용해 노동계급 조직들을 분쇄하는 모험이 성공할 것이라는 확신이 있어야만 위험한 외부 세력에게 국가 통제권을 부분적으로 넘겨주는 모험을 감행할 것이다.

마찬가지로, 파시스트들도 거리에서 노동자 조직들을 공격하는 실천적 능력을 보여서 자신들이 지배계급의 후원을 받을 만하다는 것을 스스로 입증해야 한다.

중간계급이라는 기반 때문에 파시즘은 대자본가들에게 의존할 수밖에 없지만, 파시즘 덕분에 지배계급은 '보통의' 경찰이나 군사독재로는 얻기 어려운 것을 얻을 수 있다. 작업장·지역사회·거리에서 경찰이나 군대의 단순한 외부 개입보다 훨씬 더 철저하고 효과적으로 노동자 조직들을 분쇄할 수 있는 것은 이렇게 기층 수준에서 활동하는 파시즘의 대중적 간부층 덕분이다.

트로츠키가 자신의 탁월한 저작 《독일의 반反파시즘 투쟁》*에서 자세히 발전시킨 이와 같은 분석은 파시즘의 본질을 잘 포착했을 뿐 아니라 파시즘에 맞서 어떻게 싸울 것인지도 보여 줬다.

첫째, 파시즘은 모든 노동자 조직들에게 치명적 위협이므로 파시즘에 맞서 노동계급을 최대한 단결시킬 수 있는 노동자 공동전선을 건설해야 한다(1929~33년에 스탈린주의는 사회민주주의자들이 곧 '사회(주의) 파시스트'라는 초좌파적 개념을 내세워 그런 단결을 파괴했다).

둘째, 사회주의적 좌파가 자신들이 자본주의 체제의 만성적 위기를 해결할 수 있는 세력임을 입증할 수 있다면 중간계급을 노동계급 편으로 끌어당기거나 적어도 중립을 지키게 할 수 있다. 결국 이것은 사회주의적 좌파가 자본주의를 전복할 능력을 실천에서 입증한다는 것을 뜻한다(또다시 나중에 스탈린주의는 '진보적 부르주아지'와 동맹하는 인민전선[계급을 초월한 국민 연합] 정책을 통해 그런 능력을 억눌렀다).

---

* 일부 국역: 《트로츠키의 반反파시즘 투쟁》, 풀무질, 2001.

이런 교훈들이 오늘날에도 직절하나는 것은 분명하다. 체제의 위기는 비록 1930년대만큼 첨예하지 않지만 여전히 존재하고, 따라서 파시즘의 위협도 민족성이나 지도자 개인들과 무관하게 여전히 존재한다. 파시즘의 위협이 아직 눈앞에 닥치지 않았더라도, 노동계급의 강력하고 단결된 행동으로 그 위협을 미연에 방지해야 할 이유는 충분하다.

그러나 파시즘의 위협을 영원히 제거하려면, 그래서 "[홀러코스트 같은 비극이] 절대 되풀이돼서는 안 된다"는 구호가 영원한 현실이 되도록 만들려면, 파시즘을 키우는 토양인 자본주의 체제 자체를 파괴해야 한다.

■ ■ ■
마르크스주의와 기후변화[*]

기후변화는 현실적이다. 그리고 심각한 위협이다. 어느 정도 이성적인 사람이라면 모두, 심지어 이성적인 것과는 거리가 먼 미국 정부조차 이제는 기후변화의 현실성과 심각성을 인정한다.

지금 당장 기후변화 문제를 다루지 않는다면 지구의 온도는 계속 오를 것이고, 그리 오래지 않아 수많은 사람들이 식품 부족, 홍수, 폭풍 등의 재앙으로 죽고, 더 많은 사람들이 난민이 될 것이다. 기후변화가 고비점을 넘도록 놔둔다면, 인류뿐 아니라 무수한 생물 종種도 상상할 수 없는 참사를 겪게 될 것이다.

그런 명백하고 현존하는 위험에 직면해서 가장 광범하게 나타나는 반

---

[*] 2007. 10. 15.

응은 기후변화가 너무 중대하고 너무 절박한, 그래서 정치나 이데올로기를 초월하는 문제라는 것이다. 주류 언론이나 환경 운동가들이 모두 그렇게 말한다.

기후변화는 결국 인류 전체를 위협하므로 모든 인류가 단결해서 기후변화를 막아야 한다는 것이다. 보수주의자든 자유주의자든 아나키스트든 마르크스주의자든 말이다. 특히 마르크스주의자들이 차이를 묻어 두고 자신의 주의·주장, 특별한 이해관계, 철학적 목표를 뒤로한 채 당장 눈앞에 닥친 문제, 즉 지구를 구하는 문제에 집중해야 한다는 것이다. 이런 말은 모두 그럴듯한 상식처럼 들린다. 그러나 그것은 완전히 틀린 주장이다.

그 이유를 알고 싶다면, 다음과 같이 생각해 보면 된다. 우리가 정말로 질반쯤이라도 이성적인 세계에 살고 있다면, 또는 정치적·경제적 권력자들 같은 주요 행위자의 상당수가 정말로 저마다 차이를 묻어 두고 자신의 특별한 이해관계를 뒤로한 채 기후변화 문제를 다룬다면, 어떤 일이 일어날까?

첫째, 미국·러시아·중국·영국·일본·독일·프랑스 등 주요국 정부는 모두 석유나 석탄 등 탄소를 배출하는 에너지원을 탄소를 배출하지 않는 풍력·파력·태양열 같은 에너지원으로 대폭 교체하는 조처를 즉시 실행할 것이다.

둘째, 그들은 이런 조처를 보완하는 방법의 일환으로 건물 난방용 에너지를 대폭 절감하기 위해 모든 건물의 단열 효과를 높이는 정부 주도 사업들을 실시할 것이다. 그리고 사무실을 비롯한 공공건물들이 밤늦게까지 불을 켜놓고 에너지를 낭비하지 못하도록 규제하는 방안들을 마련할 것이다.

2장 자본주의 비판과 분석

마지막으로, 탄소를 배출하는 승용차·트럭·비행기에 대한 의존도를 크게 줄이기 위해 친환경 대중교통, 특히 버스와 기차에 막대한 공공투자가 이뤄질 것이다. 그리고 효율적이고 종합적인 대중교통이 일단 안착되면, 이를 지원하기 위해 필요하다면 법률적 제재, 예컨대 도심 주행 차량이나 도시 간 장거리 운행 등에 대한 법률적 제재 조처들이 시행될 수 있을 것이다.

그 밖에도 많은 조처, 실행 가능하고 마땅히 실행해야 할 조처들을 생각해 볼 수 있을 것이다. 그러나 중요한 점은 이 모든 발전을 정부가 주도하고 법률로 강제해야 한다는 것이다. 대중을 겨냥한 교육과 홍보도 필요하지만, 이것은 정부의 조처에 대한 지지를 확보하기 위한 것이지 정부 조처를 대신하는 것이 아니다.

이런 일들은 전혀 이상한 일이 아니다. 그것은 각국 정부와 지배계급이 진지하게 어떤 문제를 다루거나 위협에 대처할 때 항상 하는 일이다. 정부가 은행 강도 대처 방안이랍시고 사람들의 양심에 호소하거나 공공 정신이 투철한 시민들의 개입에 의존하는 정책을 내놓는다는 것은 상상도 할 수 없는 일이다. 조지 부시가 '테러와의 전쟁'을 시장의 힘에 맡기자고 말한다거나, 이라크 침략 작전은 최대한 많은 미국인이 자력으로 바그다드까지 가도록 장려하는 것이라고 말한다는 것도 상상할 수 없다. 사실, 어디서나 지배계급이 자신의 요구를 실현할 국가기구들을 만든 이유는 바로 중앙집중적이고 효과적인 실행을 위해서다.

그러나 우리가 이성적 세계의 이성적 행동이라는 몽상에서 눈을 돌려 실제 현실을 바라본다면, 가장 절실한 일들 가운데 지금 실행되고 있는 것은 거의 없다는 사실과 개인의 태도에 모든 것을 맡기는 해결책(다른 문제들에서는 당장 기각됐을)이 채택되고 있음을 알게 된다.

이 철저한 실패의 이유는 분명하다. 바로 자본주의의 우선순위와 논리 때문이다. 세계 자본주의 체제의 주요 경제 권력은 거대 기업들이 쥐고 있다. 〈포천〉지가 선정한 세계 500대 기업 가운데 상위 10개는 다음과 같다. 1위 월마트, 2위 엑손모빌, 3위 로열더치셸, 4위 BP, 5위 제너럴모터스, 6위 도요타, 7위 셰브런, 8위 다임러크라이슬러, 9위 코노코필립스, 10위 토탈. 이 10개의 회사 가운데 9개가 석유·자동차 경제에 절대적 이해관계가 있다.

자본주의의 또 다른 주요 권력 중심은 주요국의 국가기구들이다. 그러나 이 기구들도 앞서 말한 거대 기업들과 수많은 끈으로 직접적·간접적 연계를 맺고 있다. 더욱이 저마다 자국 자본주의를 위해 다른 나라 국가기구들과의 경쟁에 몰두한다. 따라서 이 국가기구들은 기후변화를 저지하는 데 필요한 변화들을 원하지 않을 뿐 아니라 경쟁자들이 기후변화 대응 과정에서 이탈해 자신을 앞지르도록 놔둘 수도 없다.

예컨대, 미국 지배계급은 미국이 탄소 배출량을 감축하는 동안 중국이 탄소 배출량을 감축하지 않고 그래서 중국이 경쟁에서 앞서 나갈까 봐 두려워 탄소 배출량을 감축할 수 없다고 생각한다(그랬다가는 미국 기업들의 이윤이 타격을 받고 미국 경제가 피해를 입을 것이다). 마찬가지로 중국 지배계급도 미국이 경쟁에서 앞서 나갈 기회가 될까 봐 두려워 탄소 배출량 감축을 원하지 않을 것이다.

자본주의 경쟁 논리가 너무 강력하다 보니 기업이든 각국 정부든 세계 시장에서 자신의 지위를 잃는 것보다는 차라리 인류 전체와 지구의 미래를 걸고 모험을 하는 쪽을 기꺼이 선택한다.

그리고 바로 이것이 사회주의자들이 자신의 분명한 정치를 포기하거나 자신만의 마르크스주의 이데올로기를 뒤로한 채 기후변화 저지 운동에 나서는 것이 어리석은 이유다. 오직 마르크스주의의 자본주의 분석만이 기후변화의 진정한 원인을 규명하고, 훨씬 더 중요하게는, 기후변화가 재앙적 수준에 이르지 못하게 막으려는 노력을 방해하는 기득권 세력이 누구인지 보여 준다.

그리고 노동계급 대중운동과 연결된 사회주의 정치만이 그런 기득권 세력의 저항을 극복하고 인류를 재앙에서 구하는 데 필요한 변화들을 강행할 수 있는 사회적·정치적 힘을 동원할 수 있다.

■ ■ ■
흉악 범죄와 자본주의[*]

오늘날 모든 나라에서 때때로 특정 개인들이 다른 사람들에게 끔찍한 범죄를 저지른다. 이런 범죄가 성범죄일 때 사람들은 특히 불안해하는 경향이 있고, 어린이가 피해자나 가해자일 때는 훨씬 더 불안해한다.

자본주의 언론은 항상 이런 비극적 사건들을 좋아한다. 그런 사건이 일어나면 언론은 오래된 공식에 따라 충격적·선정적 보도를 쏟아 낸다. 적어도 처음에는 피해자를 가족과 이웃의 사랑을 받은 훌륭한 사람으로 묘사한다. 반면에, 용의자나 피고인은 '사악한 괴물'처럼 묘사한다. 그러다가 피해자 가족의 결함이 드러나면, 언론은 그 가족의 사생활도 낱낱이 파헤쳐 가차없이 웃음거리로 만든다.

물론 언론이 그런 짓을 하는 주된 동기는 신문을 더 많이 팔거나 시청

---

[*]   2008. 04. 26.

률을 올려서 이윤을 늘리기 위한 것이다. 그러나 언론과 언론을 지배하는 지배계급에게는 이데올로기적·정치적 동기도 있다. 우리는 그런 이유를 알아야 하고 이에 맞서 싸워야 한다.

인간이 근본적으로 악한 존재이고 따라서 위로부터 통제될 필요가 있다고 우리가 믿는 것이 우리 지배자들에게는 대체로 이롭다. 인간 본성의 고유한 결함들 때문에 사회주의는 불가능하다는 생각이 자본주의 이데올로기의 오래된 기초다. 그래서, 끔찍한 범죄가 발생하면 그것은 인간이 근본적으로 사악하다는 메시지를 언론이 사람들에게 주입하기 아주 좋은 기회가 된다.

또 다른 종류의 자본주의(또는 자본주의 이전부터의) 이데올로기는 성性이 근본적으로 나쁜 것이고 엄격하게 통제되지 않으면 사회질서를 무너뜨릴 수 있는 위험한 것이라고 치부한다. 이런 견해는 연쇄강간·연쇄살인·아동학대 사건처럼 성을 폭력이나 범죄와 관련지을 수 있는 경우 더욱 강화된다.

지배계급은 또, 우리가 우리끼리 서로 두려워하기를 바란다. 그래서 외부의 적(테러리스트나 공산주의자), 이주 노동자, '무서운 10대'나 학교 폭력 서클, 수풀 속이나 골목길에 숨어 있는 남자를 조심하라고 떠들어 댄다. 우리가 더 많이 두려워할수록 우리의 자신감은 줄어든다. 우리가 이웃과 직장 동료를 두려워할수록 지배자들에 맞서 단결하기가 더 어려워진다. 우리가 더 원자화되고 고립될수록 우리의 저항 능력이 약해진다. 범죄에 대한 두려움, 특히 흉악 범죄에 대한 두려움은 일반적 두려움을 증폭시키고, 지배자들의 지배력을 강화하는 데 쉽게 이용될 수 있다.

그리고 지배계급은 노동자들의 전반적 지적 수준이 낮게 유지되는 것을 선호한다. 지배계급은 우리가 사회구조나 인간의 행동을 일관되고 정

2장 자본주의 비판과 분석

교하게 인식하기를 바라지 않는다. 그래서 그들은 '타고난 악마'가 존재한
다는 도덕주의적·미신적 관념이 대중 속에서 널리 퍼지면 아주 좋아한
다. 정작 그들 자신은 그렇게 생각하지 않더라도 말이다. 성범죄는 그런
관념을 부추기는 아주 좋은 재료다. 슬픔에 빠진 친척들이 감정을, 증오
심과 복수심을 마구 터뜨리도록 대중매체가 얼마나 자주 부추기는지 살
펴보라.

마지막으로, 흉악 범죄가 발생하면 항상 히스테리컬한 분위기에서 당
국의 '강경 대처'나 '강경 대응'(형량 강화, 사형제 부활 따위)을 요구하는
목소리가 높아진다. 그리고 때때로 지배계급은 이런 요구를 수용하거나
이런 요구와 상황을 이용해 자신들의 권력을 강화한다.

그렇다면, 언론과 지배계급의 이런 반응에 대해 마르크스주의자는 뭐
라고 말해야 할까?

첫째, 우리는 이런 흉악 범죄(아동 성추행·살해, 연쇄강간·연쇄살인
등)가 매우 드물다는 사실을 설명해야 한다. 전체 범죄 발생률이나 범죄
가 대다수 사람들의 생활에 미치는 실제 영향은 언론 보도가 시사하는
것보다 더 낮거나 미약하다. 특히, 끔찍하기 이를 데 없는 범죄의 경우에
는 더욱 그렇다. 실제로, 범죄보다는 실업, 물가 인상, 집세 인상, 사회복지
삭감, 질병, 교통사고, 가정 내 사고, 전쟁, 기후변화 따위가 평범한 사람들
의 생활과 행복을 훨씬 더 크게 위협한다.

둘째, 그런 사건들은 항상 피해자, 피해자 가족, 가해자 가족에게 끔찍
한 개인적 비극이고, 사실은 가해자 자신에게도 마찬가지다. 그들 중 언
론의 사생활 공개나 선정적 보도로 이득을 보는 사람은 아무도 없다. 아
무리 끔찍한 범죄의 가해자도 '괴물'이나 '타고난 악마'는 아니다. 타고난
천사가 없듯이 '타고난 악마'도 없다. 심지어 히틀러도 '타고난 악마'는 아

니었다. 그런 생각은 어리석고 반동적인 관념이다. 범죄의 가해자들은 자본주의 사회에서 우리가 모두 겪는 소외·억압·착취의 끔찍한 압박에 짓눌려 망가지고 부서지고 산산조각 난 사람들이다. 그리고 그런 소외·억압·착취의 압박은 우리 모두의 삶을 어느 정도 일그러뜨린다.

구체적 사실들을 무시한 채 모든 범죄를 설명할 수 있는 간단한, 만병통치약 같은 범죄 이론이나 해결책은 있을 수 없다. 그러나 마르크스주의자는 생물학적 또는 '유전적' 설명보다는 사회적·심리적 설명에 훨씬 더 무게를 둬야 하고, 초자연적·미신적 설명에 철저하게 반대해야 한다. 이 말은 빈곤이나 실업이나 그와 비슷한 객관적 결핍 때문에 사람들이 강간·살인·아동학대를 저지른다(그런 요인들이 마치 유아사망률을 높일 수 있듯이)는 지나치게 단순한 설명이 아니라, 그런 사회적 요인들이 어떻게 개인의 특수한 경험(가족 내에서 겪은 경험이나 어린 시절의 경험)과 맞물려서 인간성의 붕괴 가능성을 증대시키는지를 이해해야 한다는 것이다.

그리고 이로부터 얻을 수 있는 결론은 언론이 부추기는 온갖 증오와 히스테리를 마르크스주의자들은 확고하게 반대해야 한다는 것이다. 우리는 복수를 부르짖는 것에 반대한다. 복수는 피해자에게도 이롭지 않고, 복수를 감행하는 사람들을 타락시킬 뿐이다. 그리고 우리는 형량을 강화하라거나 더 가혹한 법률을 새로 제정하라는 요구에도 반대한다. 그런 조처들이 범죄 억제 효과도 없을 뿐 아니라(분명히 흉악 범죄는 비이성적이고, 따라서 이성적 계산으로 예방할 수 있는 것이 아니다), 지배계급이 그런 조처들을 다른 목적에 이용할 수 있기 때문이다.

그런 법률이나 경찰·법원·감옥의 권력을 강화하는 조처는 모두, 비록 겉보기에는 극소수의 '악한들'을 겨냥한 것일지라도, 사실은 국가권력 전

2장 자본주의 비판과 분석

반을 강화하는 것이다. 국가는 노동계급의 친구가 아니라 적이고, 국가 자신의 주장과 달리 노동자들을 보호하는 기구가 아니라 착취를 보증하는 기구일 뿐이다. 따라서 유별나게 끔찍한 범죄가 발생한 뒤 도덕적 공황 상태에서 강행된 조처들은 국가가 다른 경우나 다른 적들(산업 현장의 투사들이나 정치적 반대자들)을 상대로 적용할 수도 있다.

요컨대, 그런 끔찍한 범죄를 없앨 수 있는 방법은 오직 하나, 즉 그런 범죄를 만들어 내는 사회, 병들고 폭력적이고 성차별·인종차별적이고 착취와 소외로 점철된 사회를 끝장내는 것뿐이다.

■ ■ ■
인구 '과잉'[*]

200년이 넘도록 세계 인구가 너무 많고 이 때문에 빈곤, 실업, 주택난, 환경 파괴가 빚어진다고 주장하는 사람들이 있었다.

1798년 영국 성공회 목사 토머스 맬서스는 《인구론》을 출판했다. 맬서스는 인구가 언제나 식량 생산보다 더 빠르게 증가하는 경향이 있으므로 혹독한 도덕적 규제를 하지 않으면 대량 빈곤과 기근을 피할 수 없다고 주장했다. 카를 마르크스와 프리드리히 엥겔스부터 시작해 사회주의자들은 맬서스의 이론을 "인류에 대한 모독"으로 규정하고 언제나 인구과잉론에 반대했다.

인구과잉론이 틀린 이유는 인류와 인류의 생활 수단 사이의 관계를 거

---

* *Socialist Worker* No. 2108. 2008. 7. 5.

꾸로 이해하고, 과거와 현재의 사실들과 완전히 모순되기 때문이다.

세계 인구는 증가하고 있지만 폭증하는 것은 아니다. 오히려 증가율은 떨어지고 있다. 1950~2000년에 전 세계 인구는 25억 명에서 60억 명으로 늘어 140퍼센트 증가했다. 그러나 앞으로 2050년까지 50년 동안 인구는 단지 50퍼센트 증가하고, 그 뒤 50년 동안은 11퍼센트 증가할 것이라고 전문가들은 예측한다.

이런 패턴이 나타나는 이유는 간단하다. 세계의 출생률이 사망률보다 높기는 하지만 떨어지고 있기 때문이다. 생활수준, 교육과 의료 서비스의 향상으로 말미암아 여성들이 아이를 적게 갖는다.

인구 증가가 식량 생산을 능가하는 것은 아니다. 1950~70년에 세계 식량 생산은 250퍼센트 증가했는데 이는 같은 기간 인구 증가율을 완전히 뛰어넘는 수치다. 식량은 모자라지 않다. 오히려 모든 사람에게 충분히 공급할 만큼 식량은 많다. 세계 곳곳에서 사람들이 굶주리고 식량 폭동이 일어난다면, 그것은 가난한 사람들에게는 시장이 요구하는 가격을 치를 능력이 없기 때문이다. 다른 말로 하면 자본주의 경제와 정치 때문이다.

한 나라의 번영은 인구수나 인구밀도로 결정되는 것도 아니고 인구수나 인구밀도와 밀접한 관련이 있는 것도 아니다. 예를 들어 볼리비아의 인구밀도는 1제곱킬로미터당 8.4명이고 1인당 국내총생산(재화와 서비스의 총생산량을 인구수로 나눈 수치)은 2030파운드다. 이와 반대로 베네수엘라의 인구밀도는 1제곱킬로미터당 28.5명이고 1인당 국내총생산은 6190파운드다. 이처럼 베네수엘라는 인구밀도가 볼리비아의 세 곱절이지만 세 곱절 부유하다.

인구밀도와 사회적 부 사이의 상관관계가 약하다는 점은 아시아의 두 나라를 비교해 봐도 알 수 있다. 인도의 인구밀도는 1제곱킬로미터당 345

명으로 일본의 343명과 거의 비슷하다. 그러나 인도의 1인당 국내총생산은 1370파운드이지만 일본은 1만 6750파운드다.

인도와 일본은 인구밀도가 비슷하지만 역사가 다르고(인도는 식민지였고 일본은 식민 모국이었다), 경제 발전 수준이 현격히 다르다.

이런 사례들을 보면 경제·정치·제국주의·전쟁, 한마디로 역사가 한 나라의 생활수준을 결정하는 것이지, 인구수가 아님을 알 수 있다. 그리고 이 사실은 인구과잉론이 틀린 핵심 이유를 설명해 준다.

인구과잉론은 한 나라의 재화(식량, 주택, 의료 서비스, 일자리, 부 등 등)의 양을 어느 정도 고정된 것으로 보고 인구를 그에 맞춰 조정해야 한다고 생각한다. 그러나 사실 사람들이 이 모든 재화를 생산하므로, 인구 증가는 단지 재화의 수요가 늘어나는 것만이 아니라 그 재화를 생산할 수 있는 사람 수가 증가하는 것도 뜻한다. 만약 그렇지 않았다면 인류의 역사는 빈곤과 실업이 계속 증가하는 완전한 재앙이 됐을 것이다. 왜냐하면 세계 인구가 기원전 1년 2억 명에서 기원후 1000년 3억 1000만 명, 1800년 9억 7800만 명, 1900년 16억 5000만 명으로 증가했기 때문이다. 사실 인간 사회의 기본 추세는 더 부유해지고(비록 엄청나게 불평등했지만), 더 잘살게 되고, 더 오래 살게 되는 것이었다. 바로 그래서 인구가 증가할 수 있었다!

인구 증가 과정이 조화롭지 못한 이유는 계급사회에 내재한 모순 때문이다. 특히 자본주의에서는 전쟁과 경제 위기가 반복적으로 일어난다. 자본주의 생산은 이윤에 달려 있으므로, 이윤율이 떨어지면 생산이 감소한다. 인구가 빈곤·실업·기아에 미치는 영향이나 인구수와 상관없이 말이다.

인구과잉론의 정치적 문제는 기후변화와 이주 문제에서 가장 첨예하게 나타난다. 내 주장에 대체로 동의하는 많은 환경 운동가들도 환경 쟁점으로 오면 논조가 바뀌기 시작한다. 그들은 지구의 자원은 한정돼 있는데 인간이 자원을 모두 써 버리고 있다고 말한다. 사람이 많아질수록 자원에 대한 압박은 더 커지고, 인구 증가를 멈추지 않으면 지구가 파괴되리라는 것이다.

그러나 이런 생각은 이미 앞에서 논박한 것과 마찬가지로 틀린 주장이고, 근본적으로 똑같은 오류를 반복하는 것이다.

물론 지구의 자원은 한정돼 있다. 그러나 현재든 가까운 미래든 인간활동이 지구 자원을 바닥낼 수준에 도달할 것으로 보이지는 않는다. 왜냐하면 석유 같은 일부 자원은 아마도 양이 한정돼 있겠지만, 풍력이나 조력 같은 자원은 그냥 이용하기만 하면 되는 것이거나, 식량을 생산하듯이 인간 노동으로 '생산'할 수 있기 때문이다. 따라서 인구가 증가하면 그런 자원을 생산할 노동력도 많아지게 된다.

기후변화를 일으키는 탄소 배출 문제로 말하자면, 그것은 주로 화석연료를 태우기 때문에 생겨난 문제이지 인체가 탄소를 배출하기 때문이 아니다. 재앙을 부를 수 있음을 알면서도 우리 사회가 화석연료를 태우는 이유는 인구수 때문이 아니라, 화석연료가 대기업들의 이윤에서 핵심 구실을 하기 때문이다.

기후변화를 멈추려면 인구를 줄여야 한다고 주장하는 사람들은 실제로는 자본주의를 전복하거나 자본주의의 우선순위에 진지하게 도전하는 것보다는 10억 명쯤 '잃는 것'이 더 쉽다는 견해를 갖고 있는 셈이다.

이주 문제로 오면 인구과잉론은 대체로 외국인 혐오와 인종차별을 가리는 데 이용된다. 인구과잉론자들의 주장이 뜻하는 바를 분명히 말하자면, 그들은 일자리·주택·서비스가 부족해 이주민을 받아들일 여유가 없다는 것이다.

그러나 이주가 실업을 야기한다는 주장의 근저에는 어떤 사람(외국인이나 흑인)은 일자리를 가질 자격이 없다거나, 적어도 다른 사람(영국인)보다 자격이 부족하다는 생각이 있다.

이런 사고방식이 불합리하고 인종차별적이라는 점은 외국인이라는 용어를 다른 용어(예를 들어 머리카락이 붉은 사람들)로 바꿔 보기만 해도 금세 드러난다. 인구과잉론자들은 다음과 같이 말하는 셈이다. "나는 머리카락이 붉은 사람들이 문제라고 본다. 빨강 머리가 200만 명이고 실업자도 200만 명이다. 빨강 머리들을 몰아내자. 그러면 우리 모두 일자리를 가질 수 있다." 이 말은 인종차별주의의 터무니없는 본질을 극명히 보여 준다.

인구과잉에 관한 여러 주장들은 모두 결국에 가서는 하나로 모아진다. 체제의 문제를 사람들 탓으로 돌리는 것이다. 사회주의자들이 이런 주장을 철저히 반대해야 하는 이유다.

노동자들은 회사를 위해 사용자와 협력해야 할까?[*]

경제가 어렵거나 불황일 때 사용자들은 흔히 노동자들에게 의존하면서 다음과 같이 말한다. "회사가 어려우니 우리 모두 허리띠를 졸라매고 조금씩 희생해야 합니다. 우리가 똘똘 뭉치면 회사는 머지않아 다시 번창할 것입니다. 그렇게 하는 것이 장기적으로 모두에게 이롭습니다."

이것은 거의 모든 사람들, 특히 사용자들의 지지를 받는 매우 인기 있는 주장이다. 사실, 자기 회사 노동자들의 협력을 원하지 않는 사용자가 세상에 있을지 의심스럽다.

이것은 결코 놀라운 일이 아니다. 시대를 불문하고 억압자들은 항상 피억압자들에게 협력을 촉구했다. 분명히 이집트의 파라오는 자신의 노예들이 거대한 돌을 옮겨다 피라미드 쌓는 일을 고분고분 하는 것을 보고 기뻐했을 것이다. 미국의 노예주들은 말 잘 듣는 노예에 대한 감사의 표시로 그들을 '가내' 노예로 삼고 '들판의' 흑인 노예들에게는 허용하지 않은 사소한 '특권들'을 제공했다.

그러나 '노사 협력' 주장의 문제점은 사용자들(과 물론 그들과 한통속인 정부나 언론)뿐 아니라 많은 노동자들도 그런 주장을 받아들인다는 것이다. 이 점은 노동조합 고위 상근간부들이 흔히 '합리적'으로 보이기 위해 애쓰고 경영진이야말로 협력적이지 않다고 탓하는 것을 보면 분명히 알 수 있다. 사실, '노사 협력' 주장은 단순한 '상식'처럼 보일 수 있다. 그런 주장의 가장 강력한 형태를 살펴보자.

---

[*] 2008. 9. 1.

모종의 부품 제조업체인 X라는 회사가 곤경에 처해 있다고 치자. 그 회사는 지난 2분기 동안 막대한 손실을 입었다고 발표하고, 경영진은 회사가 파산 직전임을 시인한다. 다국적기업인 X사는 한국의 지사와 공장을 폐쇄하고, 임금이 더 싼 필리핀으로 생산 설비를 옮길 가능성도 있다. 그러나 경영진은 노동자들이 10퍼센트 임금 삭감을 받아들이고 2년 동안 파업하지 않겠다는 협약을 체결하면 공장을 계속 가동하겠다고 약속하면서 그러면 신규 주문도 들어올 것으로 확신한다고 말한다. 정부도 무쟁의 협약을 지원하고, 무쟁의 협약이 지켜지면 X사에 대한 대규모 투자가 있을 것이라는 소문도 무성하다. 게다가 실업률도 높아서 X사가 문 닫으면 그 회사 노동자들은 새로운 일자리를 찾기 위해 악전고투해야 할 것이다. 분명히 이런 상황에서는 회사에 협력해야 한다는 것이 당연한 말처럼 들린다.

어지간한 노조 활동가라면 누구나 알겠지만, 이런 주장에는 즉시 반박해야 할 내용들이 들어 있다. 생산 설비를 외국으로 이전하겠다는 위협은 얼마나 현실적일까? 다국적기업들은 항상 그런 식으로 자기 회사 노동자들을 협박하려 하지만, 흔히 재배치를 하면 비용이 추가로 들고 불이익도 감수해야 하므로 그러지 못한다(처음에 필리핀이 아니라 한국에 공장을 세운 것도 그 때문이었다).

경영진의 약속은 믿을 만할까? 6개월 뒤 또다시 그들이 "미안하게 됐다. 당시에 한 말은 진심이었지만 상황이 더 나빠졌다. 이제 우리는 또 문을 닫거나 아니면 당신들의 임금을 10퍼센트 더 삭감해야 한다"고 말하지 않을 거라는 보장이 있을까? 게다가 경영진의 보수 문제 등은 또 어떤가?

그러나 이런 쟁점들은 문제의 진정한 핵심이 아니다. 사용자들이 대체로 진실을 말한다고, 적어도 그들이 본 대로 그리고 그들이 알 수 있는 한은 아는 대로 말한다고 치자(나는 현실에서는 이런 가정을 받아들이지 말라고 강력히 권고한다). 그런 다음에 X사가 처해 있다는 '곤경'이 무엇인지, 임박한 공장 폐쇄가 실제로 무엇을 뜻하는지 따져 보자. 분명히 그것이 뜻하는 바는 이윤이 남지 않거나 충분히 많지 않다는 것이다. 그리고 그 이유는 또 다른 회사인 Y나 Z가 더 좋은 제품이나 더 값싼 제품을 생산해서 X사의 시장을 잠식했기 때문이거나 X사 제품을 구입하던 다른 회사들이나 관공서가 이제 더는 그런 부품을 구입하려 하지 않아서 부품 시장 자체가 축소됐기 때문이거나 이 두 요인이 맞물렸거나 그와 비슷한 이유들 때문이다.

이제 X사 노동자들이 10퍼센트 임금 삭감 요구를 받아들였다고 치자. 그러면 X사는 이윤이 더 늘어날 것이고 Y사에 대한 경쟁력을 되찾을 것이다. 이제 Y사가 곤경에 처할 것이고 Y사의 노동자들이 실업 위기에 직면할 것이다. 분명히 Y사의 경영진은 자기 회사 노동자들에게 X사 노동자들의 임금 삭감을 거론하면서 "여러분이 임금을 삭감하지 않으면 우리 회사는 경쟁력을 잃게 될 것"이라고 말할 것이다. 그러나 Y사 노동자들이 X사 노동자들처럼 임금 삭감을 받아들이면 X사와 Y사의 경쟁력 순위는 다시 뒤집힐 것이고 두 회사 노동자들의 임금은 더 줄어들 것이다. 이 '바닥을 향한 경쟁'이 거의 모든 나라 지배계급들의 이윤 증대 방안으로 채택된 신자유주의 세계화의 핵심이다.

이 '노사 협력 주장'을 돌이켜 보면, 노동자들이 그런 주장을 꿰뚫어 볼 능력은 자기 직장의 동료 노동자들만을 보는 데서 더 나아가 인근 직장의 노동자들, 궁극적으로는 전 세계 직장의 노동자들도 볼 능력과 밀접한 관련이 있다. 왜냐하면 사용자들의 전략에 대한 단 하나의 진정한 해결책(이 해결책은 사상일 뿐 아니라 전략이기도 하다)은 X사 노동자들이 Y사(나 Z사 등)의 노동자들과 손잡고 함께 임금 삭감과 해고를 거부하는 것이기 때문이다. 또, 노동자들이 그렇게 할 능력은 그들의 지적 이해력의 문제일 뿐 아니라 그들의 자신감과 조직의 문제이기도 하다는 점을 분명히 해야 한다. 노동자들에게는 추상적 주장뿐 아니라 계산의 문제(우리가 여기 X사에서 저항하면 Y사를 비롯한 다른 회사의 노동자들도 우리와 함께 싸우려 할 것인지를 따져 보는)도 결정적으로 중요한 문제다.

그래서 한 직장의 노동자들이, 나아가서는 서로 다른 직장의 노동자들이, 궁극적으로는 계급 전체가 서로 손잡고 함께 행동할 수 있게 해 주는 노동조합 조직이 매우 중요한 것이다.

혁명적 정당이 중요한 것도 이 때문이다. 사실, 대부분의 직장에는 노사 협력 주장을 고스란히 받아들이는 일부 노동자들과 그런 주장을 의식적으로 거부하는 다른 노동자들이 있다. 이 양극단 사이에는 이도 저도 아닌 노동자들이 있다. 십중팔구 이 중간의 노동자들이 다수일 것이다. 현실의 계급투쟁 경로는 두 극단 가운데 어느 쪽이 중간에서 동요하는 노동자들을 자기편으로 만들 수 있는가에 달려 있다. 혁명적 정당은 이 거부파들이 조직된 것이다. 이들은 가능하다면 모든 직장에서, 모든 경계를 뛰어넘어, 협력파에 반대하는 주장으로 계급의 다수를 설득해서 투쟁 속에서 계급을 지도하는 능력을 강화하려 한다.

따라서 우리는 이 단순한 주장에 근본적으로 계급투쟁의 논리가 온전히 담겨 있음을 알 수 있다. 사용자들과 협력하고 다른 노동자들과 경쟁할 것인가, 아니면 다른 노동자들과 손잡고 사용자에 맞서 투쟁할 것인가. 첫째 길은 결국 인종차별·민족주의·전쟁·파시즘, 즉 야만주의에 이르는 길이요, 둘째 길은 사회주의에 이르는 길이다.

사회주의자들은 자선에 대해 어떤 태도를 취해야 할까?[*]

일반적으로 말해서 사회주의자들이 자선 문제에 관해 강조해야 하는 첫째 요점은 대부분의 경우 자선단체는 자신이 다루는 문제를 해결할 수 없다는 명백한 사실이다. 예컨대, 옥스팜을 살펴보자. 세계의 빈곤과 기아를 퇴치하는 것이 목표인 옥스팜은 전 세계에서는 아니더라도 적어도 영국에서는 가장 크고 가장 성공한 유명 자선단체다. 2007~08년에 옥스팜은 2억 9970만 파운드[약 6300억 원]를 모금해서 2억 1420만 파운드[약 4500억 원]를 썼다. 이 돈 자체는 꽤나 거액이지만 세계의 빈곤을 해결하는 데 필요한 돈에 비하면 새 발의 피다.

그것은 빈곤 문제가 해결할 수 없거나 해결하기가 매우 어렵기 때문이 아니다. 전 세계에는 모든 사람이 먹고살 수 있을 만큼 식량이 있다는 것은 잘 알려진 사실이다. 세계적으로 중요한 문제를 다룰 때는 몇천억 원이 아니라 수천조 원 정도는 돼야 의미 있는 대책이라 할 수 있기 때문이다.

영국에서 가장 유명한 자선 행사 축에 들고 〈BBC〉가 저녁 내내 생방송으로 중계하는 '칠드런 인 니드'[불우 어린이 돕기]는 약 2000만 파운드[약 420억 원]를 모금한다. 스코틀랜드왕립은행 한 군데에 투입된 정부 구제금융만 해도 200억 파운드[약 42조 원]였다('칠드런 인 니드' 모금액의 1000배나 된다). 버락 오바마는 2008년 말에 월가의 은행가들에게 지급된 보너스가 200억 달러[약 30조 원]나 된다고 말했다. 2008년 세계 군비 지출이 1조 4700억 달러[약 2228조 원]였고 그중에 7110억 달러[약 1077조 원]가 미국의 군

---

[*]   2009. 2. 1.

비 지출이었다. 기타 등등.

물론 자선단체 옹호자들은 이런 지적에 대해 할 말이 분명히 있다. 그들은 자신들이 문제를 해결하는 것이 아니라 작은 도움이라도 주려고 단지 뭔가를 하고 있을 뿐이라는 사실을 잘 안다고 말할 것이다. 좋다, 그러나 건물에 불이 났을 때 물총으로 불을 끄려 하거나(그것도 뭔가를 하는 것이기는 하다) 산불이 났을 때 물뿌리개나 정원용 호스로 산불을 끄려하는 것을 제대로 된 소방 활동이라고 할 수는 없을 것이다. 많은 자선 활동은 그 의도가 아무리 좋더라도 적절한 소방차보다는 물총에 더 가깝다는 것이 진실이다.

그리고 이것이 이야기의 다가 아니다. 왜냐하면 자선의 문제점은 지원 금액이 충분치 않다는 데서 그치지 않기 때문이다. 자선의 정치적·이데올로기적 구실도 고려해야 한다. 우리 지배자들은 실제로는 문제를 해결하려 하지 않거나 심지어 문제를 오히려 악화시키는 데 앞장서고 있을 때조차 자신들이 문제를 해결하려고 뭔가를 하고 있는 척하는 데 자선을 이용할 수 있다. 예컨대, 영국 정부는 비겁하게도 일반으로는 이스라엘 국가를, 특별하게는 가자 침공을 지지했으면서도 인도주의적 원조랍시고 겨우 2000만 파운드(또 2000만이다)를 약속하며 생색을 냈다.

각국 정부는 교육·의료·복지 서비스에 대한 책임을 회피하는 데 자선과 '자원봉사'를 이용할 수 있고 흔히 그런다. 나는 병원이 새로운 구명 설비를 도입하려고 모금을 호소하는 것을 볼 때마다 왜 군대는 모금을 하지 않아도 무기 등을 마련할 수 있는지 묻는다. 트라이던트 핵잠수함 미사일 시스템을 갱신하는 데만 200억 파운드(또 200억이다) 넘게 필요한데 이것은 모금하지 않고도 언제나 마련된다.

많은 자선단체의 또 다른 문제점은 그들 자신이 상당한 관리 비용이

들고 많은 활동가나 자금 모집책, 마케팅 관리자에게 수지맞는 직업을 제공하는 기업체가 됐다는 것이다. 심지어 엄밀하게는 불법적이거나 비밀스런 활동이 전혀 없더라도(가끔은 그런 활동도 있다) 가난하고 불우한 이웃을 위한 모금을 호소하는 사람들이 10만 달러[약 1억 5000만 원]의 연봉을 받는 것은 좀 꼴사납다. 미국 최대의 자선단체인 '유나이티드 웨이 United Way'를 운영하는 브라이언 갤러거의 연봉은 97만 3000달러[약 14억 7500만 원]다. 이 문제는 가난한 나라들에서 활동하는 NGO들의 경우에 특히 심각하다. 그런 곳에서는 NGO 활동가의 소득이 현지 주민보다 수백 배나 많다.

또, 폴 매카트니나 보노처럼 엄청나게 부유하고 유명한 자선사업가들이 콘서트 등을 열어서 평범한 사람들에게 좋은 일에 기부하라고 촉구한다. 예컨대, 보노의 자선단체인 RED는 웹사이트에서 아프리카의 에이즈 퇴치를 위해 2년 동안 1억 달러[약 1500억 원]를 모았다고 발표했지만, 진실은 보노가 자신의 주머니에서 그 돈을 낼 수도 있었다는 것과 그가 평생 쓸 수 있는 것보다 더 많은 돈을 여전히 갖고 있다는 것이다.

자선의 본질에 고유한 이데올로기 문제도 여전히 남아 있다. 그것은 자선이 사회적·인도주의적 문제의 원인이 아니라 증상에 집중하고, 자선의 수혜자들을 무기력한 수동적 피해자로 묘사할 뿐, 저항이나 자기해방의 주체가 될 수 있는 사람들로 여기지 않는 경향이 있다는 것이다. 마르크스주의자들과 혁명적 사회주의자들의 근본적 신념은 빈곤과 인간의 타락 같은 근본적 문제들이 노동 대중 자신의 집단적 투쟁으로만 해결될 수 있고 해결될 것이라는 점이다.

그러나 이 모든 비판이 타당하지만, 이것이 이야기의 끝은 아니다. 특히 우리가 자선 문제를 단지 이론적으로가 아니라 구체적 일상 정치의 문제로 다룰 때는 더욱 그렇다. 자선의 온갖 결점에도 불구하고 평범한 사람들이 자선단체에 기부하는 동기에는 사회주의자들이 관심을 갖거나 격려할 필요가 있고 결코 기각하거나 무시해서는 안 되는 염원이 있다. 예컨대, 내가 직장의 구내식당에서 밥을 먹을 때 누군가 노숙자들을 위한 모금통을 들고 나에게 다가온다면 나는 다만 얼마라도 기부함과 동시에 왜 영국 같은 부유한 나라에 노숙자들이 있는가 하는 문제와 자선 문제를 연결하려 할 것이다.

또, 스스로 문제를 해결할 수 없거나 집단적 투쟁을 할 수 없는 개인이나 단체도 많고 사람들에게 긴급 지원이 필요한 때도 많다. 그런 상황에서는 자선이나 지원과 연대(사회주의자들이 열렬히 지지하는) 사이에 만리장성이 존재할 수 없다. 더욱이 정부의 지원이나 지원 부족이 정치적 연대의 문제가 될 수도 있다.

그래서 2004년 12월에 쓰나미가 동남아시아를 강타했을 때 평범한 사람들(영국인)의 아낌없는 후원에 당황한 영국 정부는 애초의 인색했던 원조 액수를 늘려야 했다. 사회주의자들은 그런 압력의 일부가 돼야 했다. 또, 2005년에 미국 뉴올리언스에 허리케인 카트리나가 닥쳤을 때 흑인과 빈민을 위한 지원이 터무니없이 부족했던 것이 조지 부시에 대한 정치적 신뢰를 무너뜨린 결정적 계기가 됐다.

이제 이 글의 서두에서 말한 상황으로 돌아가 보자. 지금 이 순간 전 세계에서 긴급 원조가 가장 절실한 것은 가자 지구에 갇혀 있는 사람들일 것이다. 그러나 시온주의의 직접적 영향을 받고 있는 것이 분명한 〈BBC〉는 가자 지구 사람들을 도와주자는 재난긴급구조위원회의 (기본적) 호소조차 방송하기를 거부했다. 끊임없는 친이스라엘·친시온주의 보도 뒤에 드러난 이 노골적 편파성 때문에 가자 지구 원조가 정치적으로 매우 중요한 국제 원조 문제가 됐다.

두 가지 일반적 요점으로 끝을 맺겠다. 첫째, 사회주의자들에게는 일반적 이론과 원칙이 있어야 하고 필요하지만, 그런 원칙을 즉각적 실천에 적용할 때는 기계적이어서는 안 된다는 것, 즉 마르크스주의자들에게 진리는 결국 구체적이라는 것이다. 둘째, 전반적 투쟁 과정에서 혁명가들은 노동 대중의 분노와 그들의 인도주의에 모두 관심을 가져야 하고 둘 다를 위한 정치적 초점을 제공해야 한다는 것이다.

■ ■ ■

사회주의 사회가 되면 민주주의는 없어지는 것이 아닐까?

지배계급과 개혁주의자들이 마르크스주의에 퍼붓는 주된 비난 하나는 마르크스주의가 비민주적이라는 것이다. 그래서 '마르크스주의의 위기'를 이야기하는 사람들은 흔히 자기네는 마르크스주의에 반대하는 '민주적' 사회주의자들이라고 자처한다. 사정이 이런 것은 한편으로는 스탈린주의를 겪은 탓도 있고, 다른 한편으로는 마르크스주의자들이 혁명을 주장하기 때문이기도 하다.

그들이 보기에 혁명은 의회 정치에 반대하는 것인데, 그들에게는 의회가 곧 민주주의다. 물론 그들의 주장에도 일리는 있다. 혁명이 의회를 통해서는 성사될 리 없고, 아닌 게 아니라 혁명은 의회를 쓸어버릴 것이다. 그러나 의회를 곧 민주주의로 여기는 것은 잘못된 생각이다.

현실을 잘 살펴보면, 자본주의 사회에서 의회가 허용하는 민주주의는 늘 형편없이 제한돼 있음을 알 수 있다. 첫째, '의회 민주주의'에서는 유권자들이 자기네 대표들을 통제할 수 있는 수단이 전혀 없다. 일단 선출되고 나면, 국회의원이 선거 전에 한 약속들을 몽땅 헌신짝처럼 내팽개쳐도 손쓸 도리가 없다. 둘째, 국회의원들은 실제로는 정부를 통제하지 못한다. 오히려 정부가 뒤를 밀거나 압력을 가하거나 하면서 의원들의 발목을 잡고 있는 것이 어김없는 현실이다. 셋째, 정부라 해도 대기업의 손안에 있는 사회의 결정적 분야, 즉 경제에는 손을 대지 못한다.

마지막으로, 의회는 제쳐 놓고라도 사회의 중요한 제도는 모두 민주주의와 전혀 관계없이 운영되고 있음을 잊지 말아야 한다. 경찰, 군대, 모든 산업과 기업(사기업이든 공기업이든), 공공서비스, 각급 학교, 병원, 대중매체 등 어느 곳에서든 관리 원칙은 한결같다. 권위를 앞세워 위에서 아래로 지시하는 것이다. 어느 곳에서도 민주적 결정은 찾을 길이 없다.

의회 제도가 곧 민주주의라고, 곧 의회는 '국민의 통치'를 뜻한다고 생각하는 것은 어리석은 생각이다. 의회 제도는 자본의 지배를 눈치채지 못하게 하는 데 쓰이는 장식품이다. 게다가 [1973년] 칠레의 예가 보여 주듯이(칠레에서는 선거로 들어선 살바도르 아옌데 정부가 군부의 잔혹하기 이를 데 없는 유혈 쿠데타로 전복되고 말았다) 지배계급은 의회 민주주의가 자기네의 가장 중요한 이익을 해친다고 생각할 때는 언제든지 의회 민주주의를 폐기해 버리거나 허깨비로 만들어 버린다.

이와 대조적으로, 노동자 혁명은 어느 모로 보나 어떤 부르주아 민주주의보다 훨씬 민주적인 사회를 낳는다. 노동자 혁명은 먼저 자본가 국가를 분쇄하고 노동자 평의회(소비에트)에 기반을 둔 새로운 국가를 세울 것이다. 노동자들의 작업장에서는 집단 토론이 활발하게 이뤄질 것이고 평의회는 거기서 뽑힌 대표들로 이뤄질 것이다. 평의회 대표들은 자신들을 뽑아 준 일반 노동자들에게 책임을 지며, 언제든 소환될 수 있다. 비민주적이고 권위주의에 젖은 군대와 경찰이 아니라 노동자 평의회에 책임지고 민주적으로 운영되는 노동자 시민군이 만들어질 것이다. 이런 노동자 권력은 진짜 '국민에 의한 통치'가 이뤄지게 해 줄 기초를 단단히 다지는 데 도움이 될 것이다. 그 기초란 바로 생산수단의 사회적 소유와 통제다.

정치체제야 어떻든, 어느 사회나 따지고 보면 가장 중요한 생산력을 지배하는 자들이 권력을 쥐기 마련이다. 노동계급이 생산력을 지배하지 못한다면 민주주의를 입에 올리는 것은 나무 위에서 물고기를 구하는 격이 될 것이다.

마르크스주의자들은 미래의 노동자 민주주의를 말할 뿐 아니라, 지금 이 순간에도 노동자 민주주의를 지키고 넓히기 위해 싸운다. 마르크스주의자들은 예전에 싸워서 쟁취한 모든 민주적 권리들, 즉 선거권, 파업권, 독립 노동조합을 결성할 권리, 언론의 자유 등을 제한하거나 아예 없애 버리려는 지배계급의 책동 일체에 맞서 이 권리들을 굳게 지킨다. 마르크스주의자들은 모든 노동자가 인종이나 국적이나 성별에 관계없이 이런 권리들을 똑같이 누려야 한다고 주장한다. 이 모든 노력에서 마르크스주의자들은 처음부터 끝까지 민주주의자들로 남아 있을 것이다.

■ ■ ■
자본주의 vs 민주주의[*]

21세기의 거의 모든 정치인은 자신들이 민주주의를 신봉한다고 말한

---

[*] *Socialist Review*, January 2012.

다. 오바마, 사르코지, 메르켈, 캐머런 같은 이들만이 아니라 심지어 파시스트 정당인 영국 국민당BNP의 닉 그리핀 같은 자들도 그렇게 떠들어 댄다. 마찬가지로 스웨덴의 파시스트들은 스스로 스웨덴 민주당이라고 부르며, 이집트 무바라크 정부의 집권당 이름도 국민민주당이었다.

이것은 현대 사회에서 민주주의라는 개념의 이데올로기적 영향력이 얼마나 큰지 잘 보여 준다. 냉전 시대에 민주주의는 '자유'라는 개념과 함께 '서방' 체제를 정당화하는 핵심 개념이었다. 수많은 학자와 언론이 세계는 다원적 민주주의에 바탕을 둔 자유로운 서방과 전체주의적인 공산주의 진영으로 나뉘어 있다고 주장했다. 실제로 많은 체제 옹호론자(밀턴 프리드먼과 프리드리히 하이에크 같은 자들)가 자본주의와 민주주의 사이에 본질적·필연적 관련이 있다고 주장했다.

좀 더 깊이 들여다보면, 민주주의를 옹호한다는 지배자들의 맹세가 흔해진 것은 현대 사회에서 피억압 민중의 잠재력(전 세계에서 도시 노동계급이 증가하면서 어마어마하게 커졌다)을 증명하는 것이고 지배자들이 그런 힘을 두려워한다는 것을 보여 준다. 이제 지배자들은 민중을 지배하려면 반드시 '민중의 이름으로' 지배하는 형식을 취해야 한다.

그러나 정치인들의 실제 행동은 그들의 말과는 전혀 다르다. 2011년 11월 1일, 그리스 총리 게오르기오스 파판드레우는 유럽중앙은행ECB, 국제통화기금IMF과 합의한 '구제금융 계획'(즉, 가혹한 긴축 프로그램)을 국민투표에 부치겠다고 발표했다. '시장'(즉, 자본가들), 언론, 메르켈, 사르코지 등은 국민에게 투표로 결정할 권리를 부여한다는 생각에 분통을 터뜨리며 격렬히 반발했다. 그들은 파판드레우를 급히 불러, 결코 국민투표를 실시해서는 안 된다고 못 박았다.

이틀 뒤에 국민투표안은 철회됐고 일주일 뒤에는 파판드레우가 물러나고 선출되지 않은 루카스 파파디모스가 신임 총리가 됐다. 언론은 파파디모스를 '기술 관료'라고 부른다. 그러나 그 말은 이번 경제 위기에 쓰인 대다수 전문 용어들(예컨대, '양적 완화', '손실 분담' 등)처럼 문제의 본질을 흐리려고 고안된 용어일 뿐이다. 파파디모스는 은행가다. 그는 1994~2002년에 그리스은행 총재였고, 2002~10년에 유럽중앙은행 부총재였다.

또, 이탈리아의 국채 부도 위기가 심각해지자, 실비오 베를루스코니가 사임하고 또 다른 선출되지 않은 '기술 관료'인 마리오 몬티가 그 자리를 차지했다. 몬티는 경제학자고, 유럽연합 집행위원, 골드만삭스와 코카콜라의 고문을 지냈다. 그는 2011년 11월 9일에 이탈리아 대통령 임명으로 '종신 상원의원'이 됐고, 고작 일주일 뒤에 은행가들과 기업주들의 지지를 받는 '거국일치 내각'의 총리로 취임했다.

그리스와 이탈리아의 사례는 경제 위기가 대단히 심각한 상황에서 국제 은행가들이 요구하는 긴축 조처의 신속한 이행을 위해서는 국민이 정부를 뽑을 민주적 권리가 쉽사리 '보류'될 수 있다는 사실을 보여 줬다. 이러한 긴축 조처는 매우 혹독해서, 선출의 압력을 받는 정치인이라면 누구나 채택하길 꺼릴 것이기 때문이다.

설상가상으로, 사르코지와 메르켈은 유럽연합 모든 회원국의 재정 통합을 확대하고 예산을 더 엄격하게 규제하는 방향으로 리스본 협정을 개정하라고 요구하고 있다. 민주적으로 선출된 정부의 권력을 더욱 약화시키겠다는 의미다. 그렇다면 도대체 자본주의와 민주주의는 실제로 무슨 관계인가? 이를 이해하려면 역사를 되돌아볼 필요가 있다.

역사적으로 보면 자본주의의 등장과 현대 민주주의의 등장 사이에는 모종의 관계가 있지만 둘 사이의 연관성은 흔히 주장하거나 암시하는 것보다는 훨씬 간접적이다.

봉건제에서는 자본가계급이 봉건귀족에게 종속됐다. 당시 자본가계급은 소수였지만 이미 착취계급이었다. 따라서 그들이 권력을 쥐려면 자신을 사회 전체의 대표자처럼 보이게 해야 했다. 이에 관해 프리드리히 엥겔스는 《사회주의, 공상에서 과학으로》에서 다음과 같이 말했다. "모든 사회 구성원을 대표한다고 자처하는 시민계급[부르주아지]과 봉건귀족 사이의 적대는 착취자와 피착취자, 게으름뱅이 부자와 가난한 노동자 사이의 일반적 적대와 공존했다. 바로 이런 사정 때문에 자본가계급의 대표자들은 자신들이 특정 계급을 대표하는 것이 아니라 고통받는 인류 전체를 대표한다고 내세울 수 있었다."

이런 목적을 달성하고자 자본가계급은 추상적 권리선언을 곧잘 만들어 냈다. 1689년 영국의 권리장전, "사람은 모두 평등하게 창조됐으며, 창조주는 생명권·자유권·행복추구권 같은 결코 양도할 수 없는 권리들을 인간에게 부여했다"고 주장한 1776년 미국 독립선언과 그 후속인 미국 권리장전, "자유, 평등, 우애"를 외친 프랑스 혁명과 프랑스 인권선언을 보라.

더욱이 자본가계급의 성장과 부르주아 혁명은 다양한 형태의 왕정과 귀족 권력에 대항해 의회 통치를 추구하는 싸움과 관련 있었다. 16세기 네덜란드 독립 전쟁 때 주州연합 의회가 한 구실, 1642년 영국 혁명 때 의회와 왕 사이에 벌어진 전쟁, 프랑스 혁명 때 삼부회와 국민의회가 한 구실이 바로 그랬다.

그러나 구체적 현실에서 '인간'이나 '보편'에 대한 헌신은 항상 중대한 예외 조건과 여러 회피 조항을 담고 있었으며 실제로는 '보편'과 거리가 멀었다. 1689년 [영국] 권리장전에서의 가톨릭교도와 미국 독립전쟁 때의 흑인 노예는 그 고전적 보기이며, 당연히 '인'권에 여성은 포함되지 않았다. 마찬가지로 식민주의의 희생자인 원주민이나 토착민에게는 (피부색이야 어떻든) 인권이나 정치적 권리가 전혀 부여되지 않았으나, '재산권'은 항상 가장 신성한 권리로 신주 모시듯 다뤄졌다. 또 의회 통치를 추구하는 자본가계급의 열정이 보통선거권의 확립으로까지 확장된 적도 없었다.

1647년의 퍼트니 논쟁에서 헨리 아이어턴(급진적 수평파인 레인즈버러에 맞서 올리버 크롬웰을 대변한 인물)은 다음과 같이 주장했다. "이 왕국에 영구불변의 이해관계를 갖지 않은 사람은 나랏일을 처리할 때 자기 이익이나 몫을 주장할 권리가 없다. 또 그런 사람들은 우리가 따라야 할 법을 결정할 사람으로 나서거나 그런 일을 할 사람을 고를 권리도 없다."

아이어턴이 언급한 "영구불변의 이해관계"라는 말은 소유권, 특히 토지소유권을 뜻했다. 그는 재산이 없는 사람이 투표하는 것을 허용할 수 없다고 주장했다. 왜냐하면 그런 사람들은 필연코 투표를 이용해 재산의 지배를 끝장내려고 할 텐데, 그런 생각은 당연히 말도 안 되기 때문이었다. 보통선거권(즉, 노동계급에게 투표권을 주는 것) 반대는 적어도 19세기 말까지 영국 자본가계급과 세계 각국 자본가계급의 공통된 태도였다.

19세기 자유주의 역사가 매콜리는 "보통선거권은 정부의 존재 이유 자체를 심각하게 위협할 것이며, 그런 발상은 문명과 결코 양립할 수 없다"고 썼다. 심지어 위대한 자유주의 철학자 존 스튜어트 밀도 자신의 책 《대의정치론》에서 평등한 보통선거권에 반대했다. 육체 노동계급이 다수라는 사실이 두려웠기 때문이다.

그러므로 노동계급이 투표할 권리를 쟁취하는 투쟁은 노동계급 자신의 몫이었다. 그리고 그것은 기나긴 싸움이었다. 그 과정에서 1819년 피털루 대학살, 1838~59년의 위대한 차티스트운동, 1848년 혁명, 1871년 파리코뮌, 1893년 벨기에 총파업, 여성참정권 운동, 1950년대와 1960년대 미국의 공민권운동 같은 많은 기념비적 투쟁들이 벌어졌다.

예란 테르보른은 1977년 《뉴 레프트 리뷰》에 쓴 글 "자본의 지배와 민주주의의 성장"에서 17개 주요 자본주의 나라 가운데 1900년까지 완전한 보통선거권을 채택한 곳이 하나도 없었음을 보여 줬다. 호주가 1903년에 최초로 도입했고, 뉴질랜드가 1907년에 그 뒤를 따랐다. 조금이나마 진전된 보통선거권(1928년까지 영국에서는 30세 이하 여성이 참정권을 얻지 못하는 등 무수히 많은 문제가 있었다)이 확립된 결정적 시기는 1917~20년이었다. 1918년 오스트리아·스웨덴·영국, 1919년 핀란드와 독일, 1920년 캐나다에서 보통선거권이 확대됐다.

다시 말해, 투표권은 대체로 제1차세계대전이 끝난 뒤 유럽을 휩쓴 혁명 물결의 부산물로 노동계급이 획득한 것이라고 할 수 있다.

투표권을 흔히 민주주의의 가장 전형적인 특징처럼 생각하지만 그것은 상당히 자유롭고 '공정한' 선거로 독립적 의회를 선출할 경우에나 의미 있는 얘기다. 무바라크 집권기 이집트에서 정기적으로 치러진 선거나 1918년 독일 혁명 이전에 존재했던 황제한테 굽신거리는 의회 따위는 이와 아무 상관이 없다.

따라서 투표는 오늘날 대다수 사람들이 민주주의의 구성 요소로 여기는 언론·출판·집회·결사의 자유, 노동조합 조직의 자유, 파업권, 저항권, 법 앞의 평등 같은 민주적 권리들 가운데 일부다. 투표와 마찬가지로 노동자들이 이런 권리들을 획득하는 과정도 기나긴 투쟁의 연속이었다. 노동자들은 수없이 싸우고 또 싸워야 했다. 1834년 톨퍼들의 순교자들*부터 19세기 말 독일에서 비스마르크의 사회주의자단속법에 맞서 벌인 투쟁, 여러 나라에서 파시즘에 맞서 벌인 저항, 오늘날 정치적 권리와 노동조합 권리와 법적 권리를 얻으려고 날마다 벌어지는 작은 싸움들까지 일일이 열거할 수 없을 정도다.

대체로 온갖 예외 조항과 단서가 달리긴 했지만(예를 들어 중국처럼 사소한 문제들일 수도 있고 중동처럼 심각할 수도 있다) 그 전투들에서 노동자들이 승리했다는 사실은 계속되는 계급 전쟁에서 불안정한 타협이 이뤄진다는 의미다.

한편으로 그런 타협은 자본가계급을 위협해 얻어 낸 진짜 승리이므로 축하하고 지켜야 할 성과다. 다른 한편으로 그런 타협은 사회가 어느 정도 안정되면 지배계급과 자본주의가 대체로 '민주주의'를 용인할 수 있으며 지배계급의 두려움과 달리 무산계급이 사유재산을 없애는 데 투표하지 않도록 유도할 수 있다는 사실을 전 세계 지배계급이 차츰 이해하게 된 것을 반영한다.

민주주의는 민중의 통치를 뜻하지만 부르주아 민주주의는 가장 순수하고 가장 완벽한 형태일 때조차 결코 민중의 통치를 구현하지 않는다. 사실 부르주아 민주주의는 언제나 (마르크스의 말을 빌리면) "부르주아지의 독재"다.

부르주아 민주주의의 이런 한계에는 여러 이유가 있다. 가장 민주적으로 선출된 의회와 정부조차 핵심 생산수단이나 사회에 축적된 부를 소유

---

* 잉글랜드 남부 톨퍼들에서 농업 노동자들의 조직을 결성했다가 비밀결사 금지법 위반죄로 처벌받고 호주로 유배당한 여섯 사람.

하거나 통제하지 못한다. 이 모든 것은 선출되지 않은 자본가들의 수중에 고스란히 남아 있으며 자본주의적 경쟁 법칙에 따라 작동한다.

따라서 선출된 정부는 대개 자본가계급이 정한 한계를 넘어서지 않고 자본가계급('시장', 기업 등)이 받아들일 수 있는 정책을 펼친다. 이에 저항하는 정부가 있으면 투자 중단, 자본 도피, 환투기 공격으로 거의 항상 굴복시킬 수 있다.

둘째, 선출된 의회는 국가기구(군대, 경찰, 사법부, 행정조직 등)의 일부이자 그것과 더불어 존재하는데, 이런 국가기구는 선출되지 않고, 매우 위계적이며, 자본가계급의 이해관계와 수많은 끈으로(사회적·경제적·역사적·이데올로기적으로) 묶여 있다.

국가기구는 사회의 결정적 물리력을 집중적으로 소유하기 때문에 정부 정책을 실행할 실질적 열쇠를 갖고 있다. 그뿐 아니라, 그런 정책에 막대한 영향력을 행사할 수 있고, 필요하다면 실제로 정부를 대체할 수도 있다(1973년 칠레에서는 군부 쿠데타를 일으켜서, 선출된 좌파 정부를 무너뜨렸다).

셋째, 마르크스가 말했듯이 사회의 지배적 사상은 지배계급의 사상이다. 모든 정치과정은 자본주의의 이데올로기적 가정(무엇보다 자본주의 생산관계와 이윤 논리는 자연의 질서처럼 변할 수 없는 것이라는 가정)에 맞게 짜여 있다. 그리고 자본가와 국가의 통제를 받는 언론은 그런 이데올로기적 가정을 특정 정책과 사고방식(긴축의 필요성, 파업의 무책임성 등)으로 구체화한다. 더욱이 자본가와 노동계급 사이에 거대한 불평등이 존재하므로 선거를 포함한 정치투쟁에서도 각 계급을 대표하는 사람과 정당은 굉장히 불평등한 자원을 지니고 싸움에 뛰어들게 된다.

게다가 자본주의 사회에서 날마다 겪는 소외, 착취, 억압 때문에 일상적 시기에 대다수 노동계급과 가난한 사람들은 사회에서 완전히 배제됐다고 느껴 정치 문제로 '골치를 썩이기 싫어하고' 정치에 관심도 없다. 투표 기권층은 사회 상층보다는 사회 하층에서 그 비율이 훨씬 높다.

마지막으로, 부르주아 민주주의 선거와 선거제도는 (나라마다 형식은 다르더라도) 진정한 민주주의를 약화시킨다. 유권자들은 넓은 지역으로 이뤄진 선거구에서 원자화한 개인들로서 4~5년에 한 번씩 의원을 뽑을 수만 있고, 그에게 책임을 묻거나 소환할 수 없기 때문이다. 당선한 정치인은 보통의 노동계급 유권자보다 훨씬 높은 경제·사회적 지위에 오른다. 따라서 이런 대표자들이 교활하게 또는 거리낌 없이 부패를 저지르고 자신의 선거공약을 뒤집는 것은 지극히 손쉬운 일이다.

이 모든 요인들을 보면 의회 민주주의가 자본의 지배를 감추는 허울일 뿐임을 알 수 있다. 그러나 자본가계급이 이런 허울조차 무조건 유지하려 하지는 않는다는 점도 명심해야 한다. 이 사실은 이탈리아·독일·스페인·포르투갈의 파시즘 경험, 그리스의 군사독재(1967~74년), 서방의 후원을 받는 라틴아메리카와 중동의 무수한 독재 정권들이 거듭거듭 증명했다.

이것은 부르주아 민주주의가 계급 사이의 타협이고, 자본가계급한테 얻어 낸 양보이기 때문이다. 앞에서 지적했듯이 부르주아 민주주의는 다양한 '권리'와 관행을 보장한다. 그것들은 비록 어떤 측면에서도 부르주아의 지배를 끝내지 못하지만, 부르주아의 지배를 분명히 제약하고 노동계급을 비롯한 민중 세력이 부르주아 지배에 맞서 조직할 수 있게 한다. 지배자들이 아무 때나 민주주의를 짓밟는 것은 아니다. 지배자들은 '동의에 의한' 지배와 민주주의의 가면을 통해 얻는 합법성의 장점과, 공공연한 독재나 파시즘을 시도할 때 감수해야 할 막대한 위험을 익히 알고 있다.

지배자들은 심각한 경제적 위기 의식, 정치적 두려움, 그리고 자신들이 공공연한 독재를 별 탈 없이 해낼 수 있다는 확신이 서로 맞물릴 때만 그런 노선을 채택할 것이다. 대다수 지배계급이 파시즘이나 반민주적 조처를 강행하기 전에 그런 문제를 두고 전술적·전략적으로 심각하게 분열할 가능성도 있다.

그렇다면 지금 우리는 어디쯤에 서 있는가? 자본주의는 세계 곳곳에서 심각한 위기에 처해 있고 이 때문에 아주 다양한 경제·사회·정치적 긴장이 고조되고 있다. 유로존은 위기를 겪고 있고, 미국에서는 '점거하라' 운동이, 스페인에서는 인디그나도스[분노한 사람들] 운동이, 영국에서는 대규모 시위와 파업이, 중동에서는 아랍의 봄 이후 매우 강력한 투쟁이, 그리스에서는 총파업·시위·소요가 계속되고 있다.

이런 맥락에서 볼 때 그리스와 이탈리아에서 파파디모스와 몬티가 취임한 일은 심각한 사태 전개다. 그것은 끊임없이 변하면서 부르주아 민주주의적 합의를 만들어 내는 적대 세력 사이의 균형에 커다란 반反민주적 변화가 일어났음을 보여 준다. 그것은 또한 영국에서 시위대 탄압이 늘고 보복성 판결이 차츰 증가하는 것과, 미국에서 '점거하라' 운동에 대한 경찰의 합동 공격이 이뤄지는 맥락에서도 살펴봐야 한다.

그렇다고 해서 당장 노동조합과 노동계급 정치단체의 불법화, 파업과 시위 금지, 선거권 박탈, 의회 해산 같은 부르주아 민주주의의 결정적 폐기가 실행되지는 않을 것이다. 그러나 이번 사태는 앞으로 어떤 일이 벌어질지, '1퍼센트'가 필요하다면 서슴없이 무슨 짓을 할 수 있는지를 심각하게 경고하고 있다. 그것은 또한 우리가 부르주아 민주주의에 아무런 환상두 품지 말고 그것을 노동자 평의회라는 디 높은 수준의 민주주의로 대체하려고 노력하면서도, 노동계급이 과거 투쟁에서 쟁취한 모든 민주주의적 성과들을 방어하기도 해야 한다는 오래된 교훈을 환기하고 있다.

■ ■ ■
국가는 중립적일까?

경찰은 파업하는 사람을 잡아가면서 자기네는 '정치에 개입'하는 게 아니라 다만 '공공질서를 유지'하고 있을 따름이라고 한다. 판사는 선고를 하면서 자기는 그 재판이 정치와 어떤 관련이 있는가 하는 것에는 관심이 없고 단지 '법을 적용'할 따름이라고 한다. 군대도 '정치와는 관계가 없고' 다만 '국가를 보위'하고 '평화를 유지'할 뿐이며, 파업 진압에 나설 때도 '사회 혼란을 막는 임무를 수행'하고 있을 뿐이라고 한다.

고급 공무원들도 자기네는 정치와 무관하며 다만 '국가의 이익'이나 '국민의 이익'을 위해 권력을 행사하는 정부의 지시를 받아 업무를 수행하고 있을 따름이라고 한다. 맨 위에는 대통령이 있다. 대통령은 정치를 '초월'해 국민의 통합을 상징한다고 한다.

지배계급이 국가에 관해 퍼뜨리는 신화들은 바로 이런 식이다. 이 신화들은 몇백 년 동안 부르주아지가 갈고닦은 국가론을 담고 있다. 이 이론에는 두 가지 핵심 개념이 있다. 첫째, 국가는 계급을 초월해 사회 전체의 이익을 대표한다. 둘째, 국가는 반드시 필요하다. 국가가 없다면 사회는 온통 싸움으로 가득 찬 아수라장이 될 것이다. 왜냐하면 보통 사람들은

'본성적으로' 사악하고 탐욕스럽고 어리석기 때문이다. 따라서 그들은 반드시 누군가의 지배를 받아야 한다.

마르크스는 이런 견해를 낱낱이 반박했다. 그는 국가가 없을 때 사회가 분열되는 것은 사람이 워낙 불완전해서 그런 게 아니라 사회가 이해관계를 달리하는 계급들로 나뉘어 있기 때문이라고 주장했다. 계급이 없었을 때는 아주 오랫동안 여러 사회가 국가 없이 존속했다. 마찬가지 이유에서, 계급 구분이 사라지고 나면 국가는 더는 필요하지 않을 것이다. 계급 없는 사회에서는 사회 위에 군림하는 '무장 조직체'가 없더라도 일반 주민의 조직만으로도 충분히 공공질서를 지킬 수 있을 것이다. 국가가 있다는 사실은 곧 계급 대립이 존재한다는 것을 뜻한다.

결론을 내리면, 국가는 정치와 무관한 게 아니다. 오히려 정치권력 자체다. 국가는 대중 '전체'를 대표하기는커녕 언제나, 한 계급이 다른 계급들을 계속 지배할 수 있게 해 주는 도구 노릇을 한다.

의회 민주주의가 존재한다고 해서 사정이 바뀌는 것은 아니다. 왜냐하면 모든 국가는 결국 경제 토대에 기대기 마련이니까 말이다. 경찰, 법관, 군인 등은 몸소 생산에 참여하지는 않는다. 그렇지만 그들과 그들이 하는 일에 대해서 보수는 나가기 마련이다. 그래서 따지고 보면, 국가를 지배하는 것은 언제나 경제를 지배하는 계급이다. 지배계급은 국가기구의 주요 직위들을 자기 계급의 충성스런 성원들로 채워서 이런 통제를 직접 행사하는 것이 보통이다.(정부 각료와 군 장성과 경찰 수뇌 등은 생활을 월급에 의존하지 않는다. 월급 없이도 축재할 수 있는 기본 재산을 그들은 이런저런 방식으로 마련해 두고 있다.) 그러나 국가기구의 일부가 다른 사회 세력 손에 넘어갔을 때조차 지배계급은 자신의 경제력을 써서 국가가 자기네 이익을 보장하지 않을 수 없도록 할 수 있다(히틀러 치하에서 독일 대기업은 이런 공작을 매우 훌륭하게 해냈다).

바로 그래서 국회의원 자리를 많이 차지해 다수파가 되면 국가를 통제하고 사회주의의 목표들을 이루는 데 국가를 활용할 수도 있다는 개혁주의자들의 뿌리 깊은 관념은 완전한 잠꼬대라고 할 수 있다. 자본주의의 우선순위에 도전하는 정책들을 추진하는 개혁주의 정부가 들어서면, 국가기구는 대기업과 손잡고 온갖 방해와 압력을 가한다. 거의 있을 법하지 않은 일이지만 만약 정부가 이 압력에 저항하면, 1973년에 칠레 국가가 그랬듯이, 국가기구는 직접 무력에 호소할 수 있다.

노동계급은 부르주아 국가를 '인수'할 수 없다. 그것을 분쇄해야 한다. 마르크스와 엥겔스가 국가론을 발전시키면서 내린 주된 결론과 레닌이 자신의 위대한 저작 《국가와 혁명》에서 다시 한 번 강조한 결론이 바로 이것이었다. 국가를 분쇄한다는 것은 경찰과 보안기관을 해체하고, 법관들을 해임하고, 병사들을 노동자 편으로 끌어들여 부르주아 군대를 아래로부터 무너뜨리며, 거드름을 피우던 고위 관료들을 자리에서 내쫓아 버린다는 뜻이다. 그러나 무엇보다 중요한 점은 낡은 국가기구를 노동계급의 투쟁 속에서 직접 생겨나는 새로운 기구로 완전히 교체하는 일이다.

■ ■ ■

누구를 위한 법질서인가?

지배계급의 정부와 정당은 법질서를 열렬히 외쳐 댄다. 그들은 모든 사람은 법을 잘 지켜야 한다, 법 없이는 문명도 있을 수 없으니까 하고 말한다. 또, 법은 사회 전체와 사회 안의 개인들을 소수의 반反사회 분자들이 가하는 위협에서 보호해 준다고 주장한다. 그들은 가정파괴범이나 유괴범 때문에 파탄 난 단란하고 화목했던 가정을 생각해 보라고 낯익은 레퍼토리를 들고나오면서, 법은 약자를 강자의 횡포에서 보호해 준다고 너스레를 떨기까지 한다.

노동당의 우파도, 자기네가 내세우는 '온건'하고 '합리적'인 정책들이 법질서를 더 손쉽게 유지할 수 있게 해 주리라고 주장하는 것만 빼고는, 지배계급과 똑같은 생각을 한다. 노동당 좌파는 이런 견해에 약간 회의적이다. 특별히 악법이라고 여기는 경우(예컨대 노조 통제 법률)나 특히 중요한 대의라고 여기는 경우(핵무기 철폐 운동)에 그들은 때때로 법을 어길 수도 있다고 주장하기도 한다. 그러나 지금 있는 법률 체계를 그대로 받아들인다는 점에서는 그들도 근본적으로 우파와 다를 바 없다.

그러나 마르크스주의는 법률 문제를 그들과 다르게 파악한다. 마르크스주의는 법이 지켜 주는 것은 사회 일반, 즉 주민 전체가 아니라 지금의 사회체제, 즉 자본주의라고 본다. 현대의 법은 사람들에게 무엇보다 자본주의 경제의 원활한 운영에 적합한 행위를 하라고 요구하는 규칙들로 이뤄져 있다. 자본주의 경제는 반드시 자본가계급이 지배하는 사회를 낳기 마련이므로, 법도 자본가계급의 이익을 옹호하게 돼 있다.

법질서의 유지를 끊임없이 선전하는 탓도 물론 있지만, 우익의 견해가 그럴듯해 보이기도 하는 이유는 법이 자본주의 사회에서 하는 구실을 대다수 사람들이 거의 당연하게 받아들이기 때문이다. 날마다 법과 얼굴을 맞대고 살다 보니, 사람들은 법을 '당연한' 것으로 받아들인다. 그러나 법이 자본주의 사회의 소유관계를 반영하고 나아가 그것을 강화해 주지 못한다면 어떤 일이 벌어질지 생각해 보라. 예컨대, 빌려 준 돈에 이자를 매기는 일을 불법으로 친다면 어떻게 될까? 만일 법관들이 한밤에 혼자 다니는 여성이 강간을 당해도 법이 보호해 줄 수 없다는 판결을 내리듯이, 대낮에 롤스로이스 같은 최고급차를 타고 거드름을 피우는 백만장자가 강도를 당해도 그것은 그가 자초한 것이나 다름없다는 식의 판결을 내린다면 어떻게 될까? 아니면, 더 근본적 문제로서, 인신매매를 금지하듯이 노동력 판매도 법으로 금지한다면 어떻게 될까? 만약 법이 앞에 든 예들 가운데 어느 하나라도 허용하는 식으로 바뀐다면, 자본주의가 며칠은 아니더라도 몇 주 만에 당장 무너지고 말리라는 것은 불을 보듯 빤하다.

법이 자기 안에 깃든 계급성을 반영하는 식으로 운용된다는 것은 놀랄 일이 못 된다. 지배계급은 고위 법조인들을 꽉 잡고 있다. 판검사는 대부분 자본가의 자녀거나 사위다. 개인 재산 없이 성공하는 개업 변호사를 보기는 드물다. 법조계를 잘 들여다보면 법관의 절대 다수가 상층계급과 중간계급 소속임을 알 수 있다. 그들은 노동 대중 위에 군림해 판결을 내리는 것이다.

이런 사실들로 미뤄 볼 때, '사법부의 정치적 독립'이라는 널리 애용되는 신화는 거짓임을 알 수 있다. 법관들이 실제로 의회에서 독립해 있는 경우는 종종 있다. 의회가 국민이 선출한 의원들로 구성되는 기관이라는 점을 생각하면, 그 편이 지배계급에게 이로울지 모른다. 어쩌다 '엉뚱한' 인물들이 의회에 진출해 불편한 법률을 통과시키더라도, 몇몇 법관이 나서서 사정이 원상 복구될 수 있도록 그 법안을 '해석'해 줄 테니까. 나아가, 우익이 의회 민주주의 자체가 불편하다고 느끼면 장성들과 경찰 우두머리들이 반혁명 조처들을 취하고 법관 몇 명이 그것을 합법화해 줄 테니까.

따라서 법이 실제로 하는 구실은 우익이 주장하는 것과는 정반대다. 법은 문명을 보호하기는커녕 문명의 존립 자체를 위협하는 사회질서[자본주의]를 지킨다. 또, 약자를 강자의 횡포에서 지켜 주기는커녕 가난한 사람들에 맞서 부자들을, 착취당하는 사람들에 맞서 착취하는 자들을, 앞으로 힘을 발휘할 수도 있는 사람들[노동계급]에 맞서 지금 힘깨나 쓰는 자들을 보호해 준다. 모름지기 심각한 사회 변화를 추구하는 운동이라면 결국 법과 충돌할 수밖에 없다. 이에 대해 뭔가 환상을 품는다면 그 운동은 처음부터 무기력을 면치 못할 것이다.

■ ■ ■
지배계급은 어떻게 지배를 유지할까?

지배계급은 채찍과 당근을 섞어 써서 자기네 지배를 유지한다. 지배계급 권력의 이 두 수법은 항상 서로 보완하고 힘을 더해 준다. 중세 봉건영주는 자기가 다스리는 농민이 제대로 농사를 지어서 세금을 꼬박꼬박 바치게 해 줄 자기 병사들을 거느리고 있었으며, 가톨릭교회는 농민에게 봉건 질서는 하느님의 뜻이라고 설교했다. 농민이 반란을 일으키면, 교회가 얼른 나서서 그것은 하느님께 죄를 짓는 일이라고 꾸짖었다. 교회의 가르침에 의문을 제기하는 사람이 있으면, 영주의 기사들이 바로 출동해 이단자들을 불태워 죽였다.

오늘날 지배계급은 경찰(경찰로 안 되면 군대)을 동원해, 파업하거나 시위하는 사람들을 잡아들인다. 그리고 대중매체를 통해 파업 참가자들과 시위 참가자들이 '우리가 누리고 있는 문명'을 위협하는 과격파 괴물이라고 선전한다. 언론의 선전이 먹혀들면 경찰이 파업을 깨기가 훨씬 쉬워진다. 또, 경찰이 파업 대열을 쉽게 무너뜨릴 때마다, 노동자들은 힘이 없다는 지배계급의 선전이 점점 잘 먹혀든다.

지배를 위해 채찍과 당근이 사용된다는 데는 변함이 없다. 이 수법들은 계급으로 나뉜 모든 사회의 특징이다. 계급들 사이에 근본적 모순이 있기 때문에, 어떤 지배계급도 순전히 동의만으로 통치할 수는 없는 노릇이다. 또, 착취당하는 사람들과 '못 가진 자들'이 항상 착취하는 자들과 '가진 자들'보다 압도적으로 많기 때문에, 어떤 지배계급도 순전히 힘만 가지고 체제를 유지할 수는 없다.

하기야 억압과 이데올로기 통제를 어떻게 배합하는지는 때와 장소에 따라 다를 수 있다. 예컨대, [1980년대] 남아프리카공화국 같은 곳에서는 주민의 절대 다수가 지금의 체제에 등을 돌리고 있다. 따라서 정당성과 신뢰를 모두 잃어버린 아파르트헤이트[인종격리정책] 체제는 주로 힘을 앞세울 수밖에 없다. 이와는 대조적으로, 서구의 여러 나라에서는 최근 들어 힘을 앞세우는 일이 부쩍 늘고 있기는 하지만, 아직까지는 부차적 요인에 머무르고 있다. 기존 정치·경제 질서가 아직은 대다수 주민에게 지지를 받고 있기 때문이다(물론 정부마다 지지도가 다르기는 하지만).

현대 자본주의 사회의 부르주아 지배에서 가장 중요한 특징 하나는 교육제도와 대중매체를 조작하는 것만으로는 이데올로기 통제를 유지하기 어렵다는 점이다. 자본가계급의 노골적 선전이 먹혀들기에는 노동계급의 규모와 힘과 조직이 너무 커졌고, 생산 현장에서는 이해 갈등이 그칠 날이 없다. 게다가 선전이 아무리 효과가 있더라도 사람들로 하여금 자신들이 직접 보고 들은 것과 전혀 어긋나는 것들을 믿게 하는 데는 한계가 있기 마련이다.

따라서, 선진 자본주의 사회가 안정을 누리는 데 결정적 구실을 하는 것은 노동계급을 기반으로 하는 제도들이다. 사람들은 이런 제도들이 노동계급의 이익을 대변하는 것으로 여긴다. 또, 이런 제도들은 노동계급이 체제의 가장 못된 병폐들을 반대하는 데도 가끔 이바지한다. 그래도 이 제도들은 체제의 기본 골격을 건드리지는 않으며, 따라서 노동계급을 체제 안에 통합하는 데 도움이 된다.

서구에서는 주로 노동조합 관료와 사회민주주의 정당이 이런 구실을 맡는다. 서구 지배계급이 구사한 전략을 이 점에 유의해 살펴보면, 지난 25년 동안 한결같이 하나의 핵심 목표(자국 자본의 이윤율 높이기)를 추구해 왔으나 그 수단은 때와 장소에 따라 다양했다는 점을 알 수 있다. 근본적으로 서구 지배계급의 전략은 힘에 기운 전략과 동의에 기운 전략 사이에서 왔다 갔다 했다.

억압을 더 많이 사용하는 전략에서 지배계급은 자신의 집권당, 법과 경찰, 그리고 시장경제의 효과를 강조하고 실업 증대를 조장하는 경제정책과 결합된 사용자의 노조 압박에 주로 기댄다. 그들은 노동계급의 생활수준 저하를 강요하려 하고 거의 전방위 공세를 가해 노동조합의 저항을 약화시키려 한다. 영국의 대처 정부는 집권 기간 내내 주로 이 방법을 썼다.

동의를 좀 더 중시하는 전략에서는, 지배계급은 주로 노조 관료에 기댄다. 노조 지도자들과 타협에 도달하고, 그러면 노조 지도자들은 현장 조합원들에게 협상 타결안을 내놓으면서 그것을 요지부동으로 만드는 데 필요한 규율을 강요한다. 이것이 영국에서 1970년대 해럴드 윌슨과 제임스 캘러헌의 노동당 정부들과 노조 지도자들 사이에 체결한 '사회계약'이 라는 방식이었다.

한 전략이 별 실효를 거두지 못하면 지배계급은 재빨리 다른 전략을 채택한다.

■ ■ ■
저들은 어떻게 우리를 지배할까?[*]

자본주의는 착취를 바탕으로 한 계급 분열 사회다. 자본주의 사회에 서는 극소수 특권층이 대다수를 지배하고 대다수의 노동에 의존해 살아 간다. 어떻게 저들이 대다수를 지배할 수 있을까?

이탈리아 마르크스주의자인 안토니오 그람시가 지적했듯이, 강제력과 동의를 결합하는 것이 그 해답이다. 사실, 강제력과 동의는 아주 긴밀하게 결합돼 있고 서로를 강화하지만, 일단 여기서는 둘을 따로따로 다루겠다.

강제력을 행사하는 것은 주로 국가다. 국가는 군대·경찰·법원·감옥· 정부 관료 기구 등의 제도들이 서로 긴밀하게 맞물려 있는 네트워크다. 사회 위에 군림하는 국가는 합법적 강제력의 독점을 비롯한 보편적 권위 를 내세운다.

이 국가기구는 각급 주무 부서가 사회 전체의 이익, 즉 이른바 국익이 나 공익을 구현한다고 자처한다. 그래서 경찰·판사·군장성 등은 항상 자 신들이 정치적 중립을 지킨다고 강조한다.

---

[*] 2006. 10. 13 & 27.

그러나 공통의 국익이나 공익이 존재한다는 생각은 신화일 뿐이다. 국민은 계급들, 즉 이해관계가 서로 정반대인 착취자들과 피착취자들로 이뤄져 있고, 국가가 대변한다는 사회는 보통 사람들이 생각하는 그런 사회가 아니라 자본주의 소유관계와 생산관계를 바탕으로 하는 자본주의라는 특정 사회다.

국가의 가장 중요한 임무는 이런 자본주의 질서를 유지·보존하는 것이고, 이 질서는 자본가계급의 지배력을 구현한다. 따라서 마르크스의 말을 빌리면, 국가는 "부르주아지 전체의 공동 업무를 관장하는 위원회일 뿐"이다.

국가의 계급적 성격은 그 구성으로 나타난다. 군대·경찰·법원·행정기관의 상층은 압도적으로 부르주아지 출신 인사들로 채워지고, 그들은 부르주아지와 경제적·사회적·혈연적 연줄을 유지한다. 설사 하층민 출신의 개인이 이따금 상층으로 침투하더라도 바뀌는 것은 전혀 없다. 한편으로, 그런 개인이 승진했다는 사실 자체가 그들의 실제 계급 지위가 바뀌었다는 뜻이고, 그에 따라 그들의 견해도 바뀌기 십상이다. 다른 한편으로, 국가의 자본주의적 작동 방식을 받아들이는 것이 그런 승진의 조건이다.

국가의 자본주의적 성격의 결과는 강제력이나 강제력 사용 위협이 일상생활의 거의 모든 측면을 뒷받침하고 있다는 것이다.

몇 가지 예를 들어 보자. 어떤 노동자가 공장에서 제품을 생산했는데, 일을 마친 뒤 자신이 만든 제품의 일부나 전부를 집에 가져가려 한다고 치자. 그 노동자는 당연히 강제 연행돼 경찰서 유치장에 갇힐 것이다. 또, 어떤 공장의 노동자들이 파업을 하기로 했는데, 90퍼센트의 노동자들만이 파업에 들어가고 나머지 10퍼센트는 계속 일을 하려 한다고 치자. 경찰이 '법대로 하겠다'며 당장 상당수 병력을 공장 문 앞에 배치해 이 파업 파괴자들의 '노동권'을 보장해 줄 것이다.

그러나 사용자가 직장 폐쇄를 하고 노동자들을 모두 해고하기로 한다면, 경찰이 또 들이닥치겠지만 이번에는 모든 노동자를 집으로 확실하게 돌려보낼 것이다. 그리고 노동자들이 아무리 '노동권'을 호소해도 경찰은 꿈쩍도 않을 것이다.

이 모든 경우에 경찰은 '직무를 집행했을 뿐'이라고 말할 것이다. 이 점이 중요하다. 즉, 그들의 직무는 자본주의적 착취를 집행하는 것이다. 내가 말한 사례들이 너무 명백하고 너무 당연하게 여겨지기 때문에 약간 이상하게 들릴지도 모르겠다. 그러나 역시 이 점이 중요하다. 자본주의적 착취는 그것을 승인하는 국법(국가의 강제력으로 뒷받침되는)이 없으면 단 5분도 지속되지 못할 것이다.

대부분의 시기에 국가의 강제력은 잘 드러나지 않고 배후에서 집행된다. 그러나 자본가계급의 이익이 진정한 도전에 직면하는 순간 그것은 전면에 등장한다. 그런 도전이 외국에서 비롯한 것이라면, 국가의 강제력은 전쟁이라는 형태로 나타날 것이다. 그 도전이 내부적인 것이라면, 그 도전은 탄압에 직면할 것이다. 그 도전이 선출된 정부가 제기한 것이라면, 국가의 강제력은 [그 정부를 전복하려는] 군부나 파시스트의 쿠데타를 조직하는 형태로 나타날 것이다. 예컨대, 1973년 칠레에서 피노체트가 일으킨 군사 쿠데타나 2002년 베네수엘라의 차베스 정부를 전복하려 한 쿠데타가 그런 경우다.

이 마지막 요점, 즉 현 정부를 반대하는 부르주아지를 위해 국가권력이 사용될 수 있다는 점은 매우 중요하다. 첫째, 이것은 국가기구가 민선 정부에 복종한다는 공식 헌법의 관점(그리고 정치학이 널리 퍼뜨리고 각급 학교에서 가르치는 관점)을 완전히 무너뜨린다. 둘째, 그것은 20세기의 이른바 공산당이나 사회당이 대부분 무시했거나 왜곡한 마르크스주의 이론의 핵심 쟁점 하나를 제기한다.

공산당이나 사회당의 전략(제1차세계대전 전에 독일 사회민주당에서 시작된)은 의회 선거를 통해 '권력'을 장악한다는 것이었다. 그래서 국가기구에 대한 통제력을 획득하고 국가기구를 이용해서 사회주의를 건설한다는 것이었다.

그러나 마르크스는, 파리코뮌의 경험을 바탕으로, 노동계급이 기존의 국가기구를 인수해서 자신들의 목적에 맞게 이용하는 것이 불가능하다고 주장했다. 기존 국가는 부르주아지와 유기적으로 결합돼 있어서 사회주의 사회 건설에 이용될 수 없다는 것이다. 오히려 기존 국가는 해체(분쇄)돼야 하고 노동계급이 창설한 새로운 국가기구로 대체돼야 한다는 것이다.

레닌은 마르크스 국가론의 진수를 재발견하고 위대한 저작 《국가와 혁명》에서 그것을 강력하게 옹호했다. 그것은 무엇보다 러시아 혁명에서 소비에트, 즉 노동자 평의회 권력을 통해 실행됐다. 그러나 나중에 스탈린주의의 지도를 받은 국제 공산주의 운동은 사회주의로 가는 의회적 길과 기존 국가기구 인수라는 사상으로 되돌아갔다.

물론 군대·탱크·폭탄·전투기 등으로 무장한 현대 국가는 너무 강력해서 심지어 노동계급의 가장 큰 대중운동으로도 도저히 분쇄할 수 없다는 반론이 흔히 제기된다.

그러나 이런 주장은 국가와 모든 지배계급 권력의 결정적 약점(온갖 활동에도 불구하고 그들은 노동계급 일부의 협력에 의존할 수밖에 없다는 사실)을 고려하지 않는다. 모든 총은 그것을 사용할 병사가 필요하고,

모든 탱크에는 운전자가 필요하고, 모든 비행기에는 정비팀이 필요하다. 거의 모든 국가기구에는 직원들이 근무하는데, 하위직은 노동자들이다. 그리고 대중 혁명의 시기에는 노동계급의 압력 때문에 이런 노동자들의 대다수가 윗사람들과 결별하고 대중 편에 서게 된다. 이런 식으로 국가는 분쇄된다.

그러나 따지고 보면 이것은 부르주아지의 지배가 강제력뿐 아니라 동의에도 의존한다는 점을 분명히 보여 준다.

지배계급의 지배는 근본적으로 강제력에 의존한다. 그리고 무엇보다 국가가 그 강제력을 행사한다. 그러나 지배계급의 지배가 순전히 강제력에만 의존한다면, 사회 성원의 대다수인 노동계급에 의한 [체제] 전복에 매우 취약할 것이다. 자본가계급과 국가의 권력은 평상시에 그들에게 착취당하고 억압당하는 대다수 사람들한테서 자신들의 지배에 대한 동의를 얻어 낼 수 있다는 사실 덕분에 크게 강화된다.

이런 동의를 얻어 내고 유지하는 것이 이데올로기의 구실이다. 모든 사회에는 지배 이데올로기, 즉 기존 사회질서와 그 기구들을 설명하고 정당화하고 유지하는 데 이바지하는 사상과 세계관이 있다.

현대 자본주의 사회의 지배 이데올로기의 강점 가운데 하나는 대체로 그 이데올로기의 이름이 없거나 심지어 존재 자체도 인정되지 않는다는 것이다. 그 지배 이데올로기는 사람들에게 이것이 '자본주의 이데올로기'이니 모두 이것을 믿어야 한다고 말하지 않는다. 오히려, 자명하거나 역사적으로 분명히 입증된 '상식적' 주장처럼 제시된다. 예컨대, "경영진과 노동자들은 노사 상생을 위해 서로 협력해야 한다", "법 앞에 만인은 평등하다", "당연히 기업은 이윤을 남겨야 한다", "완전한 평등은 인간 본성에 어긋나기 때문에 불가능하다" 등이 그렇다.

사실, 이런 주장은 각각 따로 떨어진 사상들이 아니라 체계적 이데올로기의 일부로서 국가기구와 마찬가지로 자본가계급의 이익에 이바지한다. 그 기본 원리는 자본주의 생산관계가 만고불변인 양 묘사하고 자본주의에 도전하는 것을 모두 가망 없고 비현실적이고 아주 사악한 짓인 양 묘사하는 것이다.

그러나 이런 사상 때문에 불이익을 당하는 노동 대중이 흔히 그런 사상을 적어도 부분적으로나마 받아들이는 이유는 무엇일까? 마르크스는 이 물음에 분명하게 대답했다.

어떤 시대에나 지배계급의 사상이 지배적 사상이다. 즉, 사회의 물질적 힘을 지배하는 계급이 정신적 힘도 지배한다. 물질적 생산수단을 소유한 계급이 정신적 생산수단도 지배한다. 따라서 대체로 정신적 생산수단을 소유하지 못한 사람들의 사상은 그것을 소유한 자들의 사상에 종속된다 《독일 이데올로기》).

마르크스 시대와 비교하면 오늘날 초중고등학교·대학교·출판사·언론사 등 정신적 생산수단은 엄청나게 성장했지만(대중교육·TV·라디오·영화 등), 여전히 거의 전적으로 자본가계급과 그 국가의 수중에 있다. 이 때문에 대다수 사람들이 접하는 거의 모든 뉴스, 거의 모든 역사·경제·과학 지식, 대부분의 도덕·종교 관련 교육은 자본주의 이데올로기의 틀을 벗어나지 못한다. 그리고 이것은 대다수 사람들의 사고방식에 중대한 영향을 미칠 수밖에 없다.

게다가 부르주아 이데올로기는 오랜 전통이라는 장점과, 적어도 겉으로는 현실을 곧잘 반영하는 듯한 장점도 있다. 예컨대, 이윤을 남기지 못하는 기업은 문을 닫아야 하고 그 기업의 노동자들은 일자리를 잃게 된다. 그리고 결정적으로, 자본주의 이데올로기가 국가를 정당화하듯이 국가의 물리적 강제력도 그 이데올로기를 뒷받침한다. 강제력과 동의는 상호작용하고 서로를 강화한다.

이렇게 볼 때, 진정한 물음은 왜 그토록 많은 노동 대중이 친자본주의적 사상을 받아들이는가가 아니라 어떻게 그런 사상의 지배력을 깨뜨릴 수 있는가가 돼야 한다.

자본주의 이데올로기의 중대한 약점은 노동자들의 경험(착취·빈곤·실업·불의 등의 경험)과 맞지 않는다는 것이다. 따라서 지배 사상의 지배력은 결코 완벽하지 않다. 대다수 노동 대중은 그람시가 "모순된 의식"이라고 부른 것을 발전시킨다. 그들은 지배 이데올로기의 일부는 거부하면서도 다른 부분은 계속 받아들인다. 예컨대, 작업장의 계급투쟁을 분명하게 이해하는 노동자가 여성이나 이주 노동자에 대해 반동적 태도를 취할 수도 있다. 그래서, 자본주의 이데올로기 전체를 떨쳐 내고 일관된 사회주의·마르크스주의 관점을 받아들인 사람들은 극소수인 것이다.

이 소수가 매우 중요한 이유는 특정 상황에서 그들이 다수, 심지어 대다수 노동자(여전히 모순된 의식을 가진)의 지도부가 될 수 있기 때문이다.

이 특정 상황이란 어떤 상황일까? 첫째, 계급 간 이해관계의 객관적 충돌이 파업, 특히 대중 파업 같은 공공연한 투쟁으로 바뀔 때다. 둘째, 대불황이나 재앙적 전쟁 같은 심각한 경제·정치 위기 상황에서 지배 이데올로기와 현실 사이의 간극이 아주 커져서 지배 이데올로기의 헤게모니가 붕괴하기 시작할 때다. 그러나 무엇보다 이 두 상황이 맞물릴 때가 특히 그렇다. 그때는 응집력 있는 소수가 대다수 노동자의 투쟁을 (그들 의식의 진보적 측면을 바탕으로 해서) 지도할 수 있을 뿐 아니라 그들의 의식을 전면적 반체제 의식으로 바꿀 수도 있다.

대중투쟁이라는 요인이 결정적인 이유는 노동자들의 의식 수준이 분명히 그들의 자신감과 관계있기 때문이다. 체제에 도전하고 체제를 변혁할 수 있다는 자신감이 약한 노동자일수록 지배 이데올로기를 받아들일 가능성이 크다. 특히, 그들의 분노와 원한을 엉뚱한 속죄양으로 돌리게만드는 인종차별, 외국인 혐오, 여성차별, 동성애 혐오 등을 받아들일 가능성이 크다. 노동자의 자신감이 강할수록 인식의 지평도 넓어지고 새로운 사상을 받아들일 가능성도 커진다. 대중투쟁에서 노동자들은 자신의집단적 힘을 자각하고 실천을 통해 연대의 장점을 알게 된다.

그렇다면, 결정적으로 중요한 것은 응집력 있는 소수의 규모·영향력·조직과 그들이 대중의 분노와 염원에 분명한 정치적 초점을 제공할 수 있는가 아닌가다.

상황·사상·행동의 이런 결합이 자본주의 이데올로기의 지배력과 자본주의 국가의 권력을 모두 분쇄할 수 있다.

■ ■ ■
흩어지면 죽는다

1819년에 영국 시인 셸리는 노동자들에게 억압자들에 맞서 "사자처럼일어설 것"을 촉구하면서, "여러분은 많고 저들은 적다"고 썼다. 그 말은진실이었고, 오늘날에도 여전히 진실이다. 지배계급, 즉 대기업 대주주와경영자, 고위 국가 관료, 대형 언론사 사주, 경찰 수뇌, 고위 법조계 인사등은 단지 인구의 2퍼센트에 지나지 않는 극소수다. 그런데 어떻게 이 극소수의 착취자들이 대다수의 피착취자들 위에 군림해 권력을 유지할 수 있을까?

대답은 명백하다. 때때로 지배계급은 1984~85년 광원 파업 투쟁을 대규모 경찰로 진압한 것처럼 직접적 무력을 사용한다. 또, 지배계급은 대중매체와 교육제도를 통제하고 있는데 이 덕분에 자본가들의 반동적 관념들을 대다수 노동계급한테 주입할 수 있다.

그러나 이 두 가지 통제 메커니즘은 모두 노동계급 내에 존재하는 여러 분열(직종·지역·민족·인종·성별 등) 때문에 더 쉬워지고 더 큰 효과를 내게 된다. 두 가지 예를 들어 보자.

첫째는 영국 노동자와 아일랜드 노동자 사이의 분열이다. 아일랜드인들은 어리석다는 견해(코미디언도 아닌 수많은 사람들이 농담도 아닌 것을 가지고 계속 강화하는), 그리고 북아일랜드의 전쟁은 종교 광신자들 사이의 이해할 수 없는 갈등이라는 견해는 군대와 경찰이 만약 영국에서 먼저 써먹었다면 자유주의자들의 거센 항의에 부닥쳤을 것이 뻔한 탄압 수법(예컨대 시위 참가자 납치 특공대 같은)을 북아일랜드에서는 버젓이 쓸수 있게 해 준다. 이런 기술이 일단 완벽해지고 용인될 정도에 이르면, 다음엔 본국으로 이전돼 비교적 무난히 영국 노동자들에게도 사용할 수 있을 것이다.

둘째는 남성과 여성의 분열이다. 노동조합 활동이나 정치 같은 것은 남편의 일로 여기는 주부나 어머니로 노동계급 여성을 묘사하는 상투적 이미지에 따라, 노동계급 남성은 가정 안에서 상대적으로 특권적이며 우월한 처지에 있게 된다. 그러나 남성이 누리는 이 불안한 우위는 파업이나 쟁의가 발생하면 곧 그 반대 효과를 낸다. 주부들이 전에 파업에 참가해 본 적도 없고 파업에 관해 아는 것도 없으면 그들은 파업을 적극적 집단

투쟁이 아니라 가족 소득을 잃는 것으로, 따라서 가정의 안정을 위협하는 것으로 느낄 것이다. 결국 주부들은 대중매체의 파업 비방 선전에 잘 넘어가고, 그리하여 남편들에게 파업을 중단하라는 압력을 가해서 파업을 결국 실패로 끝나게 한다.

그러면 이 같은 많은 분열의 근원은 무엇이며 어떻게 극복할 수 있을까? 그 뿌리는 자본주의의 본성 자체에 있다. 자본주의는 독립적 생산 단위들(중소기업일 수도 있고 거대한 다국적기업일 수도 있고 심지어 자본주의 국가일 수도 있다) 사이의 경쟁에 바탕을 둔 체제다. 그리고 마르크스가 지적했듯이, "이런 경쟁은 개인들을 서로 분리하는데, 부르주아지의 경우만이 아니라 노동자들의 경우엔 — 자본주의 생산이 노동자들을 결합시킨다는 사실에도 불구하고 — 더더욱 그런다."

자본주의에서 노동력은 어느 노동자든 먹고살려면 팔아야 하는 상품이다. 이 때문에 노동자들은 노동시장에서 서로 잠재적 경쟁자가 된다. 그리고 노동자들이 서로를 경쟁자로 여기는 한 그들은 자신의 일자리를 빼앗아 간다고 여기는 경쟁 노동자들(일본 노동자, 독일 노동자, 한국 노동자, 흑인 노동자, 여성 노동자)에 대한 편견에 사로잡히게 된다.

그러나 만일 분열이 자본주의의 본성에서 비롯하는 것이라면, 그것은 오직 투쟁 과정에서만 극복될 수 있다. 당연한 일이지만, 사회주의자들은 언제나 노동계급 내의 모든 분열에 반대해야 하고, 그런 분열이 가져올 결과를 드러내야 한다. 그러나 사회주의 선전만으로는 체제의 선전을 물리칠 수 없다. 오직 선전이 투쟁 속에서 노동계급의 실제 경험과 연결될 때만 실제로 효과를 낼 수 있다.

이 점을 가장 잘 보여 주는 예는 인종차별 문제다. 인종차별은 노동계급 내의 가장 깊은 분열 가운데 하나이며, 오늘날 대다수 백인 노동자는 파시스트처럼 폭력을 사용하지는 않더라도, 어느 성도 인종적 편견을 갖고 있다. 더욱이 인종차별은 선의의 자유주의적 설교에 대해서도 극히 적대적이다.

그러나 흑인 노동자와 백인 노동자가 파업을 함께하거나 같은 시위 대열에서 서로를 발견했을 때 무슨 일이 일어나는지 생각해 보자. 같은 적에 맞서서 같은 투쟁을 하고 있다는 연대의 끈이 곧 형성된다. 인종적 분열에 반대하는 계급적 단결 주장이 구체성을 띠게 된다. 당면 상황에 맞는 주장이기 때문이다. 구사대가 접근해 올 때 백인 노동자들은 편견을 극복해 흑인 노동자 동료들과 함께 어깨 걸고 나아가고 함께 피케팅*을 하게 된다. 이런 식으로 계급은 투쟁 속에서 하나가 된다.

물론 분열이 언제나 극복되지는 않으며, 흔히 이 분열 때문에 노동자들이 패배한다. 그러나 우리는 다음과 같이 말할 수 있다. 노동계급이 하나 되는 순간은 노동계급이 승리하는 순간과 일치할 것이다. "우리는 많고 저들은 적다"는 바로 그 단순한 이유로 말이다.

■ ■ ■

'국민의 이익'을 지켜야 하지 않을까?

요람에서 무덤까지 우리는 우리 자신을 국가의 구성원으로 생각하도록 장려받는다. 월드컵이건 왕실 결혼이건, 학교의 역사 수업이건 최

---

* picketing. 파업 불참자나 대체 인력의 작업장 출입을 막고 파업 참가자의 이탈을 막기 위한 대중적 통제 활동.

근의 수출 실적이건 압력은 언제나 똑같다. 너는 영국인, 타고난 영국인이다. 영국이 최고라고 믿어라. 물론 다른 나라에서도 똑같은 일이 일어난다. 미국이나 일본, 러시아 어린이들은 모두가 미국인·일본인·러시아인이 되도록, 미국·일본·러시아의 우월성을 믿도록 교육받는다. 어디서든 그런다. 잠시 멈춰 생각해 보면 이처럼 터무니없는 일이 또 어디 있을까?

그러나 우리 지배자들한테는 국민의 애국심이 매우 필요한 것이리라. 그들은 이것이 모든 사람의 몸에 배고 뻔한 것이 돼서 잠시 멈춰 생각해 보는 일이 없기를 바란다. 애국심은 이 조그만 땅덩이[영국]의 기업주와 노동자, 즉 착취자와 피착취자를 다른 곳의 기업주와 노동자에 대항해 함께 묶어 주는 우선적 공동 이익이 있다는 생각을 강화한다. 또, 애국심은 국가의 힘과 권위도 강화하는데, 이는 피착취자에 대한 착취자의 지배를 유지하는 주요 동력이다. 바로 이 때문에 마르크스주의자는 민족주의자가 아니라 국제주의자인 것이다. 우리는 세계를 국가의 관점보다는 계급의 관점에서 더 많이 본다.

이 문제는 개혁주의자와 혁명가, 국민국가의 틀을 받아들이는 사람과 뒤집어엎으려는 사람 사이에 분명한 구분선을 그어 주는 것들 가운데 하나다. 좌파건 우파건 개혁주의 정치인의 연설에 귀를 기울여 보자. '우리 산업을 구하자'라든지 '우리 나라가 다시 나아가도록 만들자'와 같은 말들로 가득 차 있을 것이다. 그렇지만 그것은 '우리' 산업, '우리' 나라가 아니다. 둘 다 지배계급의 것이다. 개혁주의자들이 이런 식으로 이야기할 때마다 그들은 자신들이 지배계급의 포로임을 드러내는 것이다. 그와 동시에, 그들은 그런 생각을 노동계급 내부에서도 강화한다.

부르주아지가 노동계급을 자신에게 묶어 놓으려면 민족주의가 필요한 것과 꼭 마찬가지로 노동계급은 자신의 계급적 독립성을 확립하기 위해 국제주의가 필요하다. 또 러시아 사례에서 볼 수 있듯이 혁명이 한 나라 안에서 잠시 성공할 수는 있어도 고립 상태가 지속되면 무한정 버틸 수 없기 때문에, 국제주의가 노동계급을 위해 꼭 필요한 것이다. 국제 자본 주의가 직접 혁명을 뒤집어엎든지 아니면 러시아에서처럼 혁명이 일어난 나라가 군사·경제적 압력 때문에 자본주의 방식대로 자본주의와 경쟁할 수밖에 없을 것이다. 다시 말해, 착취와 계급 차별과 자본에 대한 노동의 종속이 부활하는 것이다.

국제주의는 일상의 노동조합 투쟁에서조차 점점 더 불가피해지고 있다. 다른 나라의 노동자들을 서로 경쟁시키는 다국적기업에 맞서는 최선의 방어는 노동조합 활동가들의 국제적 연대다. "만국의 노동자여 단결하라"는 단지 그럴듯한 문구에 불과한 것이 아니다.

마르크스주의적 국제주의는 수입 규제 정책을 지지하지 않는 것을 뜻한다. 다른 나라들의 보복에 따른 경제적 재앙을 제쳐 놓더라도, 수입 규제 정책은 영국 지배계급의 공격에 맞서 일자리를 보호하려는 투쟁을, 일본과 홍콩과 독일과 프랑스 등의 노동자들에 맞서 '우리 나라' 사용자들을 지지해서 실업 문제를 해결하려는 노력으로 바꿔 버린다.

진정한 국제주의는 조야한 형태의 민족적·인종적 편견을 버리고 전 세계 국민들에게 우호적 태도를 갖는 것 이상을 내포한다. 또 '인류 형제주의'(또는 '인류 자매주의')에 대한 관념론적 믿음의 문제도 아니다. 사회가 이해관계가 적대적인 계급들로 나뉘어 있기 때문에 모든 남성이 형제인 것도, 모든 여성이 자매인 것도 아니라는 사실이야말로 마르크스주의적 국제주의의 기본 요소다.

마르크스주의적 국제주의는 세계를 국민국가 간 경쟁이라는 관점에서 보지 않고 세계 자본주의에 맞서는 세계 노동계급의 투쟁에서 출발한다. 이 투쟁에서 우리는 계급 전체(국제적)의 이익이 지역이나 국가로 분할된 계급 일부의 임시적·단기적 이익보다 우선이라고 생각한다. 이와 같은 국제주의는 대중매체나 노동운동 지도자들이 모두 '국민의 이익'이라고 옹호하는 정책들과 아주 분명하게 선을 긋는 것이다.

■ ■ ■
어떤 상황에서 사회주의 혁명이 일어날까?

경제 상태는 계급투쟁에 어떤 영향을 미칠까? 자본주의에 대항하는 대중 반란이 일어나려면 그 전에 불황이 더욱 깊어지고 노동자들이 지독한 빈곤에 시달려야 할까? 아니면, 노동자들이 자신감을 회복할 수 있도록 경기가 다시 좋아져야 할까?

이것은 마르크스주의에서 매우 중요한 문제다. 특히 노동계급 운동이 대량 실업 때문에 심각한 타격을 입고 전력이 손상됐을 때는 더욱 그렇다. 이 문제에 쉽게 대답하기도 어렵다. 왜냐하면 경제 상황과 노동계급 저항 수준 사이의 관계는 간단하지도 않고 기계적·자동적이지도 않기 때문이다. 노동계급의 역사적 전통, 의식과 조직의 정도, 지도부의 자질 같은 요인들이 모두 나름대로 영향을 미친다.

그렇지만, 예전의 호황과 불황 경험을 바탕으로 몇 가지 일반적 결론을 내릴 수 있다.

첫째, 제2차세계대전 종전 때부터 1960년대 말까지 그랬듯이, 호황이 지속되면 노동자들의 자신감과 조직이 한껏 발전하기에 좋은 상황이 조성된다. 그러나 사용자들도 어느 정도는 양보할 태세를 갖추고 있어서 싸움의 규모는 제한될 수밖에 없다. 파업은 대체로 성공을 거두지만 그 규모가 작고 오래가지 않는다. 계급 전체가 죽기 살기로 싸우는 일은 없다. 노동자들은 투쟁을 정치적으로 확산할 필요를 느끼지 못하고, 혁명적 사회주의 사상에도 거의 흥미를 보이지 않는다. 경제성장이 계속되는 시기에는 개혁 조처들은 쟁취할 수 있지만 자본주의가 전복되는 일은 일어나지 않는다.

이와는 대조적으로, 불황이나 경제 위기를 맞게 되면 이기면 크게 이기고 지면 크게 지는 싸움들이 벌어진다. 도산 위기에 몰린 기업주들은 배수진을 치고 훨씬 더 강경한 태도로 국가의 지원을 끌어들이려 하기 마련이다.

싸움에서 성과를 거두려면, 또는 예전에 거둔 성과나마 지키려면 노동자들은 훨씬 강력하게 훨씬 더 큰 규모로 싸워야 한다. 따라서 투쟁은 두루 훨씬 치열해지고 훨씬 확대되며 정치적 지도 문제가 더욱 중요해진다. 불황기의 싸움은 더 큰 승리(체제를 쓰러뜨리기 직전까지 몰고 가거나 무너뜨리는 경우까지 포함해)로 이어질 수도 있고 훨씬 쓰라린 패배로 이어질 수도 있다. 더욱이, 대량 실업 상태에서는 패배하면 사기가 뚝 떨어지기 쉽다.

대체로, 혁명적 투쟁과 혁명적 의식에는 두 요소가 결합된다. 착취자들과 그들의 체제에 대한 가슴 깊이 사무친 반감이 그 하나고, 다른 하나는 싸울 수 있다는 자신감이다. 앞의 것은 불황기에 자주 볼 수 있고, 뒤의 것은 호황기에 잘 나타난다. 따라서 계급투쟁의 수준을 한껏 끌어올리는 것은 불황이나 호황 자체라기보다는 불황과 호황이 급격하게 교체되는 상황이라고 할 수 있다.

여기에는 세 경우가 있을 수 있다. 첫째, 호황으로 노동자들의 기대와 자신감이 높아지고 조직이 강화되는 판에 불황이 시작돼 노동자들이 대중투쟁을 벌이는 경우. 둘째, 생활고가 날로 더해 가던 불황기에 뒤이어 호황이 찾아와 노동자들이 싸우려는 자신감에 넘치는 경우. 셋째, 경제 위기가 지속돼 지배계급은 계속 밀어붙이고 노동계급은 자꾸 뒤로 밀리다가 공세가 지나쳐 몰리다 못한 노동자 대중이 필사적으로 반격에 나서는 경우. 만약 이런 저항이 성공을 거두면 노동자들은 자신감을 되찾아 공세로 돌아설 수 있다.

또, 이 세 경우가 한데 뒤섞이는 상황도 벌어질 수 있다. 예컨대, 전반적 경제 위기 속에서 경기가 약간 회복될 조짐이 보이면 일부 노동자들은 어느 정도 자신감을 되찾을 테고, 그러면 불황에 몰려 허리띠를 졸라매자고 설치며 지나친 공세를 취하는 지배계급에 맞설 수도 있을 것이다.

1984~85년의 광원 파업을 제외하면 현재 기업주들이 취하는 공세는 아직 이렇다 할 반격을 받은 적이 없고, 대체로 노동운동은 수세에 몰려 있는 실정이다. 그러나 길게 볼 때 지배계급의 앞날은 어둡다. 자본주의가 호황이 지속되는 좋은 시절로 되돌아가기는 힘들 듯하다. 그러나 불황이 대체로 지속되는 속에서도 경기회복과 경기후퇴는 거듭될 것이다. 그렇게 되풀이될 때마다 계급투쟁의 기세가 오르거나 지배계급이 새로 공세를 취할 가능성은 둘 다 있다.

따라서 머지않아 흐름은 바뀔 테고, 그러면 승패의 판돈이 실로 어마어마한 투쟁들이 벌어질 것이다.

노동계급의 혁명적 구실*

　오늘날 국제 반자본주의 운동에 널리 공감하고 체제의 변화를 바라는 사람들은 무수히 많아 아마 수억 명이 넘을 것이다. 이 사람들은 대체로 그런 변화가 어떻게 가능하고 누가 그런 변화를 일으킬 수 있는지 분명히 알고 있지 않다. NGO나 단일 쟁점 운동에 기대를 거는 사람들도 있고, 베네수엘라의 차베스나 볼리비아의 모랄레스 같은 진보적 정부에 기대를 거는 사람들도 있다. 또, 지금은 비록 극소수이지만 여전히 모종의 무장 투쟁을 지지하는 사람들도 있다.

　마르크스 시대에도 급진주의자들의 견해는 다양했다. 마르크스가 본 격적으로 활동하기 전인 1840년대에는 프랑스 대혁명에서 유래한 두 경향이 좌파에서 득세했다.

　첫째는 자코뱅에서 영감을 얻은 경향이었다. 그들은 소수의 계몽된 개인들이 음모를 이용해 권력을 장악한 뒤 법률들을 제정해서 대중을 대신해 정의로운 사회를 건설해야 한다고 생각했다. 그런 사회는 특권의 상속이 사라진 평등주의 공화국이겠지만, 그 사회에서도 사유재산은 여전히 남아 있을 터였다.

　둘째는 프랑스의 샤를 푸리에나 영국의 로버트 오언 같은 사람들이 주창한 공상적 사회주의 경향이었다. 그들은 사회주의(집단적 소유)가 자본주의보다 더 나은 사회질서라고 확신했고, 이성적 주장과 이상적 공동체 건설 사례를 통해 사회주의를 실현하려 했다.

＊　2006. 6. 8.

다시 말해, 혁명가들은 사회주의자들이 아니었고 사회주의자들은 혁명가들이 아니었다.

마르크스는 이 두 경향을 모두 거부하고(더 정확히 말하면 뛰어넘어) 혁명적 사회주의의 토대를 놓았다. 혁명적 사회주의의 핵심은 프롤레타리아, 즉 노동계급을 사회 변화의 주체로 인정하는 것이었다.

마르크스가 말한 노동계급은 자신의 노동력을 팔아서 살아가는 사람들, 자본가들에게 고용돼 착취당하는 사람들이었다. 이 새 계급은 특히 산업혁명 이후, 맨체스터·버밍엄·런던 같은 도시들과 그보다 규모가 더 작기는 했지만 유럽, 특히 유럽 북서부 지역에서 등장하고 있었다.

음모가들과 공상가들은 변화가 위에서 일어날 것이라고 생각한 반면, 마르크스는 변화가 아래에서 일어날 것이라고, 노동자들 스스로 변화를 일으킬 것이라고 생각했다. 마르크스는 "노동계급의 해방은 노동계급 스스로 쟁취해야 한다"고 썼다.

마르크스가 노동계급에 기반을 두고 자기 정치를 정초한 것은 노동계급이 고통받아서가 아니라 그들의 세력(힘) 때문이었다. 물론 노동계급이 겪는 고통과 착취는 끔찍했고, 그 때문에 노동자들이 체제에 도전할 동기와 관심을 갖게 된 것은 사실이었다. 그러나 노예와 농노도 수천 년 동안 고통받았고 착취당했다. 그들과 노동계급의 차이는 첫째, 노동계급이 자본주의를 실제로 파괴할 수 있는 힘을 갖고 있고 둘째, 노동계급이 새 사회를 건설할 수 있다는 점이었다.

노동계급은 자본주의의 고유한 산물이다. 자본주의가 성장할수록 노동계급도 성장한다. 자본주의는 이런저런 전투에서 노동계급을 물리칠 수 있고, 파업과 노동조합을 분쇄할 수 있고, 노동자들의 자유를 박탈할 수 있다. 그러나 노동계급이 없으면 자본주의는 이윤을 생산할 수 없다.

그래서 언제나 노동자들은 다시 투쟁에 나서게 된다.

자본주의는 노동자들을 대규모 직장에 집결시키고, 일국적·국제적 산업들을 통해 그들을 서로 연결시키고 대도시에 집중시킨다. 이 때문에 노동자들은 엄청난 정치적 잠재력을 갖게 된다.

노동자들의 노동이 없으면, 기차·버스·트럭도 움직일 수 없고, 석탄·철·석유도 채굴될 수 없고, 신문도 인쇄될 수 없고, TV 방송도 방영될 수 없고, 은행이나 학교도 문을 열 수 없다. 심지어 군대도 노동자들인 사병들에게 의존한다. 자본주의는 노동계급을 만들어 내면서 역사상 가장 강력한 피억압 계급을 만들어 낸 것이다.

노동계급의 투쟁은 모름지기 집단적 투쟁이다. 노동자들은 19세기 공장 소유주들에 맞서 싸우든 오늘날 포드나 현대자동차에 맞서 싸우든 힘을 합쳐 함께 행동해야 한다. 노동자들은 포드나 현대자동차의 재산을 빼앗기 위해 공장을 자기들끼리 나눠 가질 수 없다(농민은 토지를 자기들끼리 나눠 가졌다). 오히려 공장을 사회의 재산으로 전환해야 한다. 이 때문에 노동계급은 사회주의적 계급이다.

더욱이, 노동계급은 권력을 장악하더라도 여전히 생산자 계급으로 남아 있을 것이고, 노동계급의 발 아래에서 노동계급에게 착취당하거나 노동계급을 부양하는 다른 계급은 없을 것이다. 그리고 대규모 산업과 경제·정치 권력의 중심지인 대도시들에 집중돼 있는 노동계급은 자신들의 위에 새로운 계급이 등장하지 못하게 막을 능력이 있다.

또, 노동계급은 생산뿐 아니라 통치도 할 수 있고, 따라서 진정으로 계급 없는 사회의 토대를 놓을 수 있을 것이다. 노동계급은 자신을 해방함으로써 인류를 해방한다.

노동계급의 이 혁명적 구실이 마르크스주의의 핵심이다. 마르크스의 철학·역사학·경제학·정치학이 모두 여기서 시작한다. 마르크스주의 '동조자'의 상당수를 포함해서 학자들과 논평가들이 가장 강력하게 거부한 마르크스의 주장이 바로 그것이다. "노동계급이 변했다"는 것은 그들의 낯익은 구호다.

노동계급이 변했다는 것, 노동계급의 직종·의복·봉급·국적·문화가 변했다는 것은 사실이다.

그러나 노동계급의 근본적 존재 조건은 변하지 않았다. 그들은 여전히 자본주의의 산물이고, 여전히 노동력을 팔아서 살아가고, 여전히 착취당하고 여전히 집단적으로 투쟁한다.

오히려 노동계급의 규모와 잠재력은 엄청나게 성장했다. 마르크스 시대에 프롤레타리아는 대체로 서유럽에 국한돼 있었지만, 오늘날은 브라질에서 한국까지 전 세계에 존재하며 투쟁하고 있다. 바로 그들이 사회주의의 토대이며 인류의 희망이다.

■ ■ ■

노동자 권력이란 무엇인가?

파업을 잘 하려면 현장 조합원들이 선출한 직장위원 등의 대표들로 이뤄진 파업위원회가 있어야 한다. 파업위원회는 피케팅과 블래킹*을 조직하고, 다른 노동자들의 지지를 이끌어 내는 일을 한다. 파업이 한 산업

---

* blacking. 파업 노동자들에게 연대하고자 해당 작업장의 상품·서비스 취급이나 협력 관계에 있는 노동 따위를 거부하는 활동. 1996년 한국의 노동법 개악 반대 파업 때 호주 항운노조가 한국 물품 하역 거부를 선언한 것이 이런 사례다.

전체, 나아가 다른 산업들까지 번지면 파업위원회는 파업에 참가한 모든 노동자의 대표들이 참여할 수 있도록 확대돼야 하고 임무와 책임도 그만큼 더 커질 것이다.

총파업이 일어나거나 대중 파업과 공장점거가 잇따라 일어나서 노동계급이 체제를 위협할 만큼 기세를 올리면, 이런 조직들이 수백 개는 있어야 할 것이다. 아울러 이 조직들이 새롭게 맡아야 할 일도 많이 생길 것이다. 즉, 시위를 준비하고, 생필품과 운송 수단을 확보하고, 공격에 맞서 파업 대열과 노동자 조직들을 지키고, 정부의 선전 공세를 맞받아칠 매체를 만들어 내고, 때로는 다른 쟁점을 둘러싸고 벌어지는 투쟁과 협력하거나 노동계급 거주지를 보호해야 한다.

이런 노동자 평의회(러시아 말로는 '소비에트')는 싸우다 보니 필요해서 생겨난 것이지, 이론가들이 추상적 계획에 맞춰 만들어 낸 것이 아니었다. 1905년과 1917년에 러시아에서 생겨난 소비에트, 1918~19년 독일 혁명 때 출현한 노동자 평의회, 또 1936년 스페인과 1956년 헝가리에서 나타난 노동자 평의회가 모두 그랬다.

1926년 영국 총파업에서는 실행위원회들이 생겨난 바 있다. 투쟁이 계속됐다면 이 조직들도 노동자 평의회로 발전할 수 있었을 것이다. 1980년 폴란드에서 나타난 '공장 연대 위원회'들은 그단스크의 조선소 점거 노동자들과 전국의 수백 개 작업장 노동자들을 연결하는 일을 했는데, 이 위원회들도 마찬가지 가능성이 있었다.

소비에트는 정부가 하는 여러 일을 맡아 하는 가운데 국가권력과 어깨를 나란히 하는 새로운 권력의 중심으로 자리 잡는다. 이 상황을 '이원(이중)권력'이라고 한다. 이원권력은 오래갈 수 없다. 1919년 독일이나 1981년 폴란드처럼 지배계급의 탄압으로 끝나거나 1917년 러시아처럼 노동자 혁명으로 끝난다.

이런 혁명에서는 부르주아 국가가 무너지고 새 국가권력(노동자 권력)의 기반이 되는 노동자 평의회가 그 자리에 대신 들어설 것이다. 마르크스는 노동자 권력을 '프롤레타리아 독재'라고 불렀다. 집단 대화와 토론이 가능한 노동자들의 작업장에서 선출되는 노동자 평의회는 노동계급의 이익을 직접 대변할 것이다. 작업장에서 열리는 대중 집회의 결정만 있으면 언제든지 대표들을 갈아 치울 수 있고, 모든 국가공무원과 마찬가지로 대표들도 노동자들의 평균임금 정도만 받을 것이다.

노동자 평의회는 공장위원회나 노동조합과 손잡고 모든 생산을 노동자들이 관리(통제)하도록 할 것이다. 호텔과 별장, 부자들의 대저택을 접수해 집 없는 사람들이 살 수 있도록 할 것이다. 모든 대형 언론사와 방송사도 노동자 조직들이 그들에 대한 대중의 지지도에 따라 관리할 것이다.

노동자 평의회는 지역사회에 어린이집, 유치원, 식당, 세탁소 등을 세워 여성이 지긋지긋한 집안일에서 벗어날 수 있게 할 것이다. 또, 대학교를 비롯한 각급 학교도 학교를 이용하는 사람들, 특히 학생들이 맡아서 관리할 것이다. 자본주의 국가와 달리, 고액 연봉이나 겉치레와 요란한 행사, 고급 자동차 같은 사치품, 흥청망청 돈을 물 쓰듯 하는 연회 따위에 엄청난 자원을 낭비하는 일은 단번에 사라질 것이다.

일하는 사람이라면 누구나 국가를 운영하는 일에 참여할 수 있게 된다. 새 국가는 노동자들을 무장시키고 노동자 시민군을 둬서, 반혁명 기도를 제압하는 데 필요한 힘을 동원할 수 있을 것이다. 그러나 혁명이 나라 안팎의 자본가들을 모두 물리칠 수 있을 만해져 그런 위험이 사라지면, 국가의 이 억압 기능은 사라지고 대중의 욕구를 충족하는 데 필요한 전체 주민의 조직만이 남게 되고 국가는 조금씩 시들 것이다.

노동자 권력의 참뜻은 바로 이것이다. 사회주의는 전체주의라느니 뭐니 하는 우파의 온갖 선전과는 반대로, 인류 역사상 최초로 보통 사람 누구나 자기 삶을 제 손으로 꾸려 나갈 수 있도록 해 주는 노동자 권력은 그 어떤 부르주아 의회보다 훨씬 더 민주적이다.

4장
사회주의란
무엇인가?

사회주의란 무엇인가?

'사회주의' 하면 사람들은 흔히 소련의 스탈린 억압 정치나 영국 노동당 정부나 그 밖의 '좌파' 정부들을 떠올린다. 말하자면, 사람들은 사회주의를 관료나 억압적 국가가 사회생활을 모두 통제하는 것, 또는 몇몇 개혁 조처들이나 국가가 좀 더 나서서 지금 상태를 손질하는 것쯤으로 생각한다.

이처럼 딱히 '이거다' 싶게 입맛 당기는 게 없을 때는, 참된 사회주의 사회에서는 사람들이 어떻게 살아가게 될지 속속들이 밝히고 싶은 생각이 굴뚝같다. 그렇지만 마르크스 자신도 그랬듯이, 마르크스주의자들은 사회주의 사회의 청사진을 그리려다 자칫 초점을 흐리거나 사람들을 잘못된 길로 이끌 수도 있는 일이라 그것을 삼가 왔다. 미래 사회가 참된 사회주의 사회라면, 오직 그 사회를 건설하는 노동자들만이 사회의 모양새가 어때야 할지 꼼꼼하게 결정할 수 있을 것이다.

그래서 마르크스주의자들은 자본주의에서 작용하는 추세와 동력에 대한 연구에서 과학적으로 이끌어 낼 수 있는 몇몇 일반 원리들을 밝히는 것에 머물렀다. 이런 원리들은 마르크스주의자가 생각하는 사회주의와 스탈린주의자나 개혁주의자가 망쳐 놓은 '사회주의'가 얼마나 다른지 뚜렷이 보여 준다.

마르크스주의자들은 사회주의의 근본 목적이 계급 없는 사회를 이루는 것이라고 본다. 그러나 그런 일은 단숨에 이뤄지는 것이 아니라 자본주의에서 비롯하는 기나긴 사회과정일 수밖에 없다. 그 출발점은 자본주의가 생산력을 발전시키는 경향(즉, 노동생산성을 높이고 생산수단을 점점 더 집중시키는 경향)이라 하겠다.

둘째로, 자본주의는 스스로 자신의 무덤을 파는 자를 낳는다. 그 이름은 노동계급인데, 이 계급은 자본의 성장과 함께 성장한다.

사회주의로 가는 결정적 첫걸음은 노동계급이 정치권력을 잡는 것이다. 즉, 자본주의 국가기구를 깨뜨리고 노동자 국가를 세우는 일이다. 마르크스는 이것을 '프롤레타리아 독재'라고 불렀다. 그가 말하고자 한 것은 노동계급에 대한 독재가 아니라 노동계급 자신이 사회를 다스린다는 것이었다. 1871년의 파리코뮌을 보고, 마르크스는 노동자 권력을 어떻게 세워야 하는지 하나하나 밝혔다. 입씨름만 하다 마는 의회를 실제로 일하는 기구로 교체하고, 모든 국가공무원을 선거로 뽑고 필요하면 소환할수 있게 하며, 어떤 공무원도 숙련 노동자의 임금보다 높은 봉급을 받지못하게 하고, 상비군을 없애고 노동자 시민군을 둔다. 러시아 혁명은 노동계급의 투쟁에서 직접 생겨난 노동자 권력의 조직 형태(소비에트, 즉 노동자 평의회)를 우리에게 보여 줬다.

국가권력을 잘 다지고 필연적인 자본가들의 반혁명 기도를 물리치고나면 노동계급은 계급 없는 완전한 사회주의 사회로 가는 길을 닦아야한다.

노동계급은 자신들의 권력을 가지고 주요 산업과 기업을 모두 거둬들여 사회의 소유로 돌리고 그것들을 노동자 관리 아래 둘 것이다. 또, 모든일하는 사람들이 힘을 모아 새로운 사회를 꾸려 나가게 된다. 그래야 경제를 민주적으로 계획할 수 있게 되고, 사회의 부가 엄청나게 늘어나게되며, 이렇게 늘어난 부로 사람들의 필요를 채워 줄 수 있게 된다.

또, 새로운 사회에서는 완전한 법적 평등이 자리 잡히고 집안일과 보육을 사회가 나눠 맡게 돼서 겉모습뿐 아니라 실속 있는 평등이 이뤄져 여성이 온갖 굴레에서 벗어날 것이다. 이 사회에서는 인종·성·민족에 따른 편견도 모두 사라질 것이다.

새로운 사회주의 사회에서는 현대 과학과 기술이 이룩한 크나큰 성과들을 잘 살려서 사람들이 위험하고 재미없는 데다 고되기만 한 일을 하지 않아도 될 것이다. 노동시간이 점점 줄어들고 사람들의 교육과 문화 수준이 높아질 것이다. 그러면, 특권을 누리는 전문가층이 설 땅도 사라지고 정신노동과 육체노동을 가르는 일도 없어질 것이다.

새로운 사회에서는 값을 치르지 않고도 손에 넣을 수 있는 재화와 서비스도 꾸준히 늘어날 것이다. 이렇게 해 가다 보면 화폐가 쓸모없어지고 분배는 "저마다 필요에 따라"라는 원칙대로 이뤄질 것이다.

이 모든 일은 혁명이 국제적으로 확산되는 것과 함께 이뤄져야 한다. 우리는 [1920년대] 러시아를 보고 사회주의로 옮아가는 것이 한 나라에서는 마무리될 수 없다는 교훈을 배웠다.

이런 일들이 이뤄지고 자본주의가 세계 모든 곳에서 무너져 내린다면, 우리가 사는 지구의 막대한 자원을 사람들의 필요에 맞게 쓸 수 있을 것이다. 억누르려는 사람도 없고 지켜야 할 특권도 없어진 이상, 국가는 사라질 것이다. 그리하여 인류 역사에서 바야흐로 새 시대가 열릴 것이다. 인류가 하나 되어 참된 자유를 누리는 새 시대가 다가오는 것이다.

■ ■ ■

사회주의 사회는 공상이 아니다

인류의 역사는 비참한 일들로 뒤덮여 있다. 착취와 억압, 야만적 잔혹

함, 반란과 진압, 전쟁의 공포. 이것들은 어쩌다 일어나는 일들이 아니다. 수천 년 동안 늘 있어 온 일들이다.

한편에서는 극소수가 당대에 누릴 수 있는 온갖 사치와 호사를 다 누리면서 살았다. 다른 한편에서는 대다수(가난한 사람들)가 그저 살아남기 위해 일생을 힘겹게 살아야 했다.

이것은 역사의 한 측면이다. 그러나 그것이 다는 아니다. 역사는 인류의 생산능력과 지식, 그리고 삶을 더 쾌적하고 자유롭고 인간답게 만들기 위해 자연환경을 길들이는 능력이 끊임없이 확대된, 인류 진보의 빛나는 행진이기도 하다.

중요한 점은 역사의 이 두 측면이 지금까지 떼려야 뗄 수 없게 맞물려 왔다는 것이다. 생산력은 눈부시게 발전해 왔고 과학과 기술은 경이로운 진보를 거듭해 왔지만, 그런 진보는 사람이 다른 사람에게 저지르는 잔인한 짓들을 줄어들게 하기는커녕 오히려 더 세련되고 완벽하게 만들었다. 세계 전체의 물질적 부는 엄청나게 늘어났건만 못 가진 자와 가진 자의 격차는 조금도 줄어들지 않았다. 오늘의 세계, 즉 현대 자본주의 세계에서는 이 오랜 모순들이 갈 데까지 간 모습으로 나타나고 있다. 한쪽에서는 백만장자, 억만장자들이 유행 따라 온갖 사치를 누리며 사는데, 다른 한편으로 콜카타, 상파울루, 마닐라에는 판자촌이 즐비하고 에티오피아에서는 수많은 사람들이 뼈만 앙상한 채 굶주리고 있다.

더욱이, 과학이 엄청나게 발전해 원자구조까지 밝혀냈는데, 그 지식을 끔찍하게도 핵무기를 만드는 데 쓰는 것이야말로 결정적 미친 짓이 아닐 수 없다.

예나 지금이나 마르크스주의가 다른 모든 이론이나 이데올로기와 다른 점이 있다면, 마르크스주의는 이 막다른 골목에서 벗어날 현실적 방도를 제시해 왔다는 점이다. 그것은 계급 구분을 철폐하고, 착취와 전쟁을 종식시키며, 세계 노동자들을 지긋지긋한 빈곤과 고된 일에서 해방하는 길, 인류가 진보를 향해 계속 나아가도록 하는 길이다. 여기서 핵심은 현실적이라는 말이다. 왜냐하면 마르크스주의 전에도 자유와 평등을 향한 갈망은 있었기 때문이다.

스파르타쿠스가 반란에 나선 뒤로 쭉 억눌린 자들은 억압에 맞서 반란을 일으켰고, 사상가들은 조화로운 사회를 꿈꿔 왔다. 다른 모든 종교가 그렇듯 기독교도 이런 소망들이 왜곡돼 표현된 것일 뿐이다.

마르크스가 한 일, 그것도 최초로 한 일은 과학이라는 바탕 위에 이런 소망을 바로 세운 것이다. 그는 인간의 해방이란 실제로 가능한 일이지만 그것은 어느 한 사람의 특별한 계획이나 신성한 영감을 바탕으로 하는 게 아니라 이미 사회에서 작용하고 있는 힘(세력)들과 추세들을 바탕으로 이뤄진다는 것을 보여 줬다.

특히, 마르크스는 자본주의가 다음과 같은 사회 세력을 스스로 만들어 낸다는 점을 지적했다. 그 세력이란 바로 노동계급인데, 이 계급이 처한 조건은 그들을 반란으로 몰고 가며 나아가 자본주의를 쓰러뜨리고 계급 지배의 모든 형태에 종지부를 찍을 능력을 준다는 것이다.

자유를 향한 노동자들의 투쟁이야말로 마르크스주의의 핵심이자 세계를 변화시키려는 사람들 모두에게 보내는 긴요한 메시지인 것이다. 레닌은 이 점을 다음과 같이 표현했다. "마르크스가 남겨 준 교훈의 요체는 사회주의 사회의 건설자로서 프롤레타리아의 세계사적 구실을 극명하게 밝혀 놓은 일이다."

■ ■ ■
"그러나 인간 본성은 바뀌지 않는 법 …"

그렇다면 앞에서 그려 본 사회주의에 반대하는 사람들이 가장 많이 입에 올리는 말은 무엇일까?

"사회주의가 잘될 리가 없지. 인간 본성이란 바뀌지 않는 법이야."

이 문제를 곧바로 살피기에 앞서, 언제 이런 말이 나오는지 알아보는 것이 좋을 듯하다. 보수적 생각을 가진 사람들은 억눌리고 빼앗긴 사람들이 들고일어날 때마다 언제나 인간 본성을 들먹인다. "전쟁? 그거야 인간의 몸에 싸움을 좋아하는 피가 흐르기 때문이지." "인종차별? 사람이란 원래 낯선 사람이나 자신과 다른 사람을 두려워하기 마련이지." "여성을 억누른다고? 그것도 사람이 그렇게 타고났기 때문이지. 남자와 여자는 서로 다르게 태어났잖아."

노예제도 한때는 인간 본성 때문이라고 여겨졌다. 흑인은 노예가 될 천성을 지녔다는 식으로 얘기됐던 것이다. 봉건제도 마찬가지였는데, 봉건 시대에는 이런 주장을 뒷받침하려고 흔히 하느님을 끌어다 붙였다. 다음과 같은 찬송가 가사를 들어 보라.

돈 많은 사람은 성에서 살고
가난한 사람은 성문을 지키네.
하느님은 높은 사람과 보잘것없는 사람을 만드시고는
분수에 맞게 살라고 하셨지.

한마디로 말해 누구는 영주가 되고 누구는 농노가 되는 게 하느님께서 주신 인간 본성이라는 것이다. 하느님께서 주신 것이든 아니면 다른 무엇이든 간에, '인간 본성'이란 늘 억압자들 마음에 쏙 드는 핑계거리였다.

그러나 변하지 않는 인간 본성이라고 할 만한 게 있을까? 사람에게 많든 적든 고정되고 변하지 않는 욕구가 있는 것은 틀림없다. 어쨌든 사람이 살아가자면 공기와 의식주 따위가 있어야 한다. 또, 성적·정서적 욕구도 있다. 그저 목숨만 이어 갈 뿐 아니라, 인간답게 살려면 서로 사귀고 정을 주고받고 사랑하며 어느 정도 자유를 누려야 한다. 그러나 이런 욕구들 때문에 사회주의에 조금이라도 문제가 생기지는 않을 것이다. 오히려 사회주의 사회라야 인간의 이 변함없는 욕구를 자본주의나 그에 앞선 어떤 사회보다 훨씬 더 잘 채워 줄 수 있을 것이다.

하기야 '인간 본성' 어쩌고 할 때 앞에서 든 것들을 말하는 것은 물론 아닐 것이다. 그런 말을 하는 사람들은 인간이란 '타고나기를' 자기만 알고 욕심이 많기 때문에 연대와 평등이 넘치는 사회를 이룰 수 없다고 말하고 싶어 한다.

이런 생각이 어디서 비롯했는지 알아 두자. 그 기원은 바로 기독교에서 말하는 원죄설이며, 따라서 과학과는 거리가 멀어도 한참 멀다. 하다못해 우리가 사는 사회에서도 "사람들이 자기만 안다면야 저럴 수 없지" 싶게 친절하고 너그럽고 남을 위해 몸을 아끼지 않는 모습을 자주 본다. 그러나 워낙 자본주의 사회가 이윤을 노린 생산에 바탕을 둔 사회다 보니 느느니 욕심이요 모질지 않고는 살아가기 힘들기 때문에, 사람 됨됨이에서 좋은 점들은 자꾸 빛이 바래고 만다.

그러니까 문제의 핵심은 사람들이 어떤 사회, 어떤 물질적 조건에서 살아가는지에 따라 사람 됨됨이도 저마다 달라진다는 것이다. 마르크스가 옳게 지적했듯이, 인간 본성이란 바로 "사회관계들이 한데 어우러진 것(총체)"이다. 이것은 서로 다른 사회에서 사는 사람들이 저마다 '본성적'이라고 생각하는 것이 크게 다른 것만 봐도 잘 알 수 있다.

아메리카 원주민에게는 개인이 토지를 소유한다는 것이 '본성적이지 못한' 일이었다. 18세기의 지주는 토지 사유를 인간의 가장 기본적인 권리로 여겼다. 고대 그리스인들은 동성애를 가장 아름다운 사랑으로 여겼다. 빅토리아 시대의 영국 남성들은 동성애를 차마 눈뜨고 못 볼 것으로 생각했다. 정통 힌두교 신자들은 몇백 년 동안이나 결혼 상대자는 으레 집안 어른들이 정해 주는 것이려니 했다. 서구 사람이라면 열에 아홉이 그것을 '본성에 맞지 않다'고 생각할 것이다. 사회를 바꾸라. 그러면 '인간 본성'도 바꿀 수 있다.

환경이 바뀌면 사람도 바뀐다는 것은 중요하다. 그렇지만 그것만이 아니다. 마르크스의 말에서 더 귀담아들어야 할 대목은 사람이란 환경을 바꿔 가는 과정에서도 뭔가 달라진다는 점이다. 파업을 생각해 보라. 파업은 흔히 노동자들이 임금을 더 많이 받으려 하기 때문에 시작된다. 그러나 파업을 하다 보면 흔히 연대감과 집단의 자부심이 높아지고 이것이 처음에 들고나온 문제만큼이나 중요해진다.

혁명이란 일종의 한바탕 크게 벌어지는 파업이다. 혁명이 일어나면 수많은 사람들이 처음으로 들고일어나 사회를 자기 손으로 꾸려 간다. 새싹이 자라나듯 그들의 '인간다움'도 조금씩 자기 모습을 찾아간다. 마르크스는 다음과 같이 말했다. "혁명 없이는 지배계급을 몰아낼 수 없기 때문에, 또 지배계급을 타도하는 계급이 오직 혁명을 통해서만 자신의 몸에 눌어붙은 지난 시대의 더러운 얼룩을 깨끗이 씻어 내고 새 사회의 주인공으로 다시 태어날 수 있기 때문에 혁명은 필요하다."

경영인은 꼭 있어야 할까?

"노동자들이 경영을 한다고? 그래서야 일이 제대로 돌아갈 리가 있나. 노동자들은 무식해서 기업을 운영할 수 없어. 언제나 경영자가 있어야 한다구."

사회주의를 반대하는 사람들이 흔히 하는 말이다. 이런 말에는 몇 가지 요소가 섞여 있다. 사람들은 흔히 노동자들에 대해서 어떤 편견을 갖고 있기 때문에 그런 말을 한다. 중간계급 사람들 사이에 이런 편견이 널리 퍼져 있고, 지배계급 사람이라면 너 나 할 것 없이 이런 편견에 물들어 있으며, 불행하게도 노동자들 자신도 이런 편견에 사로잡혀 있을 때가 적지 않다. 그러나 거기에는 또한 진짜 문제, 풀 수 없는 문제는 아니지만 어쨌든 문제임에는 틀림없는 쟁점도 담겨 있다.

먼저 편견부터 살펴보자. 노동자라면 누구나 자기 위에 버티고 선 경영진보다 생산과정을 더 잘 안다. 노동자들이 모이면 훨씬 더 그렇다. 따지고 보면, 실제로 작업을 하는 사람들은 바로 노동자들이기 때문이다. 직장·반장이나 감독관, 관리자가 주로 하는 일은 노동자들에게 작업을 어떻게 하라고 일러 주는 것이 아니라, 어떻게든 노동자들이 더 열심히 일하게 만드는 것이다. 그런 직책이 '필요'한 이유는, 착취에 바탕을 둔 체제에서는 소외된 노동을 노동자들이 되도록 적게 하려 들 수밖에 없기 때문이다. 경영과 관련된 다른 많은 '특수한 기술', 즉 광고, 마케팅, 다른 회사 경영진에게 술과 식사를 대접해서 계약을 따내는 일, 생산계획을 짜는 일, 파업과 노사분규를 '솜씨 있게 다루는 일' 등도 생산이 자본주의에 바탕을 두다 보니 필요해진 것들이다.

봉건시대의 결투가 지금은 쓸데없는 것이 돼 버렸듯이, 사회주의 사회에서는 그런 특수한 기술이 아무짝에도 쓸모없게 될 것이다.

또, 노동자들에게는 기업 경영에 필요한 지식이 모자란다지만 그 지식이란 것도 알고 보면 거의 모두 노동자의 능력 부족과는 아무 관계가 없다는 점도 꼭 짚고 넘어가야 한다. 노동자들이 경영에 대해 잘 모르는 이유는 사용자들이 으레 노동조합원이나 직장위원 등이 뭐가 어떻게 돌아가는지 알게 되면 '좋을 게 없다'고 생각하고는 노동자들에게 감추는 것이 많기 때문이다.

노동자에 의한 관리를 가로막는 가장 큰 장애물은, 자본가의 권력을 제외하면, 노동자의 무식이 아니라 자신의 능력에 대한 확신의 부족이다. 그도 그럴 것이 학교, 언론, 국가 관료를 비롯한 자본주의 체제 전체가 노동자가 자신감을 갖지 못하게 막고 있다.

그러나 노동자가 주인 되는 세상을 위한 싸움, 즉 혁명이야말로 이런 걸림돌들을 남김없이 제거할 것이다. 혁명이 일어나면 노동자들은 자기 힘을 깨닫는다. 자신감도 용솟음친다. 자본가의 국가를 쓰러뜨리고 나면, 노동자들은 대기업을 경영하는 일도 그다지 어려워하지 않게 될 것이다.

편견에 대해서는 이쯤 해 두자. 그렇다면 진짜 문제는 무엇일까? 계급사회는 육체노동과 정신노동을 갈라놓는다. 자본주의는 둘 사이의 골을 더욱 깊게 한다. 더구나 자본주의 사회에서는 생산이 셀 수 없이 많은 자잘한 반복 공정들로 나뉘고 서로 다른 노동자들이 그것들을 맡아서 한다. 그러다 보니 노동자들은 생산과정을 빠짐없이 잘 알 만한 과학·기술 지식을 갖지 못하기 마련이고, 따라서 혁명이 일어나도 그런 지식을 바로 갖출 수는 없을 것이다. 따라서 노동자 권력이 갓 세워진 때에는 일반 노동자에 견줘 훨씬 특권을 누리는 전문 기술자 가운데 많은 사람이 여전히 필

4장 사회주의란 무엇인가?

요할 것이다. 어쩌면 그들의 협력을 얻기 위해 그들이 약간의 특권을 계속 누리게 해 줘야 할지도 모른다.

그리 되면 노동자들이 관리할 수 있는 가능성이 줄어들게 될까? 아니다. 왜냐하면 '전문가'들이 남아 있더라도, 그들은 노동자들의 관리 아래 일하게 될 것이기 때문이다. 자본주의 사회에서 전문가들이 보수를 많이 받는다지만, 그들이 직접 기업을 경영하는 것은 아니다. 기술 지식은 보잘것없을지 몰라도 전문가들이 이윤을 올리는 데 얼마나 기여하는지에 따라 그들의 점수를 매기는 데는 귀신인 경영자들과 사용자들을 위해 그들은 일한다. 노동자 권력이 세워져도 전문가들은 여전히 경영자와 사용자를 위해 일하게 될 테지만, 그때는 선거로 뽑은 공장평의회가 경영진이 되고 노동자 국가가 사용자가 될 것이다. 이런 기구들은 기술 지식은 모자랄 수 있어도, 전문가들이 사회의 필요에 얼마나 기여하는지에 따라서 전문가들이 하는 일을 평가할 것이다.

따라서 노동자 관리란 공상이 아니다. 실제로 영국이나 세계 산업의 현 상태를 볼 때, 남은 길은 오직 하나 노동자 관리뿐이다.

■ ■ ■
"사회주의 사회는 사람들을 다 똑같이 만들어 버릴 거야 …"

"사회주의 사회에서는 개성이라곤 찾아보려야 찾아볼 수 없을 거야." "사회주의는 사람들을 다 똑같게 만든다구. 얼마나 숨이 막힐까." "사회주의는 개인이 선택할 자유를 부정한다구."

사회주의자라면 누구나 귀에 못이 박히게 들어 봤음 직한 볼멘소리들이다. 이 문제를 다루기 전에 잠깐 자본주의가 이 문제에 어떻게 답해 왔는지 살펴보자. 자본주의를 두둔하는 사람들은 언제나 말한다. 자본주의 사회는 개성과 개인의 자유를 가장 소중히 여기고 그것을 지켜 왔노라고.

그러나 실제로는 어떤가? 자본주의 사회에서 개성을 마음껏 꽃피운 것은 언제나, 특권을 누리는 소수였다. 교복과 주입식 교육에서 군복과 군사훈련까지, 연립주택과 고층 빌딩에서 생산 라인과 줄지어 늘어선 타자수 집단까지, 자본주의가 노동계급에게 강요하는 것은 바로 숨 막힐 듯한 획일성이다. 예술과 오락과 스포츠에서도 사정은 마찬가지다. 자본주의는 대중을 구경꾼으로 만든다. 열에 아홉 사람은 대중매체가 만들어 낸 몇몇 '스타'들이 노는 모습을 멍하니 바라보는 노릇밖에 못 한다.

이 모든 일은 체제의 기본 특성 때문에 빚어진다. 체제는 계급들을 갈라놓고 이윤을 위한 생산을 조직한다. 지배계급에 드는 사람은 극소수뿐이므로 다수인 노동계급이 집단 순응 상태에 묶여 있어야만 체제가 유지될 수 있다. 생산이 이윤을 올리는 데 매달리도록 조직되므로, 수많은 개개인의 창조적 노동은 개성과 창조성을 빼앗긴 채 그저 그에 상응하는 시간의 추상적 노동력으로 바뀐다. 경쟁에 쫓기는 자본가는 노동자들을 사람 취급하기는커녕 그저 대차대조표의 한 항목이나 기계의 부속품처럼 다룰 수밖에 없다. 자본주의가 말하는 개인주의는 언제나 기업인들의 개인주의였을 뿐이다. 그들은 사회의 필요는 아랑곳하지 않고 노동자들을 쥐어짜 자본을 늘리는 자유를 누려 왔다.

그러나 이런 개인주의조차 이제는 대부분 과거의 일이 되고 말았다. 관료화한 대기업이 지배하는 시대에는 자본가 경영자도 축적 장치의 나사일 뿐이다.

스탈린주의 체제가 유력한 특징인 소련이 개인의 자유를 모두 박살 낸 '사회주의' 사회의 전형처럼 언제나 들먹여져 왔다. 그러나 소련은 사회주의 사회가 아니라 국가자본주의 사회일 뿐이다. 그것도 자본주의에 깃든 반反개인주의 경향이 극단적으로 표현된 가장 중앙집권적 착취 형태가 존재하는 사회다.

마르크스주의자들이 개인주의를 덮어놓고 반대하는 것은 결코 아니다. 부르주아지가 아닌 사람들을 희생시키는 부르주아 개인주의에 반대할 뿐이다. 사회에 이바지하는 개인주의, 사회생활을 더욱 다양하고 활기차고 인간답게 만드는 개인주의라면 우리 모두 지지한다.

사회주의의 출발점은 노동자들의 집단행동이다. 그러나 그런 집단행동은 아울러 그것에 참여한 노동자 하나하나의 활동과 자유의 폭을 넓혀 준다. 그런 집단행동은 노동자 한 사람 한 사람이 자기 요구를 주장하고, 권리를 지키며, 대차대조표의 항목 취급을 단호히 거부하고 자기 삶의 주인이 될 수 있게 해 주는 수단이다.

사회주의 혁명이 성공하면 개인의 자유는 이중으로 신장된다. 노동자 평의회에 참여함으로써 노동자는 저마다 사회를 운영하는 데 직접 참여할 것이다. 노동자들이 생산수단을 통제하게 되면 노동자들 손으로 작업 환경을 만들 수 있을 것이다. 피임 기구와 낙태·보육 시설이 제대로 제공되면 여성은 아이를 가질지 말지를 자기 뜻대로 선택할 수 있을 것이다. 모든 사람이 일자리를 갖고 같은 보수를 받게 되면, 경제적으로 기댈 곳을 찾아서 결혼하거나 성관계를 맺는 게 아니라 자유로운 선택에 따라 성관계를 맺을 것이다.

빈곤이 사라지고 노동시간이 크게 줄어들어 사람들은 자기 재능을 마음껏 계발할 수 있게 될 것이다. 사회주의를 위해 싸우는 주된 이유

하나는, 마르크스가 《공산당 선언》에서 말했듯이, "개인의 자유로운 발전이 사회 전체의 자유로운 발전을 위한 조건이 되는" 사회를 만들자는 것이다.

사회주의는 가능하다*

자본주의가 고장 났다. 그럼 대안은 뭐지? 지난 몇 달 동안 신용 경색, 금융 붕괴, 경기 침체가 정신없이 이어지는 것을 지켜본 전 세계 수백만, 어쩌면 수억 명의 사람들이 마음속으로 이런 질문을 한번쯤 해 봤을 것이다. 그러나 이들 대다수에게 익숙한 대답, 즉 정치인, 언론, 학자들이 떠들어 대거나 대다수 사람들 자신의 경험에서 나오는 대답이 '자본주의의 대안은 없다'라는 게 문제다. '신'케인스주의자, 고든 브라운, 어쩌면 버락 오바마도 제시하는 모종의 수정자본주의 말고 자본주의 자체의 대안은 없다는 것이다.

그러나 자본주의의 명쾌하고 분명한 대안으로 사회주의가 제시된 것은 벌써 160년 전 일이다(카를 마르크스와 프리드리히 엥겔스가 《공산당 선언》을 쓴 1848년이다). 사회주의는 매우 이해하기 쉽고, 자본주의와 견주면 극히 단순하다. 사회주의는 사회적·집단적 소유, 주요 생산수단(토지, 공장, 기업, 은행 등등)에 대한 통제, 이윤이 아니라 인간의 필요에 따른 생산, 계급 분열의 철폐를 뜻한다.

---

* *Socialist Review*, January 2009.

많은 사람들이 사회주의를 대안으로 받아들이지 않는 것은 그것이 너무 복잡하거나 이해하기 어려워서가 아니라 단지 너무 이상적이라서 현실이 될 수 없다고 생각하기 때문이다. 사람들은 대부분 자본주의 사회에서 억눌리고 자신감을 잃다 보니 사회주의처럼 명백히 합리적이고 훌륭한 대안이 현실에서는 결코 가능하지 않을 것이라고 믿게 된다. 우리 삶이 그와 한참 동떨어진 것만 봐도, 틀림없이 어딘가 문제가 있을 것이란 식이다.

이 글에서 내가 주장하려는 바는 다음과 같다. 첫째, 사회주의는 너무 이상적이라서 현실이 될 수 없는 게 아니라, 오히려 사회를 운영하는 지극히 합리적이고 현실적인 대안이다. 둘째, 자본주의 사회에서 널리 받아들여지는 이데올로기 때문에 우리 머릿속에서 자연스럽게 떠오르는 사회주의에 대한 다양한 반론들은 사실은 현실과 거리가 멀고 심지어 얼토당토않은 것들이다. 내가 얼토당토않다고 말한 까닭은, 사람들은 흔히 편견에 사로잡혀 있을 때 논의해 보나 마나 너무 뻔하다고 생각하는데 그 편견이라는 것이 사실은 터무니없을 뿐 아니라 실천의 검증을 받는 순간 연기처럼 사라질 것들이기 때문이다.

예컨대 1963년 브리스틀에서는 흑인 노동자의 버스 운전을 허용할지를 두고 한바탕 논쟁이 있었다. 일부 인종차별주의자들은 흑인이 버스 운전에 필요한 순발력이 부족하다고 주장했다.(펠레와 무함마드 알리를 보고도 그런 말을 하다니!) 1974년 안젤라 리폰이 여성 최초로 〈BBC〉 '9시 뉴스' 정규 진행자가 되기 전에는, 일부 구닥다리 여성차별주의자들의 주장처럼 '사람들은 여성이 보도하는 뉴스를 진지하게 받아들이지 않을 것'이라는 생각이 팽배했다. 인종이나 성에 따른 노골적 차별이 사라지면서 이런 주장들도 자취를 감췄다.

인간 삶에서 가장 기초적인 부분, 즉 먹고사는 문제에서 출발해 보자. 오늘날 세계는 역사상 그 어느 때보다 높은 생산성을 자랑할 만큼 풍족하다. 그러나 유엔이 발표한 통계를 보면, 오늘날 9억 6300만 명이 기아와 아사 공포에 시달리고 있고 매일 약 2만 5000명(대부분 아이들)이 기아나 기아 관련 질병으로 죽어 간다. 식량이 부족해서 일어나는 일일까? 결코 그렇지 않다.

'식량·개발 정책 연구소 — 푸드퍼스트'라는 싱크탱크가 발표한 보고서를 보면, "오늘날 지구상 모든 사람에게 매일 3500칼로리씩 제공할 수 있는 밀과 쌀 등 곡물이 생산된다. 이 수치는 심지어 사람들이 흔히 먹는 식품, 예컨대 채소, 콩, 견과류[호두, 밤 등], 근채류[무, 감자 등], 과일, 쇠고기, 생선 등은 제외한 것이다. 전 세계에서 1인당 하루 최소 4.3파운드[약 2킬로그램]의 음식, 즉 곡물·콩·견과류 2.5파운드[약 1킬로그램], 과일과 채소 1파운드[약 0.5킬로그램], 고기·우유·계란 1파운드를 제공할 수 있을 만큼 충분한 식량이 생산된다. 대다수 사람들을 비만으로 만들 수 있을 정도도! 심지어 세계에서 가장 심각한 '기아국'들도 대부분 지금 당장 자국민을 모두 먹여 살릴 수 있을 만큼 식량을 갖고 있다. 이들 중 상당수가 농산품 수출국이다."

교통수단이 문제일까? 기아에 허덕이는 사람들은 식량을 전달받지 못할 만큼 외딴 곳에 살고 있는 것일까? 오히려 굶주림에 고통받는 사람들 상당수는 콜카타나 리우데자네이루, 다카 같은 대도시에 산다. 이런 도시에는 비행기가 때때로 여행객들을 싣고 매일 오간다. 심지어 이들이 농촌의 난민 캠프에 거주할지라도 TV 카메라와 기자들은 원할 때 언제든 그곳에 간다. 폭탄을 실은 폭격기들은 지구 어디든 날아간다. 그런데 식량은 안 된다는 게 말이 되는가?

4장 사회주의란 무엇인가?

아이들 수천 명이 굶어 죽든 말든 사람들이 관심이 없기 때문일까? 그러나 이것은 현실과 거리가 멀다. 유엔만 보더라도 이런 문제에 "관심 있는" 사람들로 가득하다. 또 옥스팜과 세이브더칠드런처럼 이런 문제에 관심 있는 사람들의 기부로 운영되는 국제 구호단체도 많다. 가난한 나라에 가 보면 기아 문제를 해결하려고 애쓰는 NGO들이 셀 수 없이 많다. 그런데도 기아와 영양실조는 계속된다. 도대체 왜? 어디든 기아 문제를 다루는 웹사이트에 가 보면 한 가지 대답만을 볼 수 있을 것이다. 유엔 산하 모든 기관과 구호단체도 이 대답에 동의할 것이다. 바로 가난이다. 사람들은 가난해서, 필요한 식량을 살 돈이 없어서 굶주린다는 것이다.

그러나 이것은 전체 그림을 보여 주지 않는다. 자식 넷을 둔 부모가 창고에 식량을 가득 쌓아 놓고도 자식 하나가 음식을 살 돈이 없다는 이유로 굶어 죽도록 내버려 둔다면 이런 부모를 도대체 어떻게 봐야 할까? 실제로 가난이 기아를 낳을 수밖에 없는 데는 구호단체 웹사이트에서 볼 수 있는 대답과는 다른 이유가 있다. 그것은 식량이 자본주의 사회의 다른 모든 것과 마찬가지로 상품이라는 사실, 시장에서 판매해 이윤을 얻으려고 생산되는 상품이라는 사실 때문이다.

사회주의는 이처럼 어려워 보이는 기아 문제를 가장 손쉽고 합리적인 방식으로 해결할 것이다. 즉, 식량을 상품으로 보지 않고 모든 사람이 충분한 영양을 섭취할 수 있도록 그저 잘 분배하기만 해도 이 문제로 고통받는 가정은 없을 것이다.

그러면 어떻게 될까? 굶주리는 아이가 더는 없을 것이다. 영양실조로 불룩 튀어나온 배도, 생기 없는 얼굴로 멍하니 쳐다보는 눈빛도 사라질 것이다. 초착취 공장에서 12시간씩 일하는 아이도, 길거리에서 죽어 가는 노인도, 먼지 가득한 거리를 기어 다니는 거지도 없을 것이다. 오늘날 인간이 겪는 엄청나게 많은 고통이 사라질 것이다. 설사 사회주의의 성과가 이것뿐이라 해도, 이것 하나만으로도 얼마든지 사회주의의 정당성을 입증할 수 있을 것이다. 그러나 여전히 사회주의는 너무 이상적이라서 현실이 될 수 없다. 틀림없이 어딘가 문제가 있을 것이다!

바로 이 지점에서 마치 우리 머릿속에 미리 입력돼 있기라도 한 것처럼 '표준적 반론'이 제기된다. 만약 식량이 무료로 분배된다면, 사람들이 열심히 일할 동기를 잃게 되지 않을까? 사람들이 모두 일을 멈추진 않을까? 현실은 그렇지 않다. 지금 이 글을 읽는 사람들 중 문자 그대로 굶주린 적이 있는 사람은 별로 없을 것이다. 영국에서 그런 사람은 극소수다. 그러나 우리는 모두 일하기를 멈추지 않았다. 진실은 오히려 정반대다. 만일 여러분이 굶주리고 있다면, 곧 일할 능력을 잃게 될 것이다. 훌륭한 식단에 충분한 영양을 섭취하는 사람들이 그러지 못하는 사람들보다 더 생산적으로 일한다.

굶주리는 사람들에게 음식을 나눠 주면 두 가지 주요 '문제'가 생긴다. 첫째는 거대 기업들이 더는 식량을 통해 막대한 이윤을 얻지 못할 것이고, 둘째는 식량 분배가 가능하다면 다른 것, 예컨대 주택 같은 것도 분배할 수 있을 것이다.

주거는 인간이 사는 데 필요한 기본 요소다. 그러나 심지어 미국처럼 세계에서 가장 부유한 나라의 가장 부유한 도시들에서도 노숙자는 흔히 볼 수 있다. 영국 런던도 마찬가지다. 가난한 나라들의 거대 도시에 있는 빈민가나 판자촌에 가 보면, 문제는 정말 심각하다.

사회주의적 계획은 이 문제를 아주 간단히 해결할 것이다. 예를 들어, 영국을 살펴보자. 엄밀히 말해 영국에 주택이 부족한 것은 아니다. 사람들이 구입할 수 있는 값싼 주택이 부족할 뿐이다. 무주택자 문제를 즉각

　　　　　　　　　　　　　　　4장 사회주의란 무엇인가?

해결하려면 빈집과 대저택, 부자들의 잉여 주택을 몰수해 분배하면 된다. 영구적 대안을 떠올리기도 어렵지 않다. 인구조사를 활용해 인구 대비 주택 수요를 예측하고(이미 이와 같은 일이 실시된 바 있다) 공공 주택 건립 계획을 세운다. 벽돌공, 목수 등 건설 노동자들을 대거 고용해 실제 필요한 것보다 약간 더 많은 주택을 짓는다. 모든 아이가 학교에 다닐 권리를 갖고 국민보건서비스NHS가 모든 시민에게 무상으로 의료 서비스를 제공하는 것과 마찬가지로 모든 가정이나 개인이 작지만 질 좋은 주택을 공급받는 것을 기본 권리로 규정한다. 다시 말해 주택을 상품으로 보지 않고 사람들의 필요에 따라 분배한다.

똑같은 원칙을 교통수단에도 적용할 수 있다. 오늘날 교통 체계는 완전히 뒤죽박죽이다. 물론 기술적으로는, 전 세계 사람들이 역사상 그 어느 때보다 효율적으로 이동하는 것이 가능하다. 그러나 자본주의 교통 체계는 비효율적일 뿐 아니라 파괴적이기까지 하다. 오늘날 주된 교통수단은 자가용인데, 자동차 보유가 너무 보편화한 나머지 도로는 꽉 막혀 버렸고 (심지어 런던을 한 바퀴 도는 데 걸리는 시간이 19세기에 마차를 이용했을 때와 별반 다르지 않다) 자동차 배기가스는 지구온난화의 주범이다.

사회주의적 해결책은 명백하다. 각종 교통수단이 연결된 무료 대중교통 체계를 구축하는 것이다. 그러려면 화물을 운송하고 도시를 연결할 철도를 대거 확충해야 한다. 철도가 자가용이나 트럭보다 더 빠를 뿐 아니라 비용 절감 효과도 크고 더 친환경적이기 때문이다. 도심에서는 전차와 버스, 지하철, 모노레일, 미니버스, 자전거 등을 결합한 형태가 될 것이다. [대중교통 체계의] 세부 사항이 중요한 것은 아니다. 오히려 중요한 것은, 사람들에게 제공되는 대중교통이 충분히 넓은 지역을 포괄하고 효과적이라면, 도시에서 자가용과 그것이 불러온 각종 문제, 예컨대 주차난, 교통

체증, 교통사고, 석유 연료와 공해 등이 없어질 것이란 점이다(대중교통이 충분히 확장될 수만 있다면 농촌에서도 마찬가지 효과를 거둘 수 있을 것이다).

이런 식으로 나는 무상 의료나 무상 교육과 마찬가지로 음식·주택·교통수단도 무료로 제공할 수 있다고 생각한다. 여기서 불가피하게 제기되는 문제가 있다. "이 모든 비용을 어떻게 대지?" 최근 몇 달 사이 파산 직전의 은행을 구하는 데만 천문학적 돈이 쓰인 상황에서, 이 질문은 별로 심각하게 여겨지지 않는다. 그렇지만 현재 상황과 상관없이 우리가 이 문제를 얼마나 깊이 사고하느냐에 따라 두 가지 대답이 있을 수 있다. 첫째는 간단히 세금으로 충당하는 것이다. 오늘날 국민보건서비스와 공교육, 군사비와 전쟁 비용이 모두 세금에서 나가는 것처럼 말이다. 만약 음식·주택·교통수단이 모두 무료로 제공된다면, 사람들이 세금으로 낼 돈도 확실히 더 많아질 것이다.

그러나 좀 더 깊이 생각해 보면, 우리는 돈 자체가 부·상품·서비스를 만들어 내지는 않는다는 점을 떠올리게 된다. 오직 자연에 인간의 노동이 더해질 때만 가치가 만들어진다. 돈은 단지 상품이 된 제품과 서비스를 교환하는 수단일 뿐이다. 상품으로 취급되는 제품과 서비스가 줄어들수록, 돈의 구실도 점점 줄어들 것이다. 사회주의는 상품 생산이 궁극적으로 사라질 때까지 그것을 체계적으로 줄여 나갈 것이다. 따라서 진정한 문제는 다음과 같은 것이다. 사회가 모든 구성원을 먹여 살릴 만큼 식량을 생산하고 분배하는 데, 모든 구성원에게 부족함 없이 주택을 제공하는 데, 모든 구성원의 이동에 필요한 기차·전차·버스 등을 만들고 운영하는 데 필요한 노동을 투입하는 것이 가능한가? 우리는 이미 이와 유사한 일을 하고 있기 때문에 그것이 가능하다는 사실을 알고 있다.

4장 사회주의란 무엇인가?

그러나 이처럼 집단적으로 소유한 산업들을 어떻게 운영할 것인가? 기껏해야 생각 없이 위에서 시키는 일만 하거나 최악의 경우 괴물 같은 독재자가 돼 버릴 국가 관료들이 엄청나게 필요하지 않을까?

한편에 스탈린의 러시아와 김일성의 북한이 있고, 다른 한편에 영국철도와 국민보건서비스가 있는 20세기의 국가 소유·계획의 역사를 돌아보면, 이것은 자연스럽고 또 중요한 질문이다. 그리고 이 질문에 대한 대답은 우리가 사회주의적 대안이라고 부르는 것의 핵심과 연결돼 있다.

민주적이지 않거나 대중의 능동적 참여를 이끌어 내지 못하는 사회주의적 계획은 사회주의도 아니고 제대로 작동하지도 않을 것이다. 여기서 다시, 오랫동안 자본주의에 길들여진 우리 머릿속에서 보수적 이데올로기가 튀어나와 다음과 같이 주장할 것이다. "사회주의는 가능하지 않아. 평범한 사람들, 노동계급은 사회를 운영할 수 없어. 그들은 그럴 만큼 똑똑하지 못해. 제대로 교육받지도 못했고 경영하는 법을 배운 적도 없으니까. 게다가 늘 그렇듯 누군가 지도적 위치에 올라 제 잇속만 차리게 될 거야."

노동자들의 능력을 확인하려면 아무 데나 여러분 주위의 직장을 한번 살펴보라. 경영자가 아프거나 휴가를 가서 자리를 비우면, 그 회사의 업무가 멈추던가? 당연히 그렇지 않다. 노동자들이 일을 어떻게 해야 하는지 알기 때문이다. 몇 년 전, 내가 학생들을 가르치는 대학교에서 부총장*이 부패 혐의로 직위 해제됐다가 결국 해고된 일이 있었다. 그래서 그의 후임자가 오기 전까지 그 자리에 공백이 생겼다. 그렇지만 우리 대학은 아무 문제 없이 잘 운영됐다. 반면, 대학에서 (청소부 다음으로 낮은 봉급을 받

---

* 영국의 대학 총장은 일종의 명예직이고 부총장이 한국의 대학 총장과 같은 구실을 한다.

는) 경비원이 일을 하지 않는다면, 대학 전체가 마비될 것이다. 아침에 문을 열지도 못할 테니까 말이다.

일부 사람들이 지도적 지위에 올라 권력을 남용한다면, 그것은 분명 문제다. 그러나 이런 문제가 발생하는 것은 인간 본성 때문이 아니다. 사회주의를 건설해야 하는 사람들이 성자나 천사가 아니라, 자본주의 사회에서 나고 자란 사람들이기 때문이다. 따라서 이 문제의 해법은 그런 개인들을 통제하고 필요하다면 그 자리에서 끌어내릴 수 있는 제도를 발전시키는 것이다. 최초로 노동자 권력을 진지하게 실험한 1871년 파리코뮌 이래로 우리는 이 제도가 어떤 것인지 잘 알고 있다. 즉, 모든 공직자는 선출돼야 하고 소환될 수 있으며 노동자 평균임금을 받는다는 것이다. 또우리는 러시아 혁명의 경험을 통해 이런 제도는 집단적 토론이 가능한 작업장 등의 기관에서 이뤄지는 선거에 바탕을 둬야 제대로 작동한다는 사실을 배웠다.

이 점이 바로 1905년 러시아 혁명 당시 페테르부르크 노동자들이 자발적으로 만든 최초의 소비에트, 즉 노동자 평의회가 기여한 바였다. 1917년 10월 혁명과 뒤이은 투쟁을 통해 소비에트는 노동자들이 사회 전체를 통치하는 정치권력을 구축하는 데 필요한 가장 중요한 기구라는 점이 거듭거듭 드러났다. 그리고 이것이 내가 지금까지 얘기한 모든 것의 출발점이다.

굶주림에 지친 사람들을 먹이고, 무주택자들에게 집을 제공하고, 불평등과 계급 분열을 없애고, 경제를 민주적으로 계획하고, 지구온난화를 막고, 국제적 평화와 단결을 확립하는 등 사회주의가 가져올 모든 변화가 가능하려면 먼저 노동계급이 혁명으로 자본주의를 전복해야 한다. 이 혁명은 처음에 한 나라에서 시작하겠지만 곧 전 세계로 퍼져 나갈 것이다.

4장 사회주의란 무엇인가?

노동자 평의회는 혁명을 실현하는 핵심 요소다. 이것은 자본주의 체제에서 자본가에 맞선 노동자들의 투쟁을 조직하는 기구로 출발해 대중 파업과 공장점거를 거치며 성장한다. 그리고 자본주의 국가에 맞선 대안 권력의 중심으로 발전해 결국 혁명의 결정적 국면에는 자본가 권력을 대체해 노동자 권력을 수립한다. 현대 세계경제에서 노동계급이 차지하는 객관적 지위에 바탕을 두고 만들어지는 이 권력은 또한 수많은 사람들의 창의적 에너지와 재능을 해방시키고 결집할 것이다. 일단 노동자 권력이 수립되면, 더 나은 세계는 가능성에 머물지 않고 현실이 될 것이다.

■ ■ ■
왜 혁명이 필요할까?[*]

엥겔스는 마르크스 추도사에서 "마르크스는 무엇보다 혁명가였다"고 말했다. 그러나 왜 '혁명'일까? 그리고 마르크스주의자들이 말하는 '혁명'은 어떤 것일까?

혁명은 위험한 사건이다. 혁명이 일어나면 사람들, 특히 노동자들이 죽는다. 그리고 혁명은 잘못되기 십상이다(프랑스 대혁명, 러시아 혁명, 중국 혁명의 결과를 보라). 엄청난 희생이 뒤따랐고, 결국은 혁명 전과 비슷하거나 더 악독한 폭정 체제가 들어섰다. 게다가 혁명이 일어날 가능성도 별로 없어 보인다. 여러분이 실제로 만나는 노동자의 대다수는 전혀 혁명적이지 않다. 그들은 혁명보다 TV와 월드컵에 관심이 더 많다.

---

[*]   2006. 6. 27.

그렇다면 제체를 소금씩 변화시키려고 노력하는 것(노동조합과 의회 활동을 통해서 노동자의 생활수준을 높이고 노동자에게 이로운 개혁들을 쟁취하는 것)이 분명히 더 낫고 더 현실적인 것처럼 보인다. 어쩌면 그렇게 해서 결국 사회주의 사회에 도달할지도 모른다. 그러나 설사 사회주의 사회에 도달하지 못하더라도 지금보다는 더 나은 상황을 우리와 우리 후손들에게 물려줄 수 있을 것이다.

언뜻 보면 이런 주장은 매우 설득력 있게 들린다. 수많은 노동자들이 그렇게 생각했고, 그래서 '온건한' 정치인들과 노조 지도자들을 지지했다. 그들은 노동자들에게 혁명적 투쟁의 위험을 무릅쓰지 않고도 개혁을 이룰 수 있다고 약속했다.

프랑스·러시아 혁명의 역사와 그 밖의 혁명들에서 실제로 일어난 사건들은 분명히 이 논쟁에서 매우 중요하다. 그러나 여기서 그것을 다 다룰 수는 없고, 이 문제에 대한 마르크스 자신의 대답에 초점을 맞춰 살펴보겠다. 마르크스는 1845년에 쓴 글에서 그 대답을 간단히 다음과 같이 요약했다.

그러므로 혁명이 꼭 필요한 이유는 지배계급을 전복할 다른 방법이 없을 뿐 아니라 지배계급을 전복하는 계급은 오직 혁명을 통해서만 낡은 사회의 오물을 떨쳐 내고 새 사회에 맞게 스스로 변할 수 있기 때문이다.

마르크스의 다른 많은 문장과 마찬가지로 이 문장도 여러 심오한 사상을 한데 포함하고 있고, 따라서 상세한 고찰과 설명이 필요하다. 먼저 지적할 것은, 마르크스가 혁명가가 된 것이 그의 조급한 성질이나 쓰라린 심정 때문이거나 그가 폭력이나 자극적인 것을 좋아해서가 아니라 필요

4장 사회주의란 무엇인가?

때문이었다는 것이다. 즉, 근본적으로 사회를 변화시키는 다른 방법이 없기 때문이었다. 그 이유는 경제적이기도 하고 정치적이기도 하다.

자본주의의 동역학은 착취를 바탕으로 한 자본축적 드라이브 때문에 개별 기업이나 국가가 다른 기업이나 국가와 경쟁할 수밖에 없다는 것이다. 축적이 순조롭게 이뤄질 때, 다시 말해 경제가 성장하고 이윤이 많을 때는 (아래로부터 압력을 받아) 생활수준이 향상되고 개혁 조처들이 시행될 수 있다. 단, 축적의 핵심 메커니즘이 위협받지 않는 조건에서만 그럴 수 있다. 따라서 가장 순조로운 이 시나리오에서도, 개혁은 부자들의 식탁에서 떨어지는 빵 조각들이 노동자들에게 더 많이 돌아가는 것일 뿐이다. 반면에, 노동자들과 부자들의 격차는 더 벌어지고 사회에서 자본가들의 권력은 더 강화된다.

축적이 난관에 부딪히고 이윤이 줄어들면 지배계급은 노동자들의 생활수준을 공격하고 과거에 허용했던 개혁들을 도로 빼앗아 가려 한다. 개혁을 위한 투쟁(물론 그 투쟁은 당연히 해야 한다)은 시시포스의 노동이나 마찬가지다. 그리스 신화에 나오는 시시포스는 언덕 꼭대기까지 바위를 밀어 올리고 그 바위가 굴러떨어지면 다시 밀어 올리는 일을 영원히 계속하는 벌을 받았다.

그러나 점진적 개혁이 사회를 변화시킬 수 없다면, 좌파 정부를 선출해 전반적 사회변혁에 헌신하게 만드는 것은 어떨까? 분명히 그것은 적어도 평화적 방법 아닌가? 불행히도 그렇지 않다. 과거의 역사적 경험이 여러 차례 보여 줬듯이, 그런 위협에 직면한 자본가계급은 자신들의 경제·정치 권력을 이용해 그 좌파 정부를 무너뜨리고 좌초시키고 파괴하기 위해 무슨 짓이든 다할 것이다.

그들은 환투기를 감행하고, 투자 '파업'을 일으키고, 공장을 폐쇄하고,

노동자들을 해고하고, 그래서 심각한 경제 위기를 일으킬 것이다. 국가기구(결코 중립적이지 않고 수많은 끈으로 지배계급의 이해관계와 묶여 있는)를 이용해 입법 활동과 정부 기능을 마비시킬 것이고, 무엇보다 군사 쿠데타나 파시스트 쿠데타의 형태로 무력을 사용할 것이다.

노동계급이 이런 공세에 저항할 수 있는 방법은 독자적 힘을 사용해서 공장과 작업장을 점거하고 기존 국가기구를 분쇄하고 사회 전체를 통제하는 것뿐이다. 다시 말해, 좌파 정부 선출은 혁명의 필요성을 결코 없애지 못한다. 오히려 그것은 혁명의 전주곡이 되거나 아니면 실패할 것이다. 그리고 혁명적 전망을 가진 노동자들의 조직된 기구, 즉 혁명적 정당이 운동 안에 존재하지 않으면 이런 대결에서 성공할 가망은 거의 없을 것이다.

그러나 회의론자들은 이 모든 것이 공상이라고 반박할 것이다. 노동계급은 체제에 너무 많이 세뇌당해서 결코 혁명을 선택하지 않는다는 것이다.

그 대답은 마르크스 인용문의 둘째 부분에서 찾아볼 수 있다. 이 체제가 대중매체·교육 등을 이용해 노동자들의 머릿속을 반동적 사상(국수주의, 인종차별, 성차별, 순종, 자본주의에 대한 믿음 등)으로 가득 채운다는 것은 사실이다. 마르크스는 그런 반동적 사상을 "낡은 사회의 오물"이라고 불렀다.

흔히, 혁명이 일어나려면 먼저 대다수 사람들이 혁명적 사상을 확신해야 한다고들 생각한다. 마르크스는 그런 일은 일어나지 않는다고 말했다. 혁명은 노동자들의 압도 다수가 투쟁(보통 특정 쟁점을 둘러싼 투쟁이나 특정 정권에 반대하는 투쟁)에 참가할 때 자발적으로 시작된다. 이런 혁명적 투쟁 과정에서 노동자 대중은 무엇보다 자신들의 집단적 힘을 자각하므로 오랜 편견과 환상을 스스로 떨쳐 내고 혁명적 의식을 발전시킬 수 있다.

이 때문에 혁명은 필요하기도 하고 가능하기도 한 것이다.

■ ■ ▨
혁명은 폭력을 뜻할까?

지배계급이 자신들의 권력과 부를 평화적으로 넘겨주지는 않을 거라는 단순한 이유에서라도 혁명에 어느 정도 폭력이 따르리라는 것은 분명하다. 그렇게 본다면, 혁명에 폭력이 따르기 때문에 혁명을 반대한다는 주장은 곧 자본주의를 없애는 것을 포기하자는 주장과 다름없다. 또, 혁명에서 폭력이 얼마나 뒤따를지는 몰라도, 그 정도는 자본주의를 유지하는 데 드는 폭력에 견주면 새 발의 피다.

자본주의는 폭력과 떼려야 뗄 수 없는 관계에 있고 언제나 폭력을 몸에 달고 다닌다. 이윤에 눈이 먼 생산 때문에 노동자들은 날마다 다치거나 병들거나 심하면 목숨을 잃기까지 한다. 부가 넘쳐흐르는 세계에서 수십억 명이 가난에서 헤어나지 못하고 수억 명이 굶주림에 허덕인다. 또, 군사독재라는 폭력은 어떤가. 세계에는 군사독재를 하지 않고는 자본주의가 살아남을 수 없는 곳이 많다. 그런가 하면 군사독재를 지탱하고 유지하는 제국주의라는 폭력도 결코 빼놓을 수 없다.

더욱이, 20세기만 해도 적어도 1억 명의 목숨을 앗아 갔고 지금도 핵 한 방이면 끝장인 줄 알라는 식으로 으름장을 놓고 있는 자본주의 전쟁이라는 폭력이 있다.

소수가 대다수를 착취하는 체제는 폭력 없이는 유지될 수 없다. 한 기업이 다른 기업에 맞서고 한 나라의 기업들이 다른 나라 기업들과 겨루면서 이윤을 놓고 서로 다투는 체제에서는 전쟁은 결코 피할 수 없다. 이렇게 계속되는 폭력을 끝장낼 수 있는 길은 오직 하나, 노동계급이 혁명이라는 집단적 폭력을 써서 자본주의를 없애는 것뿐이다. 혁명에 폭력이 뒤따르다 보니 자본가들과 그 대변인들은 혁명이 마치 인정사정없는 '피의 잔치'라도 되는 양 선전하는데, 이것을 그냥 한 귀로 듣고 한 귀로 흘릴 일은 아니다.

혁명은 강압적이다. 혁명은 노동하는 다수가 소수 지배자들을 힘으로 누르고는 싫든 좋든 다수의 뜻을 따르게 하는 것이다. 그러나 혁명은 그렇듯 다수가 소수를 억압하는 문제이지 그 반대가 아니므로 피를 덜 흘리고도 이뤄질 수 있을 것이다.

부르주아지는 몸소 싸움에 나설 수 없다. 수가 얼마 안 되기 때문이다. 따라서 자기 대신 싸워 줄 사람들을 찾는다. 부르주아지는 제복 입은 노동자들[노동계급 출신 병사들]에게 기댄다. 그러면 자기 손으로 노동자들에게 폭력을 쓰지 않아도 된다. 노동자들 가운데 일부가 그 일을 맡아 주니까, 지배계급은 그저 노동자들끼리 치고받는 것을 느긋하게 보고 즐기면 된다. 단결해 있고 싸우려는 결의에 넘치며 올바르게 지도되는 강력한 노동계급 운동이 있으면 이런 일은 일어나지 않는다. 그렇게 되면 군대에서도 노동자들 편으로 돌아서는 병사들이 생겨나고 따라서 지배계급의 권력을 깨뜨릴 수 있게 된다. 그러면 노동자들이 널리 폭력을 쓸 것도 없이 지배계급은 두 손을 들고 만다. 1917년 러시아 혁명에서는 사태가 바로 이렇게 흘렀기 때문에 페테르부르크의 10월 봉기는 몇 안 되는 희생자만을 치르고도 됐다.

혁명은 혁명가들이 폭력 행동에 나설 때 비로소 시작되는 것이 아님을 명심해야 한다. 혁명은 계급투쟁이 달아오르고 계급 사이에 적대가 끓어넘칠 때 확 불이 붙는다.

그러나 노동계급이 결정적 순간에 써야 할 힘을 제대로 쓰지 못하면, 훨씬 엄청난 폭력으로 받아치는 자본가의 역습에 꼼짝없이 당하고 만다. 바로 그렇게 해서 1871년의 파리코뮌 때 무려 3만 명이나 되는 코뮌 참가자가 단 며칠 만에 목숨을 잃었다. 이탈리아와 독일, 스페인에서는 파시스트가 혁명을 뒤엎고 몇백만 명을 죽였다. 1973년 칠레의 쿠데타와 1981년 폴란드의 쿠데타에서도 마찬가지였다. 이런 일들은 모두 혁명을 끝까지 밀어붙이지 못했기 때문에 일어났고, 혁명은 한쪽이 끔찍하고 야만적인 폭력을 거침없이 휘두르는 일종의 내전으로 끝났다.

'폭력'이 따를까 봐 혁명을 뒤로 미루는 사람들은, 노동자들에게는 "폭력을 쓰지 말라"고 점잖게 타이르면서도 자기는 서슴없이 폭력을 휘두르는 부르주아 정치인들의 새빨간 거짓말에 속아 넘어가는 것이다.

■ ■ ■
러시아 혁명은 왜 실패했을까?[*]

1917년 러시아 혁명은 세계 최초로 성공한 사회주의 혁명이었다. 러시아 혁명은 노동계급이 비록 사회에서 소수일지라도 권력을 장악할 수 있음을 입증했다. 러시아 혁명은 또 노동계급 전체의 정치조직 형태, 즉 노

---

[*] 2007. 5. 11.

농자 평의회(소비에트)를 선 세계에 신보이기도 했다. 이 소비에드를 통해 노동계급이 실제로 사회를 운영할 수 있음도 입증한 것이다.

그러나 20년 뒤인 1937년의 러시아는 사유재산이 폐지되고 국가가 지배한다는 점 말고는 마르크스의 사회주의 개념이나 1917년 혁명의 목표와 전혀 어울리지 않는 사회가 돼 있었다.

1937년의 러시아[소련]는 무소불위의 독재자 스탈린이 보안경찰 등 막강한 국가기구를 이용해 지배하는 사회였다. 그 사회에서는 자유·논쟁·민주주의가 존재하지 않았고, 아무리 하찮은 이견이라도 징역이나 사형으로 처벌받을 수 있었다. 노동계급은 혹독한 빈곤 속에 살면서 저임금 장시간 노동을 하지 않으면 안 됐고, 노동자들을 방어할 진정한 노동조합도 존재하지 않았다. 많은 농민은 최근에야 기근과 기아에서 간신히 벗어날 수 있었다. 러시아 혁명으로 크게 감소했던 불평등이 이제 급증하고 있었다. 새로운 지배자이자 관리자인 관료는 축재에 여념이 없었고, 평등을 주장하는 것은 반反국가 범죄로 처벌받았다.

그렇다면 무엇이 잘못됐을까? 분명히, 이 질문의 대답에 아주 많은 것이 걸려 있다. 특히, 지금 21세기에 사회주의 혁명을 설득력 있게 주장할 수 있으려면 이 대답이 중요하다. 이 문제에 대한 우리 자신의 견해를 밝히기 전에, 지금까지 나온 다른 대답들을 먼저 살펴보자.

두 주요 집단, 즉 서방 지배계급들(과 그 이데올로그들)과 스탈린주의자들은 [러시아 혁명이] 결코 패배하지 않았다고 주장한다. 서방 지배계급들의 견해는 노동 대중이 본래 사회를 운영할 수 없으므로 노동자 권력, 자유, 평등 등에 대한 얘기는 모두 백일몽일 뿐이고, 독재와 폭정은 사회주의 사회 건설 노력의 의식적 목표이거나 아니면 기껏해야 그 필연적 결과라는 것이다. 스탈린주의의 견해는 1930년대의 소련이 진정한 사회주의

4장 사회주의란 무엇인가?

의 구현체이자 마르크스·레닌 사상의 구현체이고, 폭정이나 경찰국가에 대한 이야기는 모두 지배계급의 선전일 뿐이라는 것이다.

지배계급의 견해는 첫째, 노동계급에 대한 편견과 둘째, 사회주의와 마르크스주의 사상에 대한 무지를 바탕으로 하고 있다. 이 문제를 여기서 길게 다루지는 않겠다. 이 책 전체가 이 문제에 대한 답변이기 때문이다.

스탈린주의의 견해는 사실에 대한 무지나 부인을 바탕으로 하고 있다. 스탈린주의의 견해는 진정한 혁명가들의 증언(예컨대 빅토르 세르주의 《어느 혁명가의 회고》를 보라)을 비롯해 산더미 같은 증언과 목격자 진술에 의해, 무엇보다 역사에 의해 논박당했다. 소련이나 동유럽의 이른바 사회주의 나라들이 정말로 노동 대중을 위한 약속의 땅이었다면, 1989~91년에 이 나라들의 노동계급이 자국 정권을 지키기 위해 손끝 하나 까딱하지 않아, 그 정권들이 그토록 허무하게 무너지지는 않았을 것이다.

옛 소련에 뭔가 문제가 있었다고 인정하는 사람들은 주로 러시아 정치 지도자들(스탈린·레닌·볼셰비키당)의 성격과 이데올로기에 초점을 맞춘다. 1956년에 흐루쇼프는 소련 공산당 20차 당대회의 '비공개 연설'에서 스탈린 시대의 범죄들을 비난했다. 그는 스탈린 주위에서 발전한 '개인숭배'와 스탈린의 가학적 성격을 비난했다. 개인숭배와 가학성은 분명히 사실이지만, 이렇게 설명하는 것에도 분명히 약점이 있다. 왜 개인숭배가 발전했고, 왜 공산당은 가학적 괴물을 지도자로 세우고 계속 떠받들었을까?

서구 학자들이 선호하는 주된 설명은 레닌주의와 볼셰비즘의 구실을 강조하는 것이다. 그들의 주장인즉 전체주의적인 볼셰비키당으로 구현된 레닌 개인과 레닌주의 이데올로기의 전체주의적 성격이 스탈린 체제의 만행을 낳은 것은 어느 정도 필연적이었다는 것이다. 이런 견해는 러시아 혁명 전과 혁명 기간, 혁명 직후 볼셰비키당이 매우 민주적이었다는 사실과 스탈린이 자신의 체제를 수립하려고 선임 볼셰비크들을 거의 모두 물리적으로 제거해야 했다는 사실 같은 중요한 역사적 사실들을 간과하거나 애써 무시해야 한다.

그러나 이런 설명들은 모두 더 심각한 결함이 있다. 이런 설명들은 모두 이른바 부르주아적 '위인' 사관의 변형들이다. 이런 '위인' 사관은 무엇보다 극소수 위인들(흔히 왕이나 장군이지만, 옛 소련의 경우에는 마르크스주의 이론가와 활동가)의 사상과 행동이 역사를 좌우한다고 본다.

그러나 역사를 좌우하는 것은 무엇보다 계급들 간의 투쟁이고 이 계급투쟁은 생산력과 생산관계의 발전의 영향을 받는다. 여느 세계사와 마찬가지로 러시아 혁명의 운명에도 이런 역사유물론의 관점을 적용해야 한다.

따라서 진정한 문제는 1917년 10월에 권력을 장악한 노동계급이 어떻게 그 권력을 잃게 됐는가 하는 것이다. 일단 이것을 핵심 문제로 제기하고 나면 그 해답을 찾기는 어렵지 않다.

첫째, 러시아의 경제 발전이 유럽이나 북아메리카보다 후진적이었고, 따라서 러시아의 도시 노동계급도 상대적으로 소규모였다. 이 자체가 결정적 요인은 아니었지만(그랬다면 1917년 10월 혁명은 불가능했을 것이다), 이 때문에 노동계급의 위치가 처음에 취약했던 것은 사실이다.

둘째, 혁명 뒤 서방 제국주의 열강들이 러시아에 개입해서 벌어진 1918~21년의 내전 기간에 러시아 경제가 철저하게 파괴됐다. 이 파괴의 규모는 하도 어마어마해서 상상하기도 어렵다. 대규모 산업 생산은 1913년 수준의 21퍼센트로 하락했고, 공장들이 문을 닫았고, 교통이 마비됐고, 콜레라와 결핵 같은 전염병이 창궐했고, 기근이 만연했다. 이 때문에 무엇보다 노동계급의 경제적 토대가 파괴됐다. 게다가 내전 기간에 가장 선진적인 노동자들이 대부분 학살당했다. 1917년에 권력을 장악한 계급이 1921년쯤에는 사실상 존재하지 않았던 것이고, 더는 자신의 집단적 의지를 사회에 관철할 수 없었다.

노동계급이 존재하지 않는 상황에서 다른 사회 세력이 지배력을 장악해야 했다. 보통은 귀족이나 자본가들이 그렇게 했을 테지만, 그들은 재산을 몰수당하고 쫓겨난 뒤였다. 따라서 점점 더 대중의 통제를 벗어나 운신의 폭을 넓히던 국가·당 관료 집단이 권력을 장악했다.

셋째이자 마지막으로, 러시아 혁명은 국제적으로 확산되지 못하고 고립됐다. 국제 혁명은 특히 독일에서 거의 성공할 뻔했지만 실패했고, 그 결과 혁명 이후 경제 재건과 노동계급의 부흥과 재충전에 필요한 원조를 받을 수 없게 됐고, 그래서 러시아는 서방 자본주의의 엄청난 경제적·군사적 압박을 받게 됐다.

인간 본성이나 이른바 마르크스·레닌주의 이데올로기의 결함이 아니라 이 실제의 물질적 요인들의 상호작용이 러시아 혁명의 운명을 결정하고 스탈린주의를 낳은 것이다.

■ ■ ■

스탈린주의의 성격[*]

스탈린주의는 1930~40년대 옛 소련의 정치체제를 가리키는 마르크스주의적 용어다. 첫째, 이오시프 스탈린이 그 시절의 절대 지배자였기 때문

---

[*] 2007. 5. 25.

이고 둘째, 사회주의나 공산주의 일반과 옛 소련 체제를, 그리고 레닌 생전의 소비에트 권력과 소련 체제를 적절하게 구분해 주기 때문에 그 용어는 적절한 용어다. 그러나 스탈린주의라는 용어만으로는 스탈린과 스탈린주의가 득세한 사회의 경제적·사회적·계급적 성격을 전혀 알 수 없다.

스탈린주의 러시아[소련]의 경제적 동역학은 무엇이었을까? 서방 자본주의의 동역학과 근본적으로 같은 것이었을까, 다른 것이었을까? 스탈린주의 러시아는 근본적으로 계급 분열 사회였을까, 계급 없는 사회였을까, 아니면 계급 없는 사회로 전환 중인 과도기 사회였을까? 스탈린주의 러시아에 계급들이 있었다면 그들은 과연 어떤 계급이었을까? 또, 지배계급은 누구였을까?

이런 물음들은 모두 서로 연결돼 있고 사실은 하나의 물음, 즉 옛 소련 사회의 계급적 성격이라는 물음으로 귀결된다. 이 문제를 둘러싸고 사회주의자들과 마르크스주의자들은 60년 넘게 격렬한 논쟁을 벌였다.

이 문제는 옛 소련 자체와 그 비슷한 '공산권' 나라들뿐 아니라 전 세계에서도 매우 중요한 문제였다. 왜냐하면 소련은 국제 공산주의 운동의 지도부를 자처했을 뿐 아니라 실제로 상당한 지도력도 행사했기 때문이다. 이 문제는 소련과 동유럽의 공산주의가 무너진 지 한참 뒤인 오늘날에도 여전히 중요하다. 왜냐하면 부분적으로는 역사적 이유로 일부 스탈린주의·반┿스탈린주의 체제들, 특히 북한이 여전히 남아 있기 때문이기도 하고, 이론적으로는 자본주의와 사회주의의 진정한 의미라는 핵심 문제가 이 문제와 연결되기 때문이기도 하다.

소련 사회의 계급적 성격을 둘러싼 논쟁에서 크게 네 가지 견해가 나왔다. 첫째, 소련은 사회주의 사회다. 둘째, 변질된 노동자 국가다. 셋째, 자본주의도 사회주의도 아닌 관료적 집산주의다. 넷째, 국가자본주의다.

첫째 견해가 단연 가장 흔했다. 주류 공산당, 많은 사회민주당원, 그리고 우파가 모두 이런 견해를 공유했다. 그래서 이 견해가 '상식'이 됐다. 그러나 이 견해는 또, 가장 해악적인 것이기도 했다. 이 견해를 가진 좌파들은 흔히 확고한 역사적 사실을 부인했고, 근본적으로 이 견해는 사회주의의 핵심이 노동계급의 자기해방이나 노동자 권력이 아니라 단지 재산의 국가 소유일 뿐이라는 사상을 바탕으로 하고 있다. 우파가 이 견해에 동의한 이유는 그들이 노동자 국가를 어쨌든 불가능한 것으로 여겼기 때문이고, 사회주의와 스탈린주의가 똑같은 것이라고 떠들어 대면 대중이 사회주의를 불신하게 될 것임을 알았기 때문이다.

변질된 노동자 국가론은 트로츠키와 정설파 트로츠키주의자들의 견해였다. 이 견해는 스탈린주의 관료들이 러시아 혁명의 목표를 배신했고 소련의 사회주의적 발전과 국제 노동자 혁명에 적대적인 반혁명 세력이었다고 주장했다. 그래서 **정치혁명**으로 스탈린 체제를 타도해야 한다고 주장했다. 그러나 이 견해는 국유화된 소유관계를 근거로 소련 경제가 탈脫자본주의 경제이고, 따라서 스탈린 치하 소련은 세계 자본주의보다 더 진보적인 노동자 국가이므로 사회주의자들이 소련을 방어해야 한다고도 주장했다. 트로츠키의 견해는 혁명적 사회주의의 관점에서 스탈린주의 반대와 서방 자본주의 반대를 결합시킨다는 장점이 있었다. 그러나 노동계급의 자기해방과 사회주의를 분리할 여지를 남겼다는 약점도 있었다.

관료 집산주의론은 트로츠키주의 운동 안에서 노동자 국가론에 반대한 사람들(특히, 미국의 맥스 샤트먼)이 처음으로 발전시켰지만, 그 뒤 다양한 학자들이 이를 받아들였다. 이 견해는 국가 소유가 사회주의나 노동자 국가와 같은 것이라는 생각을 거부하지만, 국가 소유는 자본주의의 폐지라는 생각을 받아들인다. 그래서 소련이 새로운 지배계급이 군림하는 새로운 형태의 계급사회라고 주장한다. 불행히게도 이 이론의 주창자들은 이 새로운 생산양식의 경제적 동역학이나 역사 발전 과정에서 관료 집산주의의 위치를 분명히 밝히지 못했다. 이 때문에 '관료 집산주의' 사회들이 자본주의보다 더 진보적인지 아닌지에 대해 혼란이 생겼고, 그래서 이 이론을 지지하는 사람들 가운데 많은 자들이 우파로 변모했다. 이들은 스탈린주의가 자본주의보다 더 나쁘다는 이유로 미국 제국주의를 지지하기까지 했다.

스탈린주의 러시아를 국가자본주의로 규정하는 견해는 일부 트로츠키 지지자들을 비롯한 좌익반대파 사이에서 처음부터 존재했지만, 가장 일관된 국가자본주의론은 '국제사회주의경향IST'의 창시자인 토니 클리프가 1940년대 말에 발전시킨 것이다. 클리프의 출발점은 스탈린 체제가 동유럽(과 북한)에서 노동자 혁명 없이도 적군(소련 군대)을 동원해 사회주의나 노동자 국가를 수립해 줬다면 노동계급의 혁명적 구실을 주장한 마르크스의 근본 사상을 폐기해야 한다는 점이었다. 국가 소유라는 기준과 노동계급의 자기해방 가운데 선택해야 했을 때, 위로부터의 사회주의와 아래로부터의 사회주의 가운데 선택해야 했을 때 클리프는 과감하게 후자를 선택했다.

이 때문에 클리프는 소유관계를 넘어서, 소유관계(소유 형태)의 근저에 있는 실제의 생산관계를 주목할 수 있었다. 국가 소유 문제에 대해서, 클리프는 다양한 사회에서 국가 소유가 존재했고, 마르크스주의자들이 해결해야 할 진정한 문제는 어느 계급이 국가를 소유하거나 통제했는가 하는 것이라고 주장했다. 그리고 상세한 분석을 통해 소련의 실제 생산관계는 자본주의 생산관계였다는 것을 보여 줬다. 극소수가 생산수단을 지배했고, 대다수는 자신의 노동력을 팔아 생계를 유지하는 과정에서 착취

4장 사회주의란 무엇인가?

당했다는 것이다.

클리프는 또, 스탈린주의 러시아를 따로 떼어 놓고 보지 말고 세계경제의 맥락 속에서 보아야 하며, 그렇게 보면 소련이 계획경제였다는 생각이 근본적으로 틀렸음을 알게 된다고 했다. 스탈린주의 관료들이 '일국사회주의' 사상을 선택했을 때 그들은 사실상 자본주의의 조건, 즉 자본축적이라는 조건 하에서 서방 자본주의와의 경쟁에 뛰어든 것이었고, 따라서 산 노동(노동자)을 죽은 노동(자본)에 무자비하게 종속시킨 것이다. 이것은 바로 마르크스가 《공산당 선언》과 《자본론》에서 분석한 자본주의의 근본 특징이다.

국가자본주의론은 마르크스의 마르크스주의에 가장 잘 부합하는 이론일 뿐 아니라, 시간과 사건의 검증을 가장 잘 견뎌 낸 견해이기도 하다. 1989~91년 '공산주의'의 몰락은 이른바 '사회주의' 나라들이 서방보다 더 우월하고 더 진보적인 생산양식인 것이 아니라, 서방과의 경제적 경쟁에서 오히려 패배했음을 입증했다. 그것은 이 나라들의 노동계급이 자국 국가를 통제하지 못했을 뿐 아니라 그 국가에 전혀 충성하지도 않았음을 보여 줬다. 마지막으로, 옛 스탈린주의 관료들이 대부분 권력을 잃지 않고 국가 소유에서 사적 소유로 단지 '옆걸음질'친 것은 두 체제 사이에 근본적 차이, 즉 계급적 차이가 없었음을 보여 줬다.

따라서 국가자본주의 이론은 마르크스주의에서 엄청나게 중요한 발전이고, 20세기와 21세기의 세계를 이해하고 그 세계를 변혁하는 투쟁을 지속하는 데서 필수적이다.

5장
사회주의 전략·전술

■ ■ ■
노동계급의 의식은 바뀔 수 있다

사회를 사회주의로 개조하는 데서 가장 큰 걸림돌은 대다수 노동자들이 사회주의자가 아니라는 것이다. 아닌 게 아니라 노동자들은 거의 모두 자본주의를 받아들이고, 자본주의는 변할 수 없다고 믿으며, 자본주의를 변화시키려는 사회주의자들을 이상주의자나 심지어 말썽꾼 정도로 생각한다.

그렇다면 마르크스주의는 이 긴요한 문제에 어떻게 대처해야 할까? 노동자들은 왜 보수적 관념에 쉽게 물들까? 그것을 막자면 어떻게 해야 할까?

사람들의 관념이 사회의 상태를 결정하는 게 아니라 사회 상태가 사람들의 관념을 만들어 낸다는 것은 마르크스주의의 가장 중요한 기본 명제 가운데 하나다. 사회에 널리 퍼진 관념들을 보면 그 사회의 편제가 어떤지 알 수 있다. 봉건사회에서는 지주와 농노가 엄격하게 구분됐다. 따라서 사람들은 흔히 이 신분 격차를 자연스럽고 어쩔 수 없는 일로 여겼다. 당시의 말을 빌리면, "하느님의 섭리"대로라는 것이다. 자본주의 사회는 이윤 추구에 바탕을 두고 있다. 따라서 이윤 추구는 '당연한 일'로 여겨진다. 잘 따져 보면 이런 관념들은 그저 사회를 반영하기만 하는 게 아니다. 이런 관념들은 사회를 정당화한다. 이런 관념들은 지금의 계급 구분을 정당화한다. 마르크스가 말했듯이, "어떤 시대든 그 시대를 지배하는 관념들은 지배계급의 관념들이다."

오늘날의 자본주의를 살펴보더라도 이 점은 쉽게 드러난다. 지배계급은 관념들을 만들어 내고 퍼뜨리는 통로들을 모조리 손에 쥐고 있다. 교육제도, 신문, 방송국, 그 밖의 모든 대중매체가 지배계급의 손안에 있고, 이 모든 것에서 지배계급의 견해가 넘쳐흐른다. 그러나 지배계급의 견해가 힘을 발휘하는 것은 단순히 부유한 신문사 사주, 출판업자, 대학교수, 각료나 고위 공무원 등의 '공모' 덕분만은 아니다. 자본가의 관념들은 우리가 경험하는 세계를 반영하기 때문에 그럴듯하게 보이는 것이다. 실제로 사업은 이윤을 챙기기 위한 것이고 사회는 **진짜로** 계급들로 나뉘어 있다. 그러다 보니까 이런 일들이 '자연스럽고 참되다'고 믿는 게 그냥 상식인 듯하다.

그래서 마르크스주의자들은 보수당을 지지하는 노동자와 마주치거나 여성을 노리개처럼 여기는 노동조합원을 봐도 그리 놀라지 않는다. 자본가의 관념이 노동자의 사고를 이렇게 지배하지 못한다면, 자본주의는 살아남지 못할 것이다.

마찬가지로, 사회주의 사상도 사회주의 사회가 존재할 때만 '그야 두말하면 잔소리지' 하는 식으로 받아들여질 것이다. 그렇다면 사회주의자들은 당장에는 궁지에 몰려 있는 셈이다. 우리가 항상 강조하듯이 사회주의란 누가 노동자들을 대신해서 가져다주는 게 아니라 노동계급 자신의 행위여야 한다면, 노동계급이 자본가의 견해들에 사로잡혀 있는 상황에서 어떻게 그런 일이 일어날 수 있을까?

사회주의 선전을 한다고 해서 노동자들의 생각이 쉽사리 바뀔 리는 없다. 평상시에 사회주의 신문이 백만장자들이 발행하는 신문과 어깨를 나란히 할 수도 없는 노릇이다. 사회주의 사상이 널리 퍼지려면 물질적 토대가 있어야 한다. 자본가의 관념들이 노동자들이 날마다 겪는 일을 반영하기 때문에 노동자들을 사로잡듯이, 사회주의 사상의 확산은 그들의 일상적 경험이 바뀌어 나가는 것을 반영할 것이다.

그런데 널리 퍼진 오해를 바로잡을 필요가 있다. 흔히들 더 많이 고통받을수록 더욱 혁명적으로 된다고 말한다. 그러나 이 말이 사실이라면 혁명은 벌써 일어났어야 했다. 사실은, 사회주의 사상이 더 많이 받아들여지기 위한 물질적 토대는 고통이 아니라 고통에 맞서 싸운 경험이다.

노동자들의 투쟁 수준이 낮고 그마저 대체로 패배로 끝나면 노동자들은 자기 직장 생활을 통제할 힘이 거의 없어져서 사회란 바뀔 수 없다고 느낀다. 그러나 투쟁 수준이 높고 승리에 승리를 거듭하면 노동자들은 자기 손으로 삶을 바꿀 수 있다는 자신감을 갖게 되고 자본주의 말고 다른 사회도 가능하다는 사실을 더 잘 깨닫게 된다. 만약 계급투쟁이 부르주아 국가의 존립 자체를 위협할 정도에 이르면 사회주의 사상은 들불처럼 번질 수 있다.

그렇다고 해서 사회주의자들이 자기네 견해를 신문이나 소책자, 책을 통해 널리 퍼뜨리는 데 힘쓰는 것이 아무 의미도 없다거나 쓸데없는 짓이라는 말은 아니다. 노동자들이 지배계급에 도전하는 싸움에 참여하기 전에 반드시 사회주의자여야 할 필요는 없다. 그러나 노동자들이 그런 싸움에서 이길 수 있는 능력은 그들의 정치의식 수준과 밀접한 관계가 있다. 대중 파업이나 작업장 점거, 시위를 하다 보면 사회주의 사상이 확산될 길이 열리지만, 노동자들이 싸움의 소용돌이 속에서 갑자기 나무랄 데 없는 사회주의자의 눈으로 세계를 보게 될 수는 없는 법이다.

사회주의 사상은 바로 그 자리에 있어야 한다. 사회주의 사상은 그런 투쟁들에 필요한 정보를 주고, 새로운 경험들을 명료하게 표현하고 확산시키며, 앞으로 나아갈 방향을 가리켜서 실천에 도움이 된다는 것을 보여 줘야 한다.

■ ■ ■
사회주의와 노동조합*

사회주의적 투쟁에서 노동조합이 하는 구실, 그리고 이와 관련해 노동조합에서 사회주의자들이 하는 구실은 항상 전략·전술적으로 엄청나게 중요한 문제였다. 그리고 이 문제에 대한 마르크스주의자들의 태도는 개혁주의자·아나키스트·신디컬리스트 등 여타 급진파의 태도와 사뭇 다르다.

역사적 경험을 보면, 거의 모든 나라에서 노동계급이 선택한 조직 형태 가운데 가장 초보적이고 가장 광범한 조직 형태가 노동조합이라는 것을 알 수 있다. 노동조합의 근본 기능은 노동자들이 일자리·임금·노동조건을 방어하고 개선하기 위해 사용자들에 맞서 단결해 투쟁하는 것이다.

노동조합 지도자들과 조합원들이 의식하든 안 하든 노동조합 운동의 출발점은 계급투쟁이다. 즉, 자신의 노동력을 팔아서 먹고사는 노동자들과 노동자 착취를 강화해 이윤을 극대화하려고 애쓰는 기업주들 사이에는 상시적이고 근본적인 이해관계 충돌이 존재한다는 사실이다.

그래서 마르크스주의자들은 노동조합 조직과 노동조합 투쟁을 강력하게 적극적으로 지지한다.(그런 투쟁이 노동자들의 이익을 위한 것이라면 말이다. 대체로는 그렇다. 그러나 아주 가끔 노동조합이 반동적인, 예컨대 인종차별적이거나 여성차별적인 운동을 펼칠 때도 있다.)

노동조합 운동의 기본 원칙(뭉치면 살고 흩어지면 죽는다, 입술이 없으면 이가 시리다 등)은 사회주의자들과 마르크스주의자들의 원칙이기도

---

* 2007. 8. 6.

하다. 물론 분명히 마르크스주의의 원칙들은 노동조합 운동의 원칙들을 넘어선다.

이렇게 노동조합 운동을 열렬히 지지하는 태도는 마르크스주의와 그 밖의 다양한 경향들을 구분하는 특징이었다. 일부 사회주의 종파들(예컨대 19세기의 공상적 사회주의자들)은 노동조합 운동이 노동자 대중의 처지를 전혀 개선할 수 없다며 노동조합 운동을 배척했다.

그들이 내세운 근거는 노동조합 투쟁으로 임금이 인상되더라도 물가가 오르면 도로 아미타불이라는 것이었다. 마르크스는 자신의 소책자 《임금, 가격, 이윤》에서 이런 주장을 낱낱이 논박했고, 역사도 마르크스가 옳았음을 분명히 입증했다. 따라서 여기서 이 문제를 재론하지는 않겠다.

혁명가나 급진파를 자처하는 사람들의 일부는 노동조합 투쟁이 단지 집단 이기주의일 뿐이라거나 노동조합 투쟁으로 노동자들의 처지가 개선되면 노동자들이 부패하거나 자본주의에 순응할 것이라는 이유를 들어 노동조합 투쟁을 거부해 왔다.

그러나 마르크스주의자들은 노동계급(노동자 개인이 아니라 계급 전체)의 이익이 인류의 이익이므로 노동계급의 이익은 자제돼야 하는 것이 아니라 더 강력하게 추구돼야 한다고 생각한다. 또, 혁명은 노동자들의 자기희생을 통해 추구해야 할 추상적 목표가 아니라 자본주의가 노동자들이나 인류의 필요를 충족할 수 없기 때문에 꼭 필요한 것이라고 생각한다.

물론 노동조합 운동에 대한 가장 유력한 태도는 개혁주의자들의 태도다. 그들은 노동조합의 긍정적 구실을 인정하지만, 아주 협소한 한계 안에서만 그런다. 개혁주의자들은 노동조합이 노동자들의 부문적·경제적 이익을 방어해야 하지만 더 광범한 정치투쟁은 의회를 중심으로 활동하는 정당에 맡겨야 한다고 생각한다. 또, 노동자들의 경제적 이익은 정당한 것이지만 계급을 뛰어넘는 더 광범한 국민의 이익에 종속돼야 한다고 생각한다.

이와 달리, 마르크스주의자들에게 노동계급 투쟁은 항상 경제적일 뿐 아니라 정치적이기도 하다. 또, 정치투쟁의 무게중심은 의회가 아니라 작업장이다. 더욱이, '국민의 이익'이라는 개념은 자본가계급의 이익을 은폐하는 신화일 뿐이다.

따라서 마르크스주의는 사회주의자들이 노동조합 안에서 노동자들의 경제적 전투성을 고양시키고 노동자들이 정치적 문제들을 제기하도록 고무하면서 끊임없이 활동해야 한다고 주장한다.

그와 동시에, 마르크스주의는 노동조합이 비록 사회주의를 위한 투쟁에서 필수적 구실을 하는 것은 사실이지만 분명한 한계가 있다는 것도 인정한다. 이것이 뜻하는 바는 노동조합이 노동계급에게 필요한 유일한 조직 형태는 아니라는 것이다.

첫째, 노동조합의 기본 활동은 자본주의 안에서 노동자들의 노동력 판매 조건을 둘러싸고 협상하는 것이지만 사회주의의 목표는 그런 노동력 판매를 완전히 폐지하는 것이다.

이 말은 노동조합 자체는 자본주의의 실질적 전복을 조직하기에 적합하지 않다는 뜻이다. 이 과제를 위해서는, 노동자들을 노동력 판매자로서가 아니라 생산자이자 사회의 잠재적 지배자로서 대표하는 노동자 평의회가 필요하다.

둘째, 기업주들과 효과적으로 협상하려면 노동조합은 관련 산업·업종·작업장의 모든 노동자를 그들의 정치의식 수준이나 전투성과는 무관하게 최대한 많이 광범하게 포괄하려 해야 한다(모든 법칙에는 예외가 있기 마련인데, 여기서 예외는 조직된 파시스트 노동자들이다. 파시스트 노동자들은 노동조합에서 쫓아내야 한다).

이런 필수적 포괄이 뜻하는 바는, 노동조합이 일정한 교육적·이데올로기적 기능을 하는 것은 사실이지만 노동계급 안에서 사회주의 의식을 고양하기 위한 이데올로기 투쟁을 주도하거나 격렬한 충돌의 시기에 노동계급에게 정치적 지도력을 제공하기에는 적합하지 않다는 것이다.

이런 과제들을 위해서는, 모든 산업과 직장의 경계를 뛰어넘어 노동계급의 가장 의식적이고 헌신적인 인자들을 결집하는 혁명적 정당이 필요하다.

노동조합에 대한 마르크스주의적 분석에는 결정적이고 고유한 특징이 하나 더 있다. 바로 노동조합 관료에 대한 분석이다.

많은 나라의 쓰라린 경험을 보면, 노동조합 지도자들은 사회주의 혁명뿐 아니라 자기 조합원들의 가장 기본적인 경제투쟁조차 배신하는 경향이 있다. 노동조합 최상층 지도자들뿐 아니라 노조 상근간부 전체가 그런 경향을 보인다. 그런 경향은 너무 확고해서 도저히 개인적 결함의 문제로 치부할 수 없다.

오히려 그런 경향은 노동조합 상근간부들이 독자적 사회계층을 이루고 있기 때문이다. 그들의 이해관계는 기층의 현장 조합원들과 다르다. 그들이 노동계급과 사용자 사이에서 중재하는 일을 전문으로 하기 때문이다.

대다수 노조 상근간부들은 현장 조합원들보다 임금도 더 많고 근무조건도 더 낫다. 그리고 심지어 협상이 잘못돼서 노동자들의 일자리가 줄고 노동시간이 늘어나더라도 그들 자신은 일자리를 잃거나 더 오래 일하지 않아도 된다.

대부분의 경우에 그들은 철저한 배신자나 사용자의 하수인으로 전락하지는 않는다. 왜냐하면 여전히 자기 조합원들의 지지를 받아야 하기 때문이다(조합원이 아무도 없다면 봉급도 받지 못할 뿐 아니라 사용자에게도 쓸모가 없을 것이다).

그러나 그들은 끊임없이 동요하면서 때로는 저항을 조직하고 좌파적 언사를 늘어놓다가 때로는 후퇴해서 노동자들의 투쟁을 발밑에서 무너뜨린다.

노동조합에서 사회주의자들의 전술들은 이 확고한 경향을 고려해야 한다. 사회주의 투사들은 노조 지도자들과 상근간부들이 올바른 방향으로 나아갈 때는 그들과 협력하고 그들이 동요하거나 배신할 때는 맞서 싸울 줄 알아야 한다.

여기에는 노동조합 투쟁을 지지하고 노동조합 자체 안에서 활동하는 것뿐 아니라 노동조합 안에서 노조 지도자들에게 압력을 가하고 필요하다면 그들로부터 독립적으로 행동할 수 있는 현장 조합원 활동가들의 네트워크를 구축하는 것도 포함된다.

■ ■ ■
"그렇지만 이미 대중적 노동자 정당이 있는데 …"

"노동당은 노동계급의 대중정당이다." 이 친숙한 주장은 마르크스주의자들이 독자적인 혁명적 정당을 건설하려는 시도를 포기하고 노동당에 합류해야 한다는 주장의 일환으로 흔히 제기된다.

언뜻 보면 이 주장은 많은 진실을 담고 있는 것처럼 보인다. 분명히 다른 어떤 정당도 이런 주장을 할 위치에 있지 않다. 그리고 분명히 노동계급의 다수가 (어떤 때는 대다수가) 1945년 이래로 언제나 노동당에 표를 던졌다. 또한 노동당은 노동조합(분명히 노동계급의 대중조직이라 할 수 있는)이 세웠고 노동조합과 언제나 긴밀한 관계를 유지해 온 것도 사실이다.

이는 그냥 지나쳐서는 안 될 중요한 사실이다. 이런 사실 때문에 분명 노동당은 지배계급의 직접적 대변자인 보수당과 다를 뿐 아니라 사회민주당*이나 자유당과도 다른데, 이 두 정당 가운데 어느 것도 노동계급과 조직적 연계를 맺고 있지 않다. 따라서 마르크스주의자들은 총선에서처럼 노동당과 이 다른 정당들 사이에서 선택해야 하는 경우가 생기면 노동당을 거부하지 않고 지지할 것이다.

그렇지만 이런 사실들만으로는 노동당의 계급적 성격에 대한 마르크스주의적 분석의 토대로서 충분하지 않다. 계급투쟁에서 노동당이 하는 구실을 전체적으로 평가하려면 그 정당이 표방하는 강령과 당 지도부의 성격 그리고 무엇보다 현실의 실천을 검토해 봐야 한다.

우선, 강령을 보자. 노동당에는 공식 강령이 명시된 문건이 따로 있지 않다. 노동당의 규약에는 물론 '생산·분배·교환 수단의 공동 소유'를 명시한 그 유명한 제4조가 포함돼 있다.** 그러나 이것은 선거공약용으로도 진지하게 고려된 적이 없다. 대체로 말해서, 노동당의 정책은 의회를 통한 자본주의 개혁이다. 이는 노동당의 공약이나 각급 노동당원 대다수의 신념을 봐도 마찬가지다. 노동당의 우파나 중도파, 심지어 '온건 좌파'에게

---

* 1981~88년에 존재한 영국의 우파 사회민주주의 정당. 1988년 자유당과 통합해 자유민주당을 창설했다.

** 이 조항은 토니 블레어가 당수가 된 직후 당원 다수의 의사를 거슬러 폐기했다.

도 이것은 개혁을 완수해 가는 한편 자본주의를 유지할 필요성을 분명히 수용하는 것을 뜻한다.

체계적 개혁을 통해 실제로 자본주의를 폐지할 생각이라도 하는 것은 오로지 '강경 좌파'뿐이다. 그러나 그들도 중도파나 우파와 손잡거나 그들에게 투항한다.

노동당의 지도권은 언제나 중도파나 우파에게 있었다. 지도권을 좌파가 획득한 것처럼 보였을 때조차 '좌파'가 어느새 오른쪽으로 이동함에 따라 언제나 공허한 것으로 드러났다. 노동당 지도자들을 그들의 소속 계급이라는 면에서 보면 적어도 상층 중간계급이었고 적잖은 경우 지배계급 자체로 긴밀하게 통합돼 있었다. 당내의 또 다른 유력한 세력은 자금을 대부분 제공하고 블록 투표 제도*를 통해 연례 당대회를 좌우하는 노동조합 상층 관료들이다. 그들은 노동계급 위에 군림하는 별개의 특권층을 이루고 있다.

노동당의 실천을 보려면, 한편으로 산업 현장이나 작업장에서 노동자들이 벌이는 실제 투쟁과 당의 관계라는 측면을, 다른 한편으로 집권했을 때 노동당의 행동이라는 측면을 살펴봐야 한다. 전자에서 노동당의 구실은 매우 하찮은 것이다. 대부분의 파업을 노조에 떠맡긴 채 그냥 무시한다. 투쟁이 좀 중요하다 싶으면 팔짱 끼고 보면서 '지지한다'고 입발림 말만 하거나 모호한 말로 얼버무리거나 아니면 타결을 이루기 위해 중재자 구실을 하려 한다. 노동당은 결코 노동쟁의를 조직적·정치적으로 지도하려 하지 않는다.

집권한 노동당은 언제나 자신이 대표한다는 노동계급의 필요보다는

---

* 대의원에게 그가 대표하는 인원수만큼 표수를 인정하는 투표 방법.

5장 사회주의 전략·전술

자본주의의 필요와 우선순위를 더 중요하게 여겼다. 거듭거듭 노동당은 파업을 공격했고, 실업을 증가시켰고, 소득정책으로 임금을 끌어내렸고 보건과 교육 지출을 삭감했다.

따라서 강령에서건 지도에서건 실천에서건 노동당은 진정한 의미의 '노동계급 정당'이 아니다. 오히려 노동계급 운동 내부에서 움직이는 자본주의적 정당이다. 계급투쟁에서 노동당이 하는 구실은 노동계급의 불만을 자본주의 구조 내부로 흡수하는 데 필요한 만큼만 표현하는 것이다. 노동당은, 노동조합 관료와 더불어, 자본주의 질서를 지탱하는 주요 지주이며 수호자다.

앞서 노동당을 옹호하는 주장과 관련해서 문제 제기할 것이 하나 더 있다. 즉, 노동당이 대중정당이라는 생각 말이다. 선거 득표나 가맹 노조의 측면에서 보면 분명히 노동당은 대중정당이다. 그러나 이 지지는 압도적으로 수동적인 지지다. 노동당의 실제 개인 당원 수는 30만 명을 넘지 못한다. 그나마 활동적인 당원 수는 이 가운데 10분의 1을 넘지 않는다. 노동당은 심지어 대량 배포되는 기관지도 소화하지 못한다.

결론은 분명하다. 참된 의미에서 '영국 노동계급의 대중정당'은 아직 존재하지 않는다는 것이다.

■ ■ ■
노동당은 바뀔 수 있을까?

노동당은 진정 노동계급의 이익을 대변하고 그것을 위해 투쟁하는 사회주의 정당으로 바뀔 수 있을까? 역사를 보면 그렇지 않다.

80년 동안 노동당을 지탱한 것은, 노동당을 바꿔 보려고 노력했던 좌파 사람들이었다. 그러나 그들이 노동당을 바꾸기보다는 노동당이 그들을 바꾸는 경우가 압도적으로 많았다.

램지 맥도널드, 애틀리, 윌슨, 풋, 키녹 등의 지도자들이 하나둘씩 좌파에서 시작해서 얼마 있다 우파로 넘어갔다. 이들은 빙산의 일각일 뿐이다. 이들 말고도 수많은 군소 인물들이 점진적인 정치적 타락의 동일한 과정을 밟을 수밖에 없었다. '급진적 선동가'가 기껏해야 '존경할 만한 온건 인사'로 바뀐 것이다. 매니 신웰, 스태퍼드 크립스, 존 스트레이치, 바버라 캐슬 등은 과거의 좋은 본보기다. 타리크 알리, 피터 헤인, 테드 나이트, 켄 리빙스턴은 현재 변화의 과정에 있다.

혁명가로 출발한 단호한 마르크스주의자들(예를 들면 '밀리턴트' 그룹)조차 이런 과정을 밟았다. 그들은 오랫동안 노동당을 바꿔 보려 했으나 결국 노동당의 개혁주의 관행에 적응하게 됐고, 노동당의 구조에 용해됐으며, 포클랜드 전쟁과 북아일랜드 문제 같은 어려운 (그러나 매우 중요한) 쟁점이나 사회주의로 가는 의회의 길 문제에서 결국 자신들의 정책을 타협하고 말았다.

그러나 노동당이 변할 수 없음을 증명하는 것은 단지 과거 경험만이 아니다. 오늘날 노동당의 성격을 현실적으로 평가해 보면 그런 결론을 내릴 수밖에 없을 것이다. 우선 평당원들은 노동당 국회의원들의 행동을 통제하기가 매우 힘들며, 노동당 정부의 행위를 통제하는 것은 아예 불가능한 것이 사실이다. 따라서 경제의 관제고지[기간산업] 국유화나 일방적 군축을 천명하는 좌파적 결의안들이 아무리 당대회에서 채택되더라도 실질적 행동이 있으리라는 최소한의 보장도 없는 것이다.

둘째는 노동조합 지도자들의 구실이다. 노동당 내에서 그들의 지위는 결정적이다. 그들이 막대한 당 재정을 제공하고 블록 투표 제도를 통해 당대회나 일체의 선거를 지배하기 때문이다. 이 노동조합 지도자들의 힘은 언제나 노동당을 진정한 사회주의 정당으로 바꾸지 못하게 막는 데 사용될 것이다. 그것은 노동조합 관료 집단 자체가 현장 조합원들과의 관계에서 비민주적이고 특권화했기 때문이다. 그래서 노동당을 완전히 민주화하고 급진적으로 만들려면 우선 노동조합을 그렇게 해야 한다.

셋째로, 노동당의 전체 구조와 조직은 노동당이 본질적으로 투쟁에서 노동계급의 이익을 실현하려고 만들어진 정당이 아니라 노동당 후보를 국회의원으로 당선시키려고 만들어진 선거 기구라는 사실을 반영한다. 노동당의 기본 단위는 작업장 분회가 아니라 선거구별 지구당이다. 대다수 당원들은 선거 때를 제외하면 당원증만 갖고 있는 수동적 개인들이다. 노동당을 투쟁하는 사회주의 정당으로 바꾸려면 머리끝에서 발끝까지 고치고 다시 건설해야 할 것이다.

노동당을 뜯어고치려는 진지한 노력이라도 있는 상황이라면 그것은 노동계급이 대규모로 급진화할 때인데, 사실 이런 일은 혁명적 대중투쟁의 와중에만 일어날 수 있다. 노동자 대중은 신문을 읽거나 연설을 듣고 사회주의를 지지하게 되는 것이 아니라 대대적인 전 계급적 전투를 경험하면서 그렇게 된다. 노동계급이 대부분 행동으로 나아가는 이와 같은 혁명적 상황은 그 특성상 오래 지속되지 않는다(아마 길어야 1년 반 정도일 것이다). 여하튼 이 정도 시간으로는 노동당을 물갈이하고 재편하는 어려운 작업을 해내기에는 충분하지 못하다. 따라서 이런 결정적 전투에 앞서 혁명적 노동자 당의 기초라도 놓지 않는다면 우파적·개혁주의적 지도자들이 여전히 그 힘과 영향력을 사용해서 노동계급한테 패배를 안겨 주고 자본주의의 '정상적 상태'로 되돌려 놓을 수 있을 것이다.

이제, 노동당 안에 있지 않으면 노동운동에서 고립된다는 소극적 주장만이 남았다. 그러나 이 주장은 노동당과 노동운동을 혼동하는 것이다. 노동계급의 기본 조직은 노동당이 아니라 노동조합이다. 사회주의자들은 자기 작업장과 노동조합에서 활동하는 것을 원칙으로 삼는 한은 노동운동의 일부일 수 있고 독자적인 혁명적 정당도 건설할 수 있다. 결국 이것이 노동당을 바꿔 보려는 헛된 꿈을 추구하는 것보다 훨씬 더 현실적인 방법이다!

■ ■ ■
조직이 필요하긴 한 건가?

마르크스주의는 언제나 다른 이론들과 경쟁해야 했다. 노골적 자본주의 이데올로기 말고도 주요 라이벌로 사회민주주의적 개혁주의와 스탈린주의가 있었다. 그러나 외관상 마르크스주의보다 좌파적인 또 다른 라이벌로 아나키즘이 흔히 존재했다.

아나키즘은 분명 오늘날 영국에서는 중요한 정치 세력이 아니다. 그러나 혁명운동사의 다양한 시기에 (가장 두드러지게는 스페인 내전에서) 아나키즘은 상당한 영향력을 발휘했다. 심지어 오늘날에도 아나키즘은 젊은 반란자들을 끌어당기는 확실한 매력이 있다.

우선 분명히 해 둬야 할 것이 있다. 마르크스주의자는 자본가들이 '상식'을 앞세워 늘 그러는 것과 달리 아나키즘을 단순히 비판만 할 수는 없

5장 사회주의 전략·전술

다는 점이다. 왜냐하면 아나키즘의 궁극 목표(더는 국가도 없고 어떤 형태로든 인간이 인간을 억압하는 일이 없는 진정한 자유와 평등의 사회)를 마르크스주의자들도 공유하기 때문이다. 현재의 질서를 지지하는 사람들은 그런 목표를 터무니없다고 무시해 버린다. 그러나 마르크스주의자들은 그러지 않는다. 마르크스주의가 아나키즘과 다른 점은 궁극 목표에 대한 것이 아니라 어떻게 하면 그 목표를 성취할 수 있는가, 즉 사회는 어떻게 하면 변할 수 있는가 하는 것이다.

이런 차이가 생기는 이유는 착취와 억압의 근본 원인에 대한 견해가 다르기 때문이다. 아나키스트는 그 원인을 권력이라고 규정한다. 권력은 원래 착취적·억압적이고, 저절로 그러하며, 그 갖가지 형태(국가권력, 정당과 노조의 권력, 그 밖의 모든 권위나 지도)가 모두 그렇다고 한다.

아나키스트들은 계급 분열이나 그 밖의 모든 불평등과 억압을 만드는 것은 바로 이 권력과 권위의 존재라고 믿는다. 그러므로 그들에게 '전략'이 있다면 그것은 권력과 권위의 표현 일체, 특히 모든 종류의 국가권력을 비난하고 거부하는 것이다. 그 대신 개인의 절대적 자유, 순전히 자발적인 대중 반란을 대안으로 제시한다.

이렇듯 아나키즘은 본질적으로 도덕적 태도다. 아나키즘은 아나키즘이 반대하는 것들이 어떻게 생겨났는지 또는 왜 과거 어느 때가 아니라 지금 그것들을 제거할 수 있는지에 대한 역사적 분석이 없다. 아나키즘은 단지 '악'을 비난하고 '선'을 위해 싸운다.

반대로, 마르크스주의는 국가(또는 '권력' 일반)를 근본적 문제로 여기지 않는다. 오히려 마르크스주의는 국가의 출현을 사회가 적대적 계급들로 분화한 결과라고 설명한다. 또, 계급 분화는 생산력 발전이 일정 단계에 이른 결과라고 설명한다. 그러므로 중심 문제는 계급 분열을 폐지하는 것이다. 이는 노동계급이 자본가계급을 이겨야만 이뤄질 수 있다. 이를 위해 노동계급에게는 조직과 지도(노동조합, 혁명적 정당, 노동자 평의회 등) 그리고 권력의 사용(대중 피케팅부터 반혁명에 맞서 싸우기 위한 노동자 국가 건설까지)이 필요하다.

아나키스트들이 특히 분노하는 것은 이 마지막 대목에서다. 여기서 그들은 부르주아지의 논리를 그대로 되풀이한다. 즉, 혁명 권력은 반드시 전제정치를 낳으며 레닌주의는 반드시 스탈린주의를 낳는다고. 그러나 아나키스트들은 자본가들의 저항과 낡은 질서를 부활시키려는 자본가들의 시도를 물리칠 수 있는 진지한 대안을 전혀 내놓지 못했다.

지금까지 우리는 대자본과 노동계급 두 세력 모두에 우호적이지 않은 급진적 프티부르주아지를 사회적 기반으로 하는 '순수한' 아나키즘을 살펴봤다. 아나키즘이 노동계급 속에서 기반을 얻고자 하는 한 아나키즘의 개인주의적 원칙을 몇 가지 포기해야 했고 집단적 조직의 필요성을 받아들여야 했다. 그래서 아나키즘은 신디컬리즘('부르주아' 정치에 참여하는 것과 혁명적 정당의 구실을 한사코 부정하는 혁명적 노동조합주의의 한 형태)과 융합되는 경향을 보여 왔다.

이 아나코신디컬리즘은 아나키즘 가운데 마르크스주의와 가장 가까운 것이며 러시아 혁명 직후 많은 아나코신디컬리스트들은 제3인터내셔널에 참여했다. 그러나 아나키즘은 이론이 없고 정치를 기피하다 보니 개혁주의자들이 정치의 주도권을 잡도록 방치한다. 노동자 권력의 성격을 이해하지 못하는 아나키즘은 사회의 혁명적 변혁과 노동계급의 해방을 성취하기 위한 실천적 길잡이로서 자격이 없다.

5장 사회주의 전략·전술

■ ■ ■ 혁명적 정당[*]

내가 보기에 마르크스 이후 마르크스주의 이론에 기여한 많은 이론 가운데 가장 중요한 것은 레닌이 발전시킨 혁명적 정당 이론이다. 이 이론이 매우 중요한 이유는 혁명적 정당 없이는 사회주의 혁명이 승리할 수 없다는 것이 역사의 교훈이기 때문이다.

레닌 당 이론의 긍정적 특징들을 자세히 살펴보기 전에 먼저 그 이론이 뜻하지 않는 바가 무엇인지부터 말해야 할 듯하다. 레닌의 당 이론은 노동계급이 효과적으로 투쟁하려면 정당으로 조직돼야 한다는 생각만을 뜻하지 않는다. 이런 생각은 이미 마르크스나 대다수 마르크스주의자들과 사회주의자들이 레닌보다 훨씬 오래전에 분명히 주장한 것이고, 레닌 이후 대다수 개혁주의자들과 레닌주의를 지지하지 않는 사회주의자들도 기꺼이 받아들인 생각이다.

레닌의 당 이론은 또, '민주집중제' 같은 모종의 특별한 조직적 공식도 아니다. 사회주의 정당이 토론하고 정책을 결정할 때는 내부적으로 민주적이어야 하지만 그 정책을 실행할 때는 행동을 통일해야 한다는 원칙을 볼셰비키당이나 다른 레닌주의 조직들이 채택한 것은 사실이다. 그러나 그것은 레닌이 발명한 것도 아니었고, 고정불변의 조직 구조나 제도도 아니었고, 레닌주의 정당만의 핵심 특징도 아니었다.

레닌주의의 독특한 특징은 당과 계급의 관계에 대한 새로운 개념이었다. 이 개념은 어느 날 갑자기 레닌이 이론적 영감을 얻어 제시한 것도 아

---

[*] 2007. 3. 18.

니고 레닌의 특정 저작에 체계적으로 설명돼 있는 것도 아니다. 오히려 그 개념은 레닌과 볼셰비키가 이론적으로 자세히 설명하기 전에 먼저 실천 속에서 발전시킨 것이다. 돌이켜 보면, 그 개념은 두 가지 핵심 원칙의 결합을 바탕으로 한다고 말할 수 있다.

첫째, 혁명적 사회주의자들만으로 이뤄진 당을 독자적으로 조직하는 것과 둘째, 독자적 혁명 조직과 노동계급 대중 사이에 최대한 긴밀한 관계를 구축하고 유지하는 것이다.

마르크스 이전에 사회주의 활동 모델은 두 가지였다. 첫째는 프랑스 혁명에서 유래했고 자코뱅의 경험에 바탕을 둔 것으로, 대중을 대신해서 쿠데타로 정권을 장악하려는 비밀결사나 음모였다. 둘째는 공상적 사회주의자들처럼 사회주의의 장점을 일반 대중, 특히 지배계급에게 설파하는 수동적 선전이었다. 마르크스는 이 두 모델을 모두 극복했다. 그는 노동계급의 해방이 노동계급 자신의 행동이라는 것을 강조했고, 노동자 정당이 노동자들의 일상적 투쟁에 적극 관여할 뿐 아니라 이것을 사회주의적 정치 선전과 결합해야 한다고 생각했다.

마르크스 이후 사회주의 조직의 유력한 형태는 일국적 노동자 대중정당이었다. 그런 정당에는 그 나라의 온갖 부류의 사회주의자들이 다 포함돼 있었다. 독일 사회민주당이 전형적 사례였다. 사회민주당 안에는 에두아르트 베른슈타인이 이끄는 개혁주의 분파, 로자 룩셈부르크와 카를 리프크네히트가 이끄는 혁명적 좌파, 말로는 혁명을 이야기하면서도 개혁주의를 실천하는 베벨과 카우츠키가 이끄는 '중간주의적' 다수파가 모두 모여 있었다. 비슷한 경향들을 가진 비슷한 정당들이 제1차세계대전 전에 유럽의 대다수 나라에 존재했고, 그들이 건설한 인터내셔널이 제2인터내셔널, 즉 사회주의 인터내셔널이었다.

5장 사회주의 전략·전술

이런 상황에서 레닌은 혁명적 좌파가 우파인 개혁주의자들이나 동요하는 중간주의자들과 분리해서 독자적으로 조직해야 한다는 사상을 제기했다. 여기서 정말로 중요한 것은 개혁주의 지도자들의 구실이었다. 마르크스와 엥겔스, 청년 트로츠키와 룩셈부르크는 모두 개혁주의자가 아니라 혁명가였지만, 그들은 일단 혁명이 일어나면 개혁주의·중간주의 지도자들이 운동에 휩쓸리거나 아니면 운동에 의해 제쳐질 것이라고 생각하는 경향이 있었다. 그러나 경험이 보여 줬고, 레닌이 처음에는 직관적으로 나중에는 의식적으로 파악한 바는 개혁주의 지도자들이 그보다 훨씬 더 위험하다는 사실이었다. 그들은 단지 사회주의의 온건파가 아니라 노동자 운동 안에 있는 부르주아지의 대리인, 부르주아 사상의 대변자였다. 더욱이, 노동조합 운동과 노동운동에서 발전한 관료 계층이 그들의 진정한 사회적 기반이었다. 이 관료들은 투쟁의 결정적 국면에서 노동계급이 결집하지 못하게 마비시키는 데 이용될 수 있었고 실제로 이용되곤 했다. 따라서 독자적인 혁명적 조직이 개혁주의의 영향력에 맞서 싸우고 노동자 운동의 지도력을 획득하는 데 필수적이었다.

그와 동시에, 혁명가들을 따로 조직하는 것은 노동계급의 단결을 깨뜨리고 혁명적 노동자들(비非혁명적 시기에는 불가피하게 소수일 수밖에 없는)을 다수의 노동계급과 단절시킬 위험이 있었다.

이 때문에 둘째 원칙, 즉 계급 대중과 가장 긴밀한 관계를 유지하는 것이 첫째 원칙의 변증법적 보완책이자 마찬가지로 레닌 당 이론의 필수 요소인 것이다. 이 둘째 원칙이 구체적으로 뜻한 바는 볼셰비키당의 여러 투쟁(종파주의와 초좌파주의에 대항하는 투쟁)과 국제공산당(코민테른)의 초기 활동을 보면 알 수 있다. 노동계급의 모든 경제투쟁에 참여한 것, 모든 피억압자들의 진보적·민주적 요구들을 지지한 것, 1905년에 페테르

부르크 소비에트와 1917년에 각종 소비에트들을 지지하고 참여한 것, 심지어 불법 상황에서도 합법적 기회들을 이용한 것, 반동적 지도부가 장악한 노조라 할지라도 노조에 참여한 것, 부르주아 선거와 의회에 참여한 것, 개혁주의 조직들과 공동전선 전술을 추구한 것.

레닌적 정당의 올바름과 필요성은 러시아 혁명의 승리에서 긍정적으로 입증됐고, 제1차세계대전 후 유럽 각지의 혁명이 패배한 것에서 부정적으로 입증됐다. 러시아 혁명과 독일 혁명의 핵심 에피소드를 서로 비교해 보면 매우 유익하다. 1917년 7월에 러시아 노동자의 일부가 (페트로그라드에서) 때이른 권력 장악을 시도했다. 레닌과 볼셰비키는 경험과 권위가 있었기에 성급한 봉기를 자제시키고 대중과 분리되지 않은 채 질서 정연하게 퇴각할 수 있었다(레닌은 다시 숨어 다녀야 했다). 9월 초[율리우스력으로는 8월 말]에 제정 군부의 장군 코르닐로프가 반혁명 쿠데타를 기도했을 때 볼셰비키는 케렌스키 정부를 방어하면서도 동시에 그 정부의 기반을 잠식할 만큼 융통성 있고 기민했다. 그렇게 해서 볼셰비키는 소비에트에서 다수파가 되고 10월에 결정적으로 권력을 장악할 수 있었다.

이와 대조적으로, 1919년 1월에 독일의 일부 노동자들이 봉기를 감행했을 때 룩셈부르크와 리프크네히트는 그것이 실수라는 것을 알았지만 그들이 갓 결성한 조직인 스파르타쿠스단은 볼셰비키 같은 전략·전술 능력이 없어서 섣부른 봉기 물결에 휩쓸리고 말았다. 봉기는 분쇄됐고 룩셈부르크와 리프크네히트는 살해당했다. 그래서 독일 프롤레타리아는 자신들의 가장 뛰어난 지도자들을 잃었고, 1923년에 진정한 혁명적 상황이 닥쳤을 때 이제는 수동적인 지도부가 결정적 순간을 놓치고 말았다.

결론적으로 레닌주의의 가장 설득력 있는 주장 가운데 하나를 간단히 말하면 다음과 같다. 1871년 파리코뮌부터 1936년 스페인까지, 1956년 헝가리 혁명부터 1998년 인도네시아 혁명까지 노동계급은 거듭거듭 자본주의에 도전했다. 그러나 딱 한 번, 1917년 10월에만 국가권력을 장악했다. 레닌주의 정당이 자신들의 선두에 서 있었을 때만 말이다.

■ ■ ■

민주집중제는 반민주적일까?[*]

민주적 중앙집중제(이하 민주집중제)는 민주적 논쟁에 따른 정책 결정을 모든 당원의 행동 통일과 결합시키는 당 조직 원칙이다. 모든 당원은 민주적 토론과 논쟁을 거쳐 정책을 결정하고, 그 정책을 실행할 때는 행동을 통일해야 한다.

레닌과 볼셰비키 시대 이래로 대다수 마르크스주의 정당들은 민주집중제를 바탕으로 활동했다. 아니, 활동한다고 주장했다.

내가 "주장했다"고 말한 이유는 이른바 마르크스주의 정당들의 압도 다수가 사실은 소련에 충성하는 스탈린주의 정당이었고, 그런 당에서는 중앙집중제가 압도적이어서 모든 당원이 모스크바에서 결정한 노선에 복종해야 하는 반면 민주주의는 사실상 존재하지 않았기 때문이다. 당연히 이런 경험으로 말미암아 민주집중제는 악명을 얻게 됐다.

그런데 스탈린주의가 마르크스주의 개념이나 실천을 오용하고 왜곡해서 불신의 대상으로 만들어 버렸다는 이유로 우리가 마르크스주의 개념이나 실천을 거부한다면 우리는 분명히 마르크스주의와 사회주의를 통

---

[*] 2008. 7. 27.

째로 거무해야 할 것이나. 그러나 민주집중제에 대한 적대적 대도는 스탈린주의적 '민주집중제'에 국한되지 않는다. 많은 좌파(좌파 개혁주의자, 자유지상주의자, 자율주의자, 아나키스트 등)가 이 문제와 관련해서 트로츠키주의 정당들을 비판할 뿐 아니라, 스탈린주의에 강력하게 반대하는 다른 정당들까지 싸잡아 비판한다. 민주집중제는 심각한 결함이 있는 본래 반민주적 조직 모델이라는 견해가 좌파 사이에 널리 퍼져 있다는 것은 분명하다.

그래도 나는 첫째, 혁명적 노동자 정당이 투쟁 속에서 노동계급의 지도자 구실을 효과적으로 하려면 민주집중제가 **필수적**이고 둘째, 민주집중제가 반민주적이기는커녕 사실은 가장 민주적인 당 조직 형태라고 주장하고자 한다.

민주집중제의 중요성을 이해하려면 민주주의와 중앙집중제를 결합시키려는 노력이 레닌이나 다른 마르크스주의자가 생각해 낸 모종의 자의적 조직 원칙이 아니라, 노동계급 투쟁의 본질 자체에서 맹아적 형태로 비롯한다는 것을 이해해야 한다. 노동계급 투쟁은 아래로부터의 투쟁, "압도 다수의 이익을 위한 압도 다수의 투쟁"이다. 노동계급 투쟁의 초기(예컨대, 영국의 차티스트운동 시절)부터 운동의 가장 중요한 요구 가운데 하나는 정치적 민주주의, 민주공화국이었다. 정치적 민주주의만으로는 사회를 바꾸는 데 충분치 않다는 것을 깨달았을 때 노동자들은 민주주의의 축소가 아니라 확대를 요구했다. 즉, 민주주의가 생산과 사회 전체로까지 확대된 사회적 민주주의를 요구한 것이다. 따라서 각종 노동자 단체, 노동조합, 협회, 정당, 기타 등등이 적어도 처음에는 민주적 규약과 절차를 채택한 것은 당연했고 필연적이었다.

그러나 노동자 투쟁에는 중앙집중제의 요소도 내재해 있다. 자본의 권

227

력은 본질적으로 매우 중앙집중적이다. 자본주의 기업에서 내려진 결정은 위에서 아래로, 기업 소유주나 이사회에서 말단 사원에게 전달되고 거의 군사적 규율에 따라 집행된다. 자본주의가 나이를 먹고 자본의 소유가 더 집중될수록 이 중앙집중화 경향도 점차 확대되고 강렬해진다. 삼성이나 포드나 엑손이 가격, 공장폐쇄, 노동쟁의 대처 방안 등에 대해 전략적 결정을 내리면 그들은 전 세계의 모든 [지사] 관리자가 이 결정을 집행하기를 기대할 것이다. 이런 [자본의] 권력에 맞서 노동자들이 자신의 권리를 지키려면 서로 힘을 합치고 함께 **행동**하는 것 말고는 달리 대안이 없다.

계급투쟁의 가장 기본적 형태인 파업을 생각해 보라. 특정 작업장, 회사, 산업의 노동자들은 파업에 들어갈지 말지를 민주적으로(이상적으로는 대중 집회에서 투표를 통해) 결정하지만, 일단 결정이 내려지면 모든 노동자가 그 결정을 따라야 한다. 만약 파업을 하지 않기로 결정했는데도 일부 노동자들이 파업을 벌인다면 그들은 거의 틀림없이 해고당할 것이다. 그러나 파업을 벌이기로 결정했다면 모든 노동자가 파업에 동참해야 한다. 동참하지 않는 노동자는 파업 파괴자, 배신자가 될 것이다. 이것은 맹아적 민주집중제다. 그리고 민주집중제를 비판하는 사람들에게 지적해 줄 만한 사실이 하나 있다. 부르주아 자유주의자들은 노동조합의 연대와 규율이 개인의 신성한 권리를 침해한다고 항상 비난하지만 자본의 중앙집중적 권력이 노동하는 사람들의 권리를 어떻게 침해하는지에 대해서는 한마디도 하지 않는다.

혁명적 정당의 민주집중제는 파업의 민주집중제를 바탕으로 하고 있지만 둘 사이에는 차이도 있다. 파업에서 민주집중제는 주로 경제투쟁에만 적용된다. 당에서 민주집중제는 정치적 수준에도, 그리고 어느 정도는 이데올로기 수준에도 적용된다. 이것은 혁명적 정당이 노동자 운동 전체 안에서 자발적 소수의 조직이고, 혁명적 정당의 목표는 정치권력, 즉 국가권력을 장악하도록 노동계급을 이끄는 것이며, 그 목표를 달성하려면 노동계급 안에서 득세하는 부르주아 사상에 맞서 그리고 노동자 투쟁의 발목을 잡고 노동자 투쟁을 부르주아지에게 팔아넘긴다는 것이 경험적으로 입증된 다른 정치 경향들(개혁주의·스탈린주의 등)에 맞서 다양한 측면의 이데올로기 투쟁을 벌여야 하기 때문이다.

이 정치적 민주집중제의 필요성은 파업의 사례를 혁명적 상황의 사례로 바꿔 보면 알 수 있다. 즉, 대중이 행동에 나서고, 기존 국가기구가 붕괴하고, 아마도 이원권력의 요소들(노동자 평의회, 작업장 점거 물결 등)이 존재하고, 무장봉기를 할 것인가 말 것인가 하는 운명적 결정을 내려야 하는 상황 말이다. 가장 격렬한 계급 전쟁이 한창 벌어지고 있는 상황에서 이런 결정을 어떻게 내릴 수 있을까? 국민투표 따위는 불가능할 것이고, 의회 청문회 방식의 공개 논쟁을 벌일 수도 없을 것이다. 그것은 우리 계급의 적에게 조심하라고 미리 알려 주고 반혁명 탄압을 자초하는 것이나 마찬가지이기 때문이다. 노동계급의 모든 부문에 뿌리를 내리고 민주적 내부 논쟁이라는 강력한 전통이 있는 정당만이 대중의 분위기와 [무장봉기의] 성공 가능성을 정확히 가늠할 수 있을 것이다. 그러나 일단 결정이 내려지면 그 결정은 분명히 (서울·광주·부산에서 또는 런던·맨체스터·버밍엄에서) 일치단결해서 실행돼야 한다. 그러지 않으면 혁명은 분쇄되고 말 것이다.

비판가들은 이런 주장이 옳다고 하더라도 지금은 혁명적 상황도 아니고 사악한 지도자들이 민주집중제를 너무 쉽게 조작한다는 문제점은 여전히 남는다고 주장한다. 반민주적 조작이 당의 형식적 규약과 무관하게

5장 사회주의 전략·전술

항상 가능하다는 것은 사실이다. 그러나 민주집중제는 그런 조작을 더 어렵게 만들지, 더 쉽게 만들지는 않는다. 왜냐하면 민주집중제는 당의 기층 당원들뿐 아니라 지도자들도 규율하기 때문이다.

민주적 토론과 논쟁의 수준은 높지만 집중제는 거의 없는 당을 떠올려 보라. 토니 블레어가 장악하기 전의 영국 노동당이 그런 정당이었다. 당시 노동당의 연례 당대회에서는 열정적 논쟁, 당 지도부 비판, 민주적으로 제안되고 표결에 부쳐지는 결의안이 넘쳐 났다. 그러나 그 모든 것은 아무 쓸모가 없었다. 집중제가 없었기 때문에 당 지도부는 당대회 결정 사항들을 간단히 무시해 버렸다. 특히 노동당이 집권하고 있을 때는 더 그랬다. 집중제가 없었으므로 민주주의도 없었다. 왜냐하면 노동자들인 평당원 다수가 자신들의 견해를 행동 지침으로 만들 수단이 없었기 때문이다.

근본적으로 민주집중제 문제는 계급 문제다. 노동계급은 민주주의와 집중제가 모두 필요하다. 왜냐하면 노동계급 운동은 함께 행동해야만 성공할 수 있는 아래로부터의 운동이기 때문이다.

■ ■ ■
국제 공산주의 운동[*]

국제주의는 항상 마르크스주의와 진정한 사회주의의 근본 원칙이었고, 마르크스주의자들은 항상 자신들의 세력을 국제적으로 조직하려 했다.

---

[*] 2007. 6. 8 & 22.

1914년에 제2인터내셔널의 사회주의 정당들이 대부분 제1차세계대전에서 자국 지배계급을 지지하며 국제주의를 배신하자 레닌은 새(제3) 인터내셔널의 필요성을 재빨리 깨달았다. 그러나 상황(주로는 전쟁과 세력 부족) 때문에 이 과제는 러시아 혁명이 일어난 지 15개월 뒤에야 실현됐다.

1919년 3월 러시아가 내전에 휩싸이고 혁명의 물결이 유럽을 휩쓸며 고조되고 있을 때 모스크바에서 공산주의(제3) 인터내셔널 1차 대회가 열렸다. 그 대회의 목표는 각국 정당들의 단순한 연맹체 이상을 건설하는 것이었다. 나중에 코민테른으로 알려지게 된 그 인터내셔널은 국제 노동계급이 전 세계에서 승리하도록 이끌 수 있는 단일한 국제 혁명 조직(러시아 볼셰비키당을 세계 규모로 확대한 것)이 돼야 했다.

1차 대회 당시의 코민테른은 여전히 비교적 취약했다. 러시아 공산당을 제외하면, 1차 대회에 참가한 외국 공산당 대표들은 헝가리·폴란드·라트비아·에스토니아 등 대부분 동유럽 나라의 공산당 소속이었다. 서유럽 등지에서 온 대표들은 주로 소규모 그룹이나 경향 소속이었다. 그들은 아직 제대로 정당을 건설하지 못했거나 많은 경우 아직 완전한 공산주의자들도 아니었다.

그러나 1920년 7월 2차 대회 때는 대회에 참가한 공산당의 수가 크게 늘었을 뿐 아니라 공산당에 대한 노동계급의 지지도 크게 늘었다. 특히 독일에서 그랬다.

이제 공산주의 인터내셔널은 국제 노동계급의 조직 역사에서 최고 정점에 이르렀고, 그때뿐 아니라 오늘날까지도 자본가계급의 지배에 대한 가장 강력한 위협이었다. 역사상 처음이자 유일하게 세 가지가 한꺼번에 일어난 듯했다. 세계 체제의 심각한 총체적 위기, 국제 노동계급의 전투성과 의식성의 급격한 고양, 수많은 나라 혁명적 단체들 간의 강력한 연계 구축.

5장 사회주의 전략·전술

비극이게도 코민테른은 자신의 목표를 달성하지 못했고 기회는 유실됐다.

왜 그랬을까? 근본적으로 혁명 지도부의 실패 때문이었다. 이탈리아와 독일에서 각각 결정적 패배가 있었고, 두 경우 모두 노동계 지도자들의 수동성이 결정적 패인이었다. 이탈리아에서는 1919~20년의 '붉은 2년' 동안 대중 파업과 대규모 공장점거가 잇따랐다. 특히, 토리노와 밀라노에서 그랬다. 그러나 주요 노동계급 정당인 사회당(코민테른 가입을 타진하던)의 지도부는 손 놓고 앉아서 아무 일도 하지 않았다. 그 결과 혁명적 기회가 유실됐을 뿐 아니라 끔찍한 반동의 공세가 시작됐다. 붉은 2년에 이어 검은 2년이 뒤따랐고, 검은 2년은 무솔리니 파시스트들의 권력 장악에서 절정에 달했다.

진정한 혁명적 정당 건설이라는 관점에서 보면, 이탈리아 마르크스주의자들은 전략적으로는 뒤늦은 반면 전술적으로는 조급했다고 말할 수 있겠다. 한편으로 혁명적 좌파는 사회당의 동요하는 개혁주의적 지도부와 너무 오랫동안 함께했다. 다른 한편으로 1921년에 그 지도부와 결별하고 실제로 공산당을 건설할 기회가 찾아왔을 때는 너무 급하게 서두른 나머지 개혁주의 진영에서 끌어올 수 있는 세력을 최소화하고 말았다.

독일에서는 혁명 과정이 더 오래 걸렸지만 결과가 재앙적이기는 마찬가지였다.

독일 혁명은 1918년 10월 킬 군항 수병들의 반란으로 시작됐다. 이 반란은 독일군 전체로 들불처럼 번졌다. 몇 주가 채 안 돼 카이저[독일 황제의 칭호]가 퇴위했고, 권력은 사회민주당 지도자들에게 넘어갔다.

1919년 1월 혁명적인 스파르타쿠스단(독일 공산당의 전신)이 베를린에서 봉기를 일으켜 이 민주주의 혁명을 노동자 혁명으로 전환시키려 했다.

사회민주당 정부는 자유군단이라는 우익 무장 단체와 손잡고 이 때이른 봉기를 진압했다. 이 과정에서 스파르타쿠스단 지도자인 카를 리프크네히트와 로자 룩셈부르크가 살해당했다. 로자 룩셈부르크는 당시 독일 최고의 마르크스주의자이자 혁명가였다.

사회민주당 정부가 이끈 바이마르공화국은 계속 살아남았지만, 혁명적 위기도 지속됐다. 1920년 3월 우익 무장 단체가 공화국을 무너뜨리려고 카프 쿠데타를 일으켰지만 전국적 총파업으로 좌절됐다.

그 뒤 엄청나게 성장한 공산당이 1921년 이른바 '3월 행동'이라는 또 다른 혁명적 공세를 감행했다. 이 투쟁도 때이른 것이었고 역시 패배했다.

독일 사회의 만성적 불안정은 지속됐고, 위기는 1923년 여름과 가을에 극도로 악화했다. 당시 독일은 극심한 인플레이션에 시달리고 있었다. 1923년 1월에 1달러당 1만 8000마르크였던 환율이 6월에는 10만 마르크, 12월에는 4조 마르크로 폭등했다! 노동자들은 임금을 손수레로 실어 날랐고, 공산당에 대한 지지가 급증했다.

그러나 두 번이나 때이른 봉기를 일으켰다 실패한 공산당 지도자들은 스탈린 등 러시아 지도자들의 조언에 따라 이제는 아무 일도 하지 않았다. 결정적 순간은 그냥 지나갔고, 독일 자본주의는 적어도 5년 동안 안정을 되찾았다.

그 결과는 이루 말할 수 없었다. 만약 독일 혁명이 성공했다면 러시아와 독일 사이에 있는 모든 나라의 자본주의도 급속하게 무너졌을 공산이 크다. 그랬다면 강력한 혁명적 추진력이 형성됐을 것이고, 아마 오늘날 우리는 사회주의 세계에 살고 있을 것이다. 그러나 독일 혁명의 패배로 제1차세계대전 종전 직후의 혁명적 위기는 끝나고 러시아 혁명은 확실히 고립됐다.

그래서 러시아에서 이미 나타나고 있던 관료적 변질과 스탈린주의 경향이 엄청나게 강화됐다.

이탈리아와 독일, 그 밖의 유럽 나라들(예컨대 헝가리와 불가리아)에서 혁명이 실패한 이면에는 다음과 같은 사실, 즉 레닌과 볼셰비키가 수십 년 동안 습득한 혁명적 전략·전술의 교훈이 채 4년도 안 되는 짧은 기간에 유럽의 신생 공산당들에게 전수될 수 없었다는 사실이 있다.

불행히도, 그 뒤의 시기는 스탈린주의의 방법과 정책이 국제 운동에 전수되기가 훨씬 더 쉬웠음을 보여 준다.

공산주의 인터내셔널의 초기(1919~23년)는 노동계급 정치조직의 역사에서 정점이었다. 그러나 유럽 혁명의 패배와 러시아 혁명의 고립, 그에 따른 스탈린주의의 발흥은 코민테른의 기본 구실과 정책에 파괴적 영향을 미칠 수밖에 없었다.

스탈린과 러시아 지도자들이 '일국사회주의' 정책을 채택한 것이 결정적이었다. 레닌·트로츠키를 비롯한 볼셰비키 지도자들은 모두 마르크스·엥겔스와 마찬가지로 사회주의 혁명을 근본적으로 국제적 과정으로 봤고 러시아 혁명을 국제 혁명의 첫걸음으로 여겼다. 국제 혁명이 없다면 혁명 러시아는 사회주의를 건설할 수도 생존할 수도 없을 것이라고 생각했다.

[그러나] 스탈린은 독일 혁명이 패배한 뒤 1924년에 이 국제주의 전통을 포기하고, 서방 자본주의에 의해 군사적으로 전복되지만 않는다면 러시아 일국에서도 사회주의 건설을 완수할 수 있다는 견해를 채택했다.

이것은 코민테른과 코민테른 소속 정당들의 정책에 심대한 영향을 미쳤다. 원래 이 정당들의 첫째 과제는 자국에서 혁명을 추구함으로써 자국 노동계급과 러시아 혁명의 이익에 이바지하는 것이었다.

이제 그들의 주된 과제는 소련에 대한 군사 공격을 예방하는 것으로 바뀌었다. 그래서 각국 공산당은 다양한 개혁주의·민족주의 세력들과 동맹했다. 그들은 노동자 혁명의 관점에서는 결코 믿지 못할 세력이지만, 적어도 대러시아 전쟁에는 반대하도록 설득될 수 있다는 것이었다.

이런 우경화의 맨 처음 결과는 1926년 영국 총파업에서 나타났다. 1925년에 스탈린의 명령을 받은 소련 노동조합 연합은 영국의 '좌파' 노동조합 지도자들과 동맹을 맺고 '영-소 노동조합위원회'를 결성해서 영국의 소련 개입에 반대했다.

이 동맹은 영국 공산당이 개혁주의 노조 지도자들을 대하는 태도에 큰 영향을 미치기 시작했다. 공산당은 그들을 비판하지 않았고, 공산당 소속 노동조합원들의 독자적 행동 능력은 크게 위축됐다. 바로 그때 광원들을 선두로 영국 노동계급과 노동조합이 정부·지배계급과 대대적으로 충돌하기 시작했고, 그 충돌은 1926년 5월 전국적 총파업에서 절정에 달했다.

그러나 공산당과 동맹한 바로 그 좌파 노조 지도자들의 비열한 배신으로 이 총파업은 겨우 9일 만에 중단됐다. 더욱이 그 동맹을 중개한 코민테른의 방해 때문에 영국 공산당은 노동계급에게 개혁주의 지도자들을 믿지 말라고 경고하거나, 그들이 배신하면 공산당원 투사들이 독자적으로 행동하도록 준비시키지 못했다. 그래서 영국 노동계급은 패배했고 한 세대쯤 퇴보했다. 코민테른은 이 과정의 공모자였다.

근본적으로 이와 비슷하지만 훨씬 더 재앙적인 사건이 1927년 중국에서 일어났다. 1925~27년에 중국 노동계급, 특히 상하이와 광저우의 노동자들이 제국주의와 봉건 군벌의 중국 지배에 맞서 대규모 반란 물결을 일으켰고, 신생 공산당은 급성장했다.

그러나 스탈린이 지배한 코민테른의 노선은 중국 공산당이 장제스가 이끄는 부르주아 민족주의 정당인 국민당과 동맹해야 할 뿐 아니라 국민당에 복종해야 한다는 것이었다. 장제스를 잠재적 소련 옹호자로 봤기 때문이다.

그러나 1927년 장제스는 자신의 동맹 세력인 공산당을 공격해서 말 그대로 대학살을 자행했다. 이 재앙의 즉각적 결과로 마오쩌둥은 농촌과 농민에 의존하는 정책으로 전환했고, 그 뒤 중국의 노동계급 사회주의는 아직까지 실제로 복원되지 않았다.

이런 재앙적 정책들을 추진하는 동안 코민테른의 성격에 다른 변화가 일어나고 있었다. 스탈린은 대對중국 전술을 정당화하고자 낡은 멘셰비키·사회민주주의 노선으로 되돌아가, 식민지 나라들에서는 사회주의를 위한 조건이 무르익지 않았고 그런 상황에서는 마르크스주의자들이 '진보적' 민족 부르주아지를 지지해야 한다고 주장했다. 그와 동시에, 각국 공산당 안에서는 비판과 민주적 논쟁이 완전히 사라졌고, 당 지도부는 훨씬 더 고분고분한 소련 하수인들이 됐다.

1928~29년 스탈린이 강제 공업화와 농업 집산화(소련 노동자·농민을 쥐어짜는 국가자본주의 노선)를 시작했을 때, 그는 자신의 행적을 좌파적 언사와 구호로 은폐해야 했다. 이 가짜 좌파 구호들을 국제 문제에 적용한 자연스런 결과로, 사회민주주의 정당을 '사회(주의) 파시스트'라고 비난하고 심지어 나치에 맞선 동맹 일체, 심지어 다른 노동계급 정당들과의 동맹조차 거부하는 종파주의 정책이 나타났다.

이 가짜 좌파 노선은 1929~33년의 결정적 시기에 독일 노동계급을 분열시키고 혼란에 빠뜨려서 히틀러의 집권을 크게 도와줬다는 점에서 그 전의 우경화 전략보다 훨씬 더 끔찍한 결과를 낳았다.

나치 복일의 노골적인 군사적 위협에 직면하자 스탈린의 고민대로 은 또 한 번 방향을 전환했다. 노동자들의 공동전선조차 반대하던 정책에서 이제는 '민주적' 부르주아지와 동맹하는 인민전선[계급을 초월한 국민 연합 전략]으로 전환한 것이다.

이 인민전선 정책은 스페인 내전(1936~39년)이라는 시험대에서 공산당이 프랑코에 맞서 부르주아지의 일부와 단결한다는 명목으로, 자발적으로 발전하던 스페인 혁명을 억제하는 것으로 나타났다. 실제로 이것은 혁명을 저지했을 뿐 아니라 스페인 노동계급의 사기를 떨어뜨려 프랑코의 승리를 도와줬다.

한편, 국제 공산주의 안에서 또 다른 힘이 작용하고 있었다. 일국사회주의가 소련에서 가능하다면 다른 많은 나라에서도 가능할 것이다. 따라서 사회주의로 가는 길이 나라마다 다르다는 생각이 점차 각국 공산당을 사로잡았다. 이런 생각은 소련에 대한 충성에 오랫동안 눌려 있었지만, 1950~60년대에 소련의 힘이 약해지자 스탈린주의 정당들에서 민족주의와 개혁주의 경향이 전면에 등장했고 결국 스탈린주의를 사회민주주의와 거의 구분할 수 없게 돼 버렸다.

따라서 스탈린주의는 국제 사회주의를 위한 투쟁에 대체로 다음과 같은 역사적 영향을 미쳤다.

첫째, 일련의 재앙적 패배를 초래해서 자본주의가 살아남고 파시즘이 승리할 수 있게 해 줬다. 둘째, 세계 프롤레타리아 혁명을 위한 운동을 국제적 반혁명과 자본주의 개혁 운동으로 변질시켰다. 다행히도 오늘날 스탈린주의가 노동자들의 투쟁을 억누르고 진정한 사회주의를 가로막는 능력은 엄청나게 약해졌다.

　　　　　　　　　　　　　　　　　5장 사회주의 전략·전술

연속혁명론[*]

마르크스주의는 자본주의의 변화와 계급투쟁의 발전에 계속 조응해야 하는, 살아 움직이며 발전하는 이론이다. 트로츠키의 연속혁명론은 마르크스 사후 마르크스주의에 대한 가장 중요한 기여 가운데 하나다. 연속혁명론은 20세기를 통틀어 마르크스주의에 기여한 가장 독창적이고 중요한 사상 가운데 하나로서 그 함의는 아주 광범하다.

불행히도, 연속혁명론을 이해할 때 가장 먼저 부딪히는 장애물은 바로 그 이름이다. 당연히 사람들이 '연속permanent혁명'이라는 말을 처음 들을 때 드는 생각은 혁명이 끝없이 영원히 계속된다는 것이다. 이 말은 혁명이 실제로 어떻게 전개되는지 알지 못하는 일부 사람들에게는 흥미진진하게 들릴지 모르지만, 실제로는 끝없이 영원히 계속되는 혁명은 불가능할 뿐 아니라 마르크스주의에도 어긋난다. 왜냐하면 인간사에서 폭력과 충돌을 없애는 것이 마르크스주의의 궁극적 목표이기 때문이다.

사실, '연속'혁명은 마르크스주의의 역사에 등장하는 다른 용어들, 예컨대 볼셰비즘이나 멘셰비즘과 마찬가지로 우연히 붙은 별명일 뿐이다. 그래서 연속혁명론의 기본 사상을 역사적 맥락 속에서 파악해야만 비로소 그 별명조차 제대로 이해할 수 있다.

그 역사적 맥락은 무엇보다 20세기 초 제정 러시아였다. 당시 러시아는 유럽에서 경제적·사회적·정치적으로 가장 후진적인 사회였다. 인구의 대다수는 17세기 서유럽에 비길 만한 조건에서 일하며 살아가던 농민

---

[*] 2007. 2. 28.

이었다. 영국에서 농노제가 사라진 지 400년도 더 지난 1861년에야 비로소 러시아에서 농노제가 폐지됐다. 러시아의 지배계급은 여전히 귀족 지주들이었다. 근대적 공업과 그 산물인 부르주아지와 프롤레타리아가 도시들, 특히 페테르부르크와 모스크바에서 이제 갓 발전하기 시작했지만, 농업이 여전히 우세했다. 민주주의나 표현의 자유는 없었다. 정치권력은 황제인 차르의 손에 집중돼 있었고 차르의 지배는 절대적이었다. 다시 말해, 당시 러시아의 상황은 1789년 프랑스 대혁명 전의 프랑스와 견줄 만했다.

러시아의 신흥 마르크스주의 운동이 직면한 문제는 그런 상황에서 마르크스주의자들이 무엇을 해야 하는가였다. 한 가지 점에서 그들은 모두 일치했다. 러시아가 차르 왕정을 전복할 혁명을 향해 나아가고 있다는 것, 그리고 마르크스주의자들은 그런 혁명이 일어나도록 도와야 한다는 것이었다. 그들의 차이는 다가오는 이 혁명의 정확한 성격과 동역학, 따라서 혁명 속에서 마르크스주의자들이 해야 할 전략적 구실에 대한 것이었다. 이런 차이는 1905년 혁명의 여파로 전면에 부각됐고, 여기서 세 가지 태도가 분명해졌다.

첫째는 플레하노프와 멘셰비키의 태도였다. 그들은 러시아 혁명이 부르주아지가 지도하는 부르주아지의 혁명일 것이고 그 결과는 부르주아지가 지배계급인 부르주아 민주주의 사회여야 한다고 주장했다. 마르크스주의자들의 과제는 이 과정을 지원하면서 그 속에서 노동계급의 이익을 옹호하는 것이다. 사회주의를 위한 투쟁은 그 뒤의 일이다.

둘째는 레닌과 볼셰비키의 태도였다. 그들은 혁명의 근본 성격이 부르주아적(자본주의적) 혁명이라는 점, 즉 혁명의 결과는 부르주아 민주주의 사회이지 사회주의 사회가 아니라는 점을 인정했다. 그러나 러시아 부

5장 사회주의 전략·전술

르주아지는 너무 보수적이고 소심해서 자신을 위한 혁명을 스스로 이끌 수 없다. 노동계급이 농민과 동맹해서 부르주아적 혁명을 지도해야 할 것이다.

셋째는 레온 트로츠키가 발전시킨 연속혁명론이었다. 트로츠키는 부르주아지가 아니라 노동계급이 혁명을 지도할 것이라는 점에 대해 레닌과 견해가 같았다. 그러나 혁명 과정에서 노동계급은 권력을 장악하고 사회주의로 전환하기 시작해야 할 것이다. 다시 말해, 러시아 혁명은 부르주아 민주주의 단계에서 멈추지 않고 사회주의 혁명으로 나아갈 것이다('연속혁명'이라는 말은 1850년에 마르크스가 독일 혁명에 대해 비슷한 태도를 표명하며 사용한 구호에서 따왔다).

러시아 인구의 대다수가 농민인 데다 경제의 저발전으로 말미암은 후진성 때문에 러시아에서는 사회주의 생산관계를 유지할 수 없을 것이라는 중대한 반론이 제기되자 트로츠키는 러시아를 따로 떼어놓고 보면 그말이 맞다고 인정했다. 그러나 그는 러시아 혁명을 국제 혁명의 첫 단계로 이해해야 하고 국제적으로는 사회주의를 위한 조건이 무르익었다고 반박했다.

1917년의 실제 러시아 혁명은 트로츠키의 전망이 옳았음을 입증했다. 혁명은 차르를 타도한 2월 반란으로 시작됐다. 2월 반란은 노동자들의 자발적 행동이었다. 부르주아지가 혁명을 지도해야 한다는 생각에 집착한 멘셰비키는 처음에는 노동계급을 억제하려고 애쓰는 보수적 세력이 되더니 나중에는 10월 혁명에 반대하는 노골적 반혁명 세력으로 전락했다. 볼셰비키는 처음에 어중간한 태도를 취했는데, 사태 전개, 특히 노동자 권력의 맹아로서 소비에트(노동자 평의회)가 등장하고 망명지에서 귀국한 레닌이 "모든 권력을 소비에트로"라는 요구를 바탕으로 한 노동자 혁명의 전망으로 볼셰비키당을 재빨리 설득하자 그런 태도는 사라지고 말았다. 이로써 레닌은 실천에서 트로츠키의 주장을 받아들였던 것이다. 한편 트로츠키는 볼셰비키당에 가입하고 레닌과 함께 10월 혁명에서 노동계급이 권력을 장악하도록 이끌었다.

연속혁명론은 다음과 같은 사실에 의해 부정적 방식으로 그 타당성이 입증되기도 했다. 러시아 혁명이 국제적으로 혁명의 물결을 고무한 것은 사실이지만, 국제 혁명이 패배하자 러시아에서 사회주의를 건설할 수 없게 됐고 스탈린주의 반동이 득세할 수 있었다.

스탈린주의는 연속혁명론을 트로츠키주의 이단으로 비난하고 멘셰비키 단계론으로 되돌아가, 처음에는 1920년대 중국 혁명에서 나중에는 민주주의 투쟁이나 민족 독립 투쟁이 벌어지는 나라 모두에서 부르주아지와의 동맹을 추구했다. 이에 대응해 트로츠키는 연속혁명론을 일반화해 러시아뿐 아니라 전 세계에도 적용했다.

이 점은 마르크스주의에서 엄청나게 중요했다. 마르크스는 노동계급이 사회주의의 주체라고 주장(마르크스주의의 핵심 명제)했으므로 많은 자칭 마르크스주의자들이 사회주의는 노동계급이 인구의 다수인 선진 공업국들, 특히 유럽과 북아메리카에서나 가능하다고 생각했다. 반면에 트로츠키는 노동계급이 인구의 소수인 나라에서도 노동계급이 농민과 동맹해서 그리고 국제 혁명의 첫 단계로서 권력을 장악할 수 있고 장악해야 한다고 주장함으로써 사회주의 혁명 강령을 정말로 세계적인 것으로 만들었다.

심지어 봉건제가 사라지고 부르주아지가 거의 모든 곳을 지배하는 오늘날에도 기본적 민주주의나 민족해방을 위해 투쟁하는 곳은 어디나 연속혁명론이 여전히 적절하고 결정적으로 중요하다. 그런 상황에서 (자유

5장 사회주의 전략·전술

주의자·개혁주의자·민족주의자·스탈린주의자 등은) 항상 당면 투쟁의 '단결'을 위해 사회주의를 제쳐 두라고, 심지어 노동계급의 기본적 권리조차 제쳐 두라고 마르크스주의자들에게 압력을 가한다.

연속혁명론은 마르크스주의자들과 노동자 운동이 민주적·민족적 요구를 위한 투쟁을 지도함으로써 그런 당면 투쟁을 강화함과 동시에 그런 투쟁을 노동자 권력과 국제 사회주의를 위한 투쟁의 일부로 만들 수 있는 방법을 보여 준다.

■ ■ ■
그렇지만 세계 동시 혁명은 불가능하지 않을까?

그렇다. 모든 곳에서 한 번에 일어나는 세계혁명은 불가능하고 있을 법하지 않은 일이다. 마르크스주의자는 세계혁명을 그런 식으로 생각하지 않는다. 우리는 한 나라에서 혁명을 성공적으로 수행하는 것이 그 혁명을 국제적으로 퍼뜨리는 **출발점**이 될 수 있다고 제안한다. 이는 레닌과 트로츠키가 제안한 전략이며 완전히 현실적인 제안이다.

일국사회주의는 불가능하다. 조만간 세계 자본주의가 고립된 혁명을 무력으로 전복하거나 아니면 러시아에서 한 것처럼 할 것이기 때문이다. 고립된 러시아 경제는 자본주의가 규정해 놓은 조건에 따라 세계시장에서 경쟁할 수밖에 없었다. 그 결과 자본주의 경제 관계들이 부활했다. 러시아 노동자는 스탈린이 서방과 경쟁하려고 새로운 산업을 건설하는 동안 극심한 착취를 당했다.

그러나 착취의 부활이 필연적인 것은 아니었다. 또 다른 길을 레온 트로츠키가 제시했는데, 그의 출발점은 혁명의 확산이라는 전망이었다. 혁명의 확산은 가능했다. 또, 모름지기 진정한 혁명적 변화에서는 그런 확산이 가능할 것이라는 근거가 수없이 많다.

첫째, 혁명적 변화의 조건을 창출하는 자본주의 위기는 일국적 위기가 아닌 국제적 위기일 것이다. 그럴 수밖에 없는 것이 자본주의 경제가 완전히 국제화했기 때문이다. 모든 국민경제는 세계경제로 통합돼 있다. 그 결과, 한 나라에서 혁명을 창출하는 조건은 다른 많은 나라에서도 존재할 것이다.

둘째, 한 나라에서 노동계급이 승리하면 다른 나라 노동계급들도 고무돼서 그 뒤를 따르려 할 것이다. 즉, 노동자도 권력을 잡을 수 있다는 것이 입증돼 노동자들의 자신감이 엄청나게 높아질 것이다. 그러면 어떤 기본 전략과 전술을 사용해야 할지 윤곽도 잡힐 것이다.

셋째, 한 나라에서 노동계급이 승리하면 그것을 중심으로 세계적 혁명 운동을 지지하고 조직하려는 구심점이 형성될 것이다. 이것은 무력으로 혁명을 강요한다는 뜻이 아니다. 그것은 노동자 권력을 위한 투쟁을 어떻게 할 것이며 혁명적 투쟁을 위한 최대한의 국제적 연대를 어떻게 건설할 것인가 하는 문제를 논의하기 위해 모든 나라의 선진 노동자를 대부분 결집하는 것을 의미한다.

이 모든 요인이 러시아 혁명 뒤 몇 해 동안 작용하고 있었다. 혁명이 일어나는 데 일조한 제1차세계대전은 유럽 전체를 혁명의 폭풍 속으로 몰아넣었다. 독일제국이 무너졌고 오스트리아제국도 붕괴했다. 바이에른과 헝가리에서는 소비에트 공화국이 잠시 들어섰다. 독일에서는 혁명이 1919년과 1923년에 성공을 거두는 것처럼 보였고 이탈리아에서는 1920년 대규모 공장점거 물결이 일었다.

5장 사회주의 전략·전술

러시아 혁명은 전 세계 노동자들을 엄청나게 고무했다. 많은 나라의 노동자들은 투쟁이 진행되는 동안 노동자 권력의 토대로서 소비에트, 즉 노동자 평의회라는 개념을 받아들였다. 그리고 1919년 볼셰비키는 공산주의 인터내셔널(제3인터내셔널, 즉 코민테른)을 건설해 전 세계의 혁명적 노동자들을 조직할 수 있었다.

그러나 거의 성공할 뻔했던 혁명적 물결은 마침내 패배했고 자본주의는 살아남았다. 오늘날 그와 같은 혁명의 국제적 파급 가능성은 1917~23년보다 훨씬 더 커졌다. 자본주의의 발전은 자본주의의 국제적 성격을 강화했다. 각국 노동계급은 1917년 러시아보다 규모가 더 크고 경제적 영향력도 더 크다. 국제적 통신과 운송의 발전으로 국제적 접촉이 훨씬 더 쉬워졌다. 그런 발전은 혁명적 분출의 영향을 증대시킬 것이고 노동자 권력 사상의 확산에 기여할 것이다.

■ ■ ■
마르크스주의와 차별[*]

마르크스주의에 대한 가장 흔한(특히 학계에서 흔한) 비판 가운데 하나는 마르크스주의가 인종차별, 성차별, 성소수자 차별 문제를 제대로 다루지 못한다는 것이다. 다시 말해, 마르크스주의가 흑인·여성·성소수자 등은 자신들의 투쟁을 계급투쟁에 '종속'시켜야 한다는 등 사회주의 혁명이 그들의 문제를 해결해 줄 테니 기다리기만 하면 된다는 등 주장

---

[*]   2007. 1. 20.

하면서 차별 문제를 무시하거나 계급 문제로 환원한다는 것이다.

이런 주장들에 이론적으로 답하기 전에, 역사적 경험은 마르크스주의와 마르크스주의 조직들이 차별 문제를 무시하기는커녕 모든 형태의 인종·성 차별에 반대하는 투쟁에서 지도적 구실을 했음을 보여 준다는 점을 먼저 지적해야겠다.

예컨대, 노예제 문제에서 마르크스와 엥겔스는 미국 남북전쟁 당시 북부를 강력하게 지지했을 뿐 아니라 많은 영국 노동자들의 일자리가 미국 남부산 면화에 달려 있었는데도 영국 노동자 운동이 북부를 지지하는 태도를 취하게 만드는 데서 결정적 구실을 하기도 했다. 마르크스는 다음과 같이 주장했다. "흑인 노동자가 사슬에 매여 있는 한은 백인 노동자도 자유로울 수 없다." 마찬가지로 마르크스와 엥겔스는 아일랜드인 인종차별 문제(19세기 영국에서 아주 중요한 문제였다)를 제기하며, 아일랜드인들에게 사회주의 사회를 기다리라고 말하기는커녕 영국 혁명의 필수 전제 조건은 아일랜드의 분리·독립이라고 주장했다.

여성해방이라는 주제는 마르크스와 엥겔스의 초기 저작에서부터 찾아볼 수 있다. 마르크스는 다음과 같이 썼다. "역사를 조금이라도 아는 사람이라면 누구나 여성의 열정적 동참 없이는 위대한 사회혁명이 불가능하다는 사실을 안다. 여성의 사회적 지위야말로 사회의 진보를 가늠하는 잣대다." 1884년에 엥겔스는 마르크스의 노트를 이용해서 《가족, 사유재산, 국가의 기원》을 썼다. 이 책은 여성차별의 근원을 이해할 수 있는 길을 열었다. 마르크스의 딸인 엘리너 마르크스는 런던 이스트엔드의 노동계급 여성들을 조직했을 뿐 아니라 《여성 문제》라는 중요한 소책자를 쓰기도 했다.

독일에서는 제1차세계대전 전에 클라라 체트킨이 양성평등과 사회주

　　　　　　　　　　　　　　　5장 사회주의 전략·전술

의를 위해 투쟁하는 노동계급 여성의 대중조직을 건설했고, 알렉산드라 콜론타이도 러시아에서 비슷한 목표를 추구했다. 러시아 혁명은 여성의 법률적 평등을 철저하게 확립했고 동성애도 합법화했다. 당시 영국 여성들은 아직 투표권도 없는 상태였다.

미국 공산당이 비록 스탈린주의 조직이긴 했지만, 그들의 가장 중요한 성과는 1930년대에 뉴욕 할렘 지구와 미국 남부에서 인종차별에 반대해 싸웠다는 것이다. 1960년대와 1970년대의 흑인운동과 여성운동에서도 마르크스주의자들은 중요한 구실을 했다. 나치 홀러코스트의 피해자인 유대인 마르크스주의자 아브람 레온은 《유대인 문제》라는 책을 썼다. 이 책은 유대인 혐오의 기원과 역사를 이해하는 데서 여전히 아주 중요한 책이다. 이런 전통은 오늘날까지 계속돼, 전 세계 마르크스주의자들은 이슬람 혐오라는 새로운 인종차별에 맞서 싸우고 있다.

지금까지 간략하게 살펴본 이런 역사적 경험을 뒷받침하는 정치적·이론적 토대가 있다. 마르크스주의의 정치적 목표는 노동계급의 자기해방이다. 이를 위해서는 노동계급의 국내적·국제적 단결이 필수적이다. 따라서 마르크스주의자들은 노동계급의 단결을 약화시키거나 위협하는 모든 형태의 구조적·이데올로기적 차별(인종차별, 성차별, 성소수자 차별 등)에 맞서 싸울 절대적 의무가 있다.

이론적으로 마르크스주의는 다른 형태의 차별을 계급으로 '환원'하지 않지만, 그런 차별의 근본적 원인이 사회의 계급 분열에 있음을 보여 준다. 다양한 차별을 계급으로 환원하는 것과 그런 차별의 근원이 계급 분열임을 보여 주는 것은 전혀 다른 문제다.

마르크스주의는 여성의 열등한 처지가 가족 구조에서 비롯한다고 주장한다. 가족 구조는 육아와 가사를 주로 여성의 책임으로 떠넘기고, 여성을 유급 노동이나 공적 생활과 난질시키거나 ⋯싱이 일자리를 구하디리도 여성에게 이중의 부담을 지운다. 앞서 말한 《가족의 기원》에서 엥겔스는 수렵·채집 사회에서 목축·농업 사회로 전환하는 과정에서 남성 지배 가족이 발전했음을 보여 줬다. 또, 사유재산과 계급 분열의 등장과 함께 가족은 재산 상속을 확립하고 아내를 남편의 재산으로 취급하는 수단이 됐다.

가족 형태는 많은 변화를 겪었지만, 오늘날에도 여전히 육아와 가사의 주된 장소이고 여성의 종속을 뒷받침하는 주요인이다. 자본가계급이 입으로는 아무리 양성평등을 떠들더라도 그들은 이런 상태를 유지하는 데 막대한 이해관계가 있다. 자본가들은 여성차별 덕분에 노동력 재생산 비용을 최저 수준으로 낮출 수 있고, 값싼 노동력을 얻을 수 있고, 노동자 대중을 확실하게 분열시킬 수 있다. 자본가계급이 동성애를 비난하는 이유는 동성애를 가족제도로부터의 일탈이자 가족에 대한 위협으로 보기 때문이다.

마르크스주의는 백인이 아닌 사람들에 대한 인종차별을 노예무역의 이데올로기적 반영이자 정당화로 본다. 노예무역을 통해 수많은 아프리카인들이 아메리카의 면화·담배·설탕 플랜테이션[대농장]으로 옮겨져 강제노동에 시달렸고, 이런 식민지들에서 진행된 자본의 시초 축적(약탈)은 16·17·18세기의 자본주의 발전에서 결정적 구실을 했다. 인종차별은 유럽 열강들이 전 세계의 대부분을 장악한 19세기 말과 20세기 초에 자본주의의 제국주의 단계를 거치며 더 정교해지고 강화됐다.

오늘날 우리 곁에는 이런 역사적 유산이 '수정된' 형태로 남아 있다. 그것[수정된 형태의 인종차별]은 이민자와 난민이 우리를 위협한다는 데 초점을 맞춘다. 이민자와 난민은 자본주의 체제 실패의 책임을 떠넘기기에 딱 좋은 속죄양이고 '이간질해 각개 격파하기'의 또 다른 적용 대상이다. 여기에다 서방 제국주의가 벌이는 '테러와의 전쟁'의 부산물인 이슬람 혐오도 더해야 한다. 서방 제국주의자들은 '테러와의 전쟁' 운운하지만, 사실은 중동과 중앙아시아의 에너지 공급을 지배하고 장차 중국의 도전에 대비하기 위해 애쓰고 있을 뿐이다.

이런 마르크스주의 분석의 장점은 다른 관점들이 흔히 빠지는 두 가지 함정을 피할 수 있게 해 준다는 것이다. 첫째는 인종차별과 성차별 등이 무지에서 비롯한 편견일 뿐이므로 교육만으로도 언젠가 극복될 것이라는 피상적이고 자기만족적인 관점이다. 둘째는 이와 정반대로 그런 편견이 '자연스런' 것이고 따라서 어쩔 수 없다는 관점이다. 그러나 이 둘은 흔히 서로 보완한다. 둘 다 차별에 반대하는 투쟁을 약화시킨다. 그러나 마르크스주의의 유물론적 관점은 차별에 저항하는 투쟁을 강화한다.

마르크스주의가 인종차별, 성차별, 성소수자 차별을 철저하게 근절하려면 자본주의를 전복해야 한다고 주장하는 것은 사실이다. 그러나 그렇다고 해서 차별받는 자들에게 혁명을 기다려야 한다고 말하지는 않는다. 오히려 마르크스주의는 모든 형태의 차별에 반대하는 투쟁이 사회주의를 위한 투쟁에 필수적이라고 생각한다.

■ ■ ■

여성차별과 가부장제 이론[*]

오늘날 세계 모든 나라에서 여성은 남성보다 사회적으로 부차적인 지

---

[*]   2008. 5. 25 & 6. 29.

위에 있다. 문명히 그 성노는 나라마다 차이가 있시만, 기본 패틴은 비슷하다. 기업·국가의 고위직과 상층 전문직은 대부분 남성이 차지하고 있다. 대체로 남성이 여성보다 재산도 더 많고 소득도 더 높다. 여성은 물리적 폭력과 성폭력에 훨씬 더 많이 시달린다. 여성은 집안일과 자녀 양육을 대부분 떠맡고 있고, 그래서 더 넓은 사회에 평등하게 참여할 능력을 제약당하고 있다.

이런 사정을 어떻게 설명해야 할까? 보수적 설명이 여전히 전 세계에서 유력한데, 이런 설명은 양성평등에 대한 입발림 말에도 불구하고 근본적으로 남성의 우위를 정당화한다. 즉, 남성의 우위는 자연의 섭리이므로 과거에도 항상 남성이 여성보다 유력한 지위를 점했고 앞으로도 항상 그럴 것이라는 설명이다. 이런 설명의 가장 조야한 형태는 남녀의 신체적 차이에 초점을 맞춘다. 남성이 여성보다 힘이 더 세다는 식이다. 그러나 더 흔한 주장은 유전적으로나 심리적으로 남성은 능동적·진취적·경쟁적 성향을 보이게 돼 있는 반면, 여성은 수동적·순종적 성향을 보이게 돼 있다는 것이다.

가장 널리 알려져 있고 받아들여지는 이 보수적인 인간 본성론의 주된 대안은 흔히 '가부장제' 이론이라고 부르는 주장이다. 가부장제 이론의 목표와 내용은 남성 우월주의를 정당화하는 것이 아니라 비판하는 것이다. 오늘날 사실상 전 세계 페미니스트의 다수는 이런저런 형태의 가부장제 이론을 지지한다.

가부장제 이론의 주된 문제점은 두 가지다. 첫째, 가부장제 이론은 종류가 많은 데다 아주 모호하고 분명한 형체도 없어서 뭐라고 콕 찍어 설명하기가 매우 어렵다(어떤 분야, 특히 학계에서는 이런 모호함이 오히려 장점이 된다는 점을 지적해 둬야겠다). 둘째, 가부장제 이론에서 특정한

5장 사회주의 전략·전술

구체적 주장을 발견한다손 치더라도 그런 주장은 오히려 보수적 설명과 놀랄 만큼 비슷한 것으로 귀결된다. 보수적 견해가 긍정적으로 인정하는 주장을 가부장제 이론은 부정적으로 인정할 뿐이다.

'가부장제'라는 말은 '아버지의 지배'를 뜻하는 고대 그리스어에서 유래했다. 이 용어는 처음에 인류학자들이 아버지/남성 가장이 다른 성인 남성들을 포함한 가족 성원 전체에 대해 대체로 절대적 권력을 행사하는 가족 구조(와 사회)를 묘사하는 데 사용됐다. 그러나 현대 페미니즘에서는 가부장제라는 말이 그런 뜻으로 쓰이지 않는다. 가부장제는 구체적으로 아버지의 지배를 가리키는 것이 아니라 단지 '남성의 지배'를 뜻할 뿐이다. 여기서 우리는 분명히 난관에 봉착한다. 남성의 득세를 그리스어를 빌려 남성의 지배로 설명한다고 해서 뜻이 더 분명해지는 것은 아니기 때문이다. 그렇다면 가부장제 이론은 남성이 득세하는 원인을 뭐라고 설명할까?

불행히도 이 물음에 대한 일반적 정답은 없다. 일부 페미니스트들은 "남성 때문!"이라고 딱 잘라 말할 것이다. 다시 말해, (모든/대다수) 남성의 유전적 또는 심리적 구조 속에 여성을 차별하도록 유도하는 뭔가 타고난 것이 있다는 주장이다. 그래서 내가 가부장제 이론과 보수적 견해 사이에는 비슷한 점이 있다고 한 것이다. 이런 주장은 마치 16~19세기에 미국에서 흑인이 왜 노예가 됐느냐는 질문에 흑인은 노예가 되도록 타고났다는 대답을 듣자 분개하며 "아니다, 그것은 백인이 노예 소유주가 되도록 타고났기 때문이다" 하고 대꾸하는 것과 마찬가지다.

이 점과 관련해서, 가부장제 이론이 지난 1960~70년대에 주로 여성차별에 대한 마르크스주의적 설명에 반대하면서 발전했다는 사실을 이해하는 것이 중요하다. 당시에 여성해방운동은 미국에서 기존의 급진 운동들 내에서 시작됐다. 주로는 사회에서 여전히 지속되는 남성 우위에 대한 대응으로 시작됐지만 부분적으로는 운동 내부의 여성차별에 대한 반발이기도 했다. 여성운동의 많은 지도자와 이론가가 마르크스주의를 비판한 이유 하나는 마르크스주의가 여성차별 문제를 무시하는 경향이 있다고 생각했기 때문이다. 그러나 다른 한편으로는 그들이 언론계와 학계에서 출세하기를 염원하는 중간계급 여성이었던지라 노동계급 투쟁을 강조하는 이론을 본능적으로 싫어했다는 것도 한 이유였다.

그들의 주장은 대체로 다음과 같다. 마르크스주의는 여성차별의 원인이 자본주의이고 오직 사회주의만이 여성을 해방할 것이라고 주장하지만, 사실 여성차별은 자본주의보다 훨씬 더 오래됐고 소련·중국·북한 같은 탈脫자본주의 또는 사회주의 사회에서도 여성차별은 지속되고 있다. 마르크스주의는 여성을 차별하는 것은 지배계급이라고 말하지만, 사실은 지배계급·중간계급 여성을 포함해 모든 여성이 차별받고, 노동계급 남성을 포함해 모든 남성이 여성을 차별한다. 마르크스주의는 여성차별을 경제와 계급 착취의 문제로 설명하지만, 사실 성차별에는 성서나 유교 경전 등으로까지 거슬러 올라갈 수 있는 독자적 이데올로기의 요소가 존재한다.

이런 주장들의 결론인즉 마르크스주의는 여성차별을 설명할 수 없고, 남성의 권력은 자본가계급의 권력과 별개로 존재하고, 따라서 여성 평등을 위한 투쟁은 사회주의를 위한 투쟁과 따로따로 전개돼야 한다는 것이다. 이런 주장들이 오늘날 이른바 '가부장제' 이론의 핵심 사상이 됐다.

사실, 마르크스주의에 대한 이런 비판은 대체로 진정한 마르크스주의가 아니라 스탈린주의에 대한 반발이었거나 마르크스주의 이론에 대한

5장 사회주의 전략·전술

오해(마르크스주의는 여성차별의 기원이 자본주의라고 **결코** 주장하지 않았다)를 바탕으로 하고 있었다. 그러나 이런 점은 둘째로 치더라도, 가부장제 이론이 이렇게 부정적으로 발전하다 보니 여성차별의 근원을 분명하고 일관되게 독자적으로 설명하지 못하는 결과를 낳았다. 그리고 부지불식간에 낡은 인간/남성 본성론에 의지하게 돼 버렸다.

그래서 [가부장제 이론은 다음과 같이 주장한다] 성차별 이데올로기가 계급 분열이나 계급 착취와 무관하게 존재한다면 그것은 어디서 비롯했을까? 고서古書와 경전을 저술한 남성 성직자·철학자·율법학자의 본성에서 비롯했다. 남성 권력이 계급 권력과 무관하게 존재한다면, 그것은 남성의 권력욕 때문이다. 자본주의를 전복하고 계급 없는 사회주의 사회를 건설하더라도 여성이 해방되지 못하는 까닭은 무엇일까? 남성이 계속 여성을 차별할 것이기 때문이다. 왜? 그들이 남성이고, 여성차별이 그들의 본성이니까. … 기타 등등.

가부장제 이론의 궁극적 결함은 그것이 마르크스주의나 사회주의자 또는 노동계급 남성이나 심지어 남성 일반을 중상모략한다는 것이 아니라 여성해방의 전망을 제대로 제시할 수 없다는 것이다. 남성 권력이 보편적일 뿐 아니라 초역사적인 것이라면, 그리고 모든 남성이 대체로 성차별적이라면, 그리고 바로 그 남성들이 세계의 부富와 생산을 대부분 지배하고 권력의 핵심 요직을 차지하고 무기를 통제하고 있다면, 그리고 노동계급 남성이 여성의 동맹 세력이 될 수 없다면, 심지어 사회주의 혁명도 남성의 지배를 끝장내지 못한다면, 그렇다면 도대체 우리는 어떻게 해야 할까?

그래서 가부장제 이론이 실천에서는 흔히 체제를 받아들이고 여성차별을 묵인하는 외피 구실을 하게 되는 것이다. 그래서 중간계급 페미니스트들이 말로는 급진적 언사를 남발하면서도 실제로는 대다수 노동계급 여성들의 진정한 해방은 내팽개친 채 자본주의 체제 내에서 그들 자신만의 출세(여성 국회의원, 여성 교수, 여성 최고경영자의 수를 늘리는 것)를 추구하게 되는 것이다.

여성차별을 제대로 설명할 수 있는 이론은 첫째, 유물론적이어야 하고 둘째, 역사적이어야 한다. 내가 말하는 유물론적이라는 의미는 열등하거나 부차적인 여성의 지위가 어떻게 현실의 물질적 사회관계(사회의 경제적 발전 단계와 관련된)에서 비롯했는지를 설명할 수 있어야 한다는 것이다. 여성차별을 순전히 인간 본성 문제나 유전자 탓으로만 돌릴 수는 없다. 또, 단지 '문화적' 문제로 치부할 수도 없다. 문화적이라는 의미가 남성이 스스로 우월하다고 믿거나 여성이 스스로 열등하다고 믿는 것의 물질적 원인을 설명하지 않은 채 그런 믿음 때문에 여성이 차별받는다고 주장하는 것이라면 말이다.

내가 말하는 역사적이라는 의미는 여성차별이 언제, 어떻게 시작됐는지(물론 이것은 대략적 설명이지 콕 집어서 자세히 설명할 수 있는 문제가 아니다), 왜 지금까지도 지속되고 있는지, 그리고 여성차별을 설명하는 이론이 여성해방론이기도 하다면 남녀평등을 현실적 가능성으로 만들기 위해 상황이 어떻게 변해 왔는지를 설명할 수 있어야 한다는 것이다.

가부장제 이론이 이 모든 시험을 통과하지 못한다는 것은 이미 봤다. 이제는 마르크스주의 이론이 이 시험을 통과하는 것을 보게 될 것이다.

마르크스주의는 여성차별이 수천 년 동안 지속됐지만 결코 보편적이거나 영원한 것이 아니라는 주장에서 출발한다. 오히려 수십만 년 동안, 그러니까 약 1만 년 전 농업이 발전하기 전에 모든 인간이 수렵·채집 활동으로 먹고살던 시기에는 여성이 결코 체계적으로 차별받지 않았다. 다시 말해, 인류 역사의 95퍼센트가 넘는 대부분 기간에 여성과 남성은 대체로 평등하게 살았다. 따라서 차별이 아니라 평등이 인간 사회의 상궤였다. 이것이 사실이라는 것을 어떻게 알까?

먼저, 19~20세기까지 살아남은 수렵·채집 사회들을 인류학자들이 조사·연구한 결과를 통해서 알 수 있다. 아메리카 원주민에 대한 루이스 모건의 선구적 연구가 있었고, 이를 바탕으로 프리드리히 엥겔스는 고전적 저작 《가족, 사유재산, 국가의 기원》을 썼다(이 책에 나오는 인류학 자료의 일부는 오늘날 틀린 것으로 판명됐지만 그 방법론은 여전히 타당하다). 캐나다의 몽타네-나스카피족을 연구한 엘리너 리콕의 《남성 우위의 신화》, 콩고의 피그미족을 연구한 윌리엄 턴불의 《숲 사람들》, 특히 칼라하리 사막의 이른바 부시맨을 연구한 리처드 리의 《쿵산족: 채집 사회의 남성, 여성, 노동》도 있다.

이런 연구 결과들이 보여 주는 바는, 유목민들과 마찬가지로 (사냥감을 쫓는) 수렵·채집인들도 날마다 각자 등에 지고 다닐 수 있는 것 이상으로 재산을 모을 수 없었으므로 수렵·채집 사회에서 물질적 평등이 대체로 보장될 수 있었다는 것이다. 폭넓은 양성평등은 주로 여성의 채집 활동으로 공동체 식량의 절반 이상이 공급됐다는 사실과 관련 있다.

마르크스주의는 여성차별이 서로 연결된 두 가지 중대한 사회 변화의 결과로 나타났다고 주장한다. 수렵·채집 사회에서 농업 사회로, 그리고 계급 없는 사회에서 계급으로 분열된 사회로 바뀐 것이 그 변화다. 이 과정이 정확히 언제 시작됐는지 콕 집어 말할 수는 없다. 세계적으로 그런 과정은 때와 장소에 따라 다르게 발전했기 때문이다. 그러나 대략 1만~1만 2000년 전에 중동의 비옥한 초승달 지대(오늘날의 이라크에서 나일 강 유역에 이르는 지역)에서 처음으로 농업이 발전하면서 시작됐고 대략 5000~6000년 전에 유력한 사회 편제 형태로 확립됐다고 할 수 있다.

농업이 시작되고 생산력이 발전하면서 정착 생활도 시작됐다. 최초의 도읍들이 나타났고 처음으로 잉여생산물(하루하루 생존하는 데 필요한 것 이상의 재화)과 함께 재산 축적 가능성도 나타났다. 그러나 이 초기의 잉여는 다수의 안락한 생활을 보장하기에는 매우 불충분하고 제한적이었기 때문에 재산 축적, 즉 사유재산은 극소수 '지배계급' 수중에 집중됐다. 이 새로운 지배계급은 자신의 재산(소 떼나 토지 등)을 이용해서 다른 사람들로 하여금 자신을 위해 일하도록(노예나 농민이 되도록) 강요했다. 그리고 자신의 재산과 특권을 지켜 줄 국가기구(군대·성城·감옥·사법 기구 등)도 건설했다.

수렵·채집 사회에서 농업 사회로 전환과 동시에, 생산 형태도 여성의 노동(주로 채집)이 남성의 노동과 동등하게 중요하던 형태에서 남성이 사회의 부를 대부분 생산하는 형태(경작과 목축)로 전환됐다. 이것은 하루 종일 무거운 쟁기를 끌거나 소를 모는 일이 어린아이들을 기르거나 돌보는 일과 양립할 수 없었기 때문이다. 그 결과, 사회적 잉여와 국가를 통제하는 일을 주로 남성이 맡게 됐다.

이와 함께, 수렵·채집 사회의 특징이던 자유로운 짝짓기와 집단적 육아 관행도 폐기됐다. 그리고 종교적·법률적으로 통제되고 남성이 우위를 점하는 배타적 가족이 발전했다. 이런 가족 안에서 아내는 남편의 재산으로 취급됐고, 하는 일도 집안일과 자신의 자녀만을 돌보는 것으로 국한됐다. 이런 가족 형태는 사회에 따라 형태가 매우 다양했는데(예컨대 일부다처제), 무엇보다 지배계급 내에서, 그리고 지배계급을 위해서 가장 강력하게 확립됐다. 그런 가족제도는 축적된 재산(토지·가축 등)과 권력의 보존·상속을 보장하는 경제적 기능도 했지만 사회적으로는 어디서나 여성이 남성보다 부차적 지위에 놓이게 됨을 의미했다. 엥겔스는 이를 두고 "여성의 세계사적 패배"라고 불렀다.

따라서 마르크스주의 이론은 생산력과 생산관계의 특정 발전 단계에서 여성차별이 비롯했다고 본다. 또, 여성차별이 생물학적 차이와 관계가 있다고 보지만(어쨌든 여성과 남성은 생물학적 범주다), 역사적으로 오랜 시간이 흐른 뒤에 그렇게 됐다는 뜻이지, 생물학적 차이가 지금과 미래의 여성의 운명을 결정한다는 의미에서 그렇다는 뜻은 아니다.

여기서 드는 의문은 '그토록 오래전에 시작된 여성차별이 수천 년 동안 지속되고 비록 완화된 형태로나마 현대 자본주의 사회에서도 여전히 지속되는 이유는 무엇일까' 하는 것이다. 분명히, 여기서 모든 이야기를 다 할 수는 없겠지만 고대 사회와 중세 사회 그리고 아시아적 사회, 즉 공납제貢納制 사회에서는 십중팔구 재산 상속 기능이 남성 지배 가족의 존속에서 핵심이었다. 이 점은 자본주의 사회에서도 여전히 중요한 요인이지만, 여성차별이 체제에 도움이 되고 지배계급의 막대한 기득권이 걸려 있다는 면도 상당히 존재한다.

첫째, 남편과 자녀를 돌보는 것을 여성의 '타고난' 본분으로 만든 덕분에 자본가계급은 자신들이 지금 부려 먹는 노동자들과 차세대 노동자들을 거의 공짜로 재충전·재생산할 수 있게 됐다. 둘째, 가족에 헌신하는 것이 가장 중요하다고 강조함으로써 지배계급은 더 광범한 계급 연대와 계급의식을 가로막는 협소한 보수적 세계관을 부추길 수 있다. 셋째, 여성이 일할 '권리', 특히 지도적 구실을 맡을 '권리'를 약화시키는 것은 여성을 노동인구의 2류 부문으로 만들어 더 낮은 임금으로 더 많이 착취하는 데 도움이 된다.

이렇게 가족제도와 여성차별에 부르주아지의 기득권이 걸려 있기 때문에 완전한 여성해방을 위해서는 노동계급의 단결된 투쟁을 통한 자본주의 전복이 필요한 것이다. 그리고 노동계급의 단결을 위해서는 노동계급 여성뿐 아니라 노동계급 남성도 남녀평등과 여성해방을 위해 투쟁해야 한다.

■ ■ ■
왜 이주 노동자를 방어해야 하지?[*]

오늘날 이주 노동자나 난민 문제는 세계 많은 나라에서 가장 중요한 정치 의제거나 그에 버금가는 정치 의제다.

그 이유는 주로 두 가지다. 첫째, 지난 10여 년 동안 세계화와 전쟁의 결합으로 인류 역사상 그 어느 때보다 많은 이주의 물결이 일었기 때문이다. 그것은 제2차세계대전으로 엄청나게 많은 사람들이 고향을 떠나야 했던 것보다 더 거대한 물결이었을 것이다. 둘째, 그 물결의 영향을 받은 대다수 나라의 지배계급이 이주 노동자나 난민 문제를 주요 정치 의제로 삼고 있다.

이들 지배계급은 이 엄청난 인구 이동에 직간접 책임이 있으면서도(빈곤·실업·전쟁으로 사람들이 고향을 떠나게 만들거나 노동력 부족을 메우려고 이주 노동자를 수입해서) 이주 현상이나 이주 노동자에 대한 적대적 태도를 널리 퍼뜨리려 애쓴다.

---

[*] 2007. 11. 21.

5장 사회주의 전략·전술

구체적 사정은 때와 장소에 따라 다르지만, 지배계급이 주장하는 일반적 취지(정치인들의 발언을 통해 드러나고 수많은 신문·방송 기사를 통해 보완되는)는 근본적으로 어디서나 똑같다. 이주 노동자가 자신들을 '받아들인' 나라에서 '문제'를 일으킨다는 것이다.

지배계급은 항상 '그들'이 너무 많다며 여러 주장을 늘어놓는다. 즉, '그들'은 항상 이미 미어터질 것 같은 나라에 마치 침략군처럼 엄청나게 많이 몰려들거나 몰려들 태세다. 또, '그들'은 항상 '우리'의 일자리를 빼앗아서 '우리 나라' 노동자들을 실업자로 만들 뿐 아니라 우리의 집도 슬그머니 가로채서 우리 시민을 위한 집이 부족하게 만든다. 그들의 존재는 공공서비스에도 온갖 부담을 가중시킬 것이다. 그들의 아이들은 우리말을 모르거나 너무 많은 언어로 말하므로 학교에서 문제를 일으킬 것이다. 때때로 그들은 병에 걸릴 것이고, 그러면 그들이 병상을 차지한 채 부족한 자원을 소모해서 병원에 문제가 발생할 것이다. 그들은 또, 외국에서 여러 질병을 들여와 퍼뜨릴 가능성도 크다. 특히, 이주 노동자나 난민은 흔히 절도·마약·성매매·흉기난동 등의 범죄를 비롯한 갖가지 악행을 저지르는 경향이 있는데도 당국은 여전히 자국민보다 그들에게 특혜를 베푸는 데 여념이 없는 듯하다.

설사 이 모든 악행을 저지르지 않더라도 '그들'은 여전히 '문제'다. 왜냐하면 우리와 다른 그들의 '낯선' 문화, 즉 언어(그들과는 의사소통하기가 어렵다)와 의복과 음식(그들은 이상한 냄새가 난다)과 종교(그들은 도덕성이 의심스럽다) 등등 때문이다. 문화가 서로 다른 사람들이 함께 어울려 살거나 뒤섞여 살기가 힘들다는 것은 잘 알려진 사실이다.

모름지기 사회주의자라면 이런 주장들을 논박하고 이런 주장들이 반동적 쓰레기임을 폭로할 수 있어야 한다. 사회주의자는 이 주제를 다룰 때 반드시 등장하는 [지배계급의] 과장과 신화, 순전한 거짓말을 논박할 구체적 사실과 통계에 정통해야 한다. 분명히 그런 구체적 사실들은 나라마다 경우마다 다를 것이다. 그러나 전체 논쟁을 뒷받침하는 기본적인 이론적 요점들이 있다는 것도 분명한 사실이다.

첫째는 단순한 진실인데, 인구 증가는 나쁜 일이 아니라는 것이다. 전세계에서 [자본주의] 체제는 사람들의 존재가 문제라고, 인구 증가는 불행이라고 우리에게 가르치려 한다. 분명히 이것은 모든 나라 정부와 지배계급을 위한 완벽한 핑계거리다(실업자·노숙자·빈곤층이 있다면 그것은 사람들이 너무 많기 때문이라는 것이다). 그러나 이것은 완전히 터무니없는 주장이고, 진실을 정반대로 뒤집은 것이다. 정말로 인구 증가 때문에 실업자나 노숙자가 생겨난다면, 실업자나 노숙자는 호랑이 담배 피우던 시절부터 끊임없이 늘어났을 것이다. 사실, 일자리나 집은 그 수효가 일정하게 한정돼 있지 않다. 그리고 인구가 증가한다는 것은 일을 하거나 집을 지을 수 있는 노동자가 늘어난다는 뜻이기도 하다.

오히려 인구 증가는 근본적으로 생활수준이 상승한 결과다. 세계 인구가 증가하는 이유는 사람들이 아이를 더 많이 낳기 때문이 아니라 더 많은 아이들이 죽지 않고 살아남거나 더 오래 살기 때문이다. 그리고 아이들이 더 많이 살아남거나 더 오래 사는 것은 식생활·보건의료·생활수준의 개선 덕분이다. 마찬가지로, 자본주의 경제가 확장되면 노동력 수요도 증가하는데, 이런 노동력 수요 증가는 인구의 자연 증가나 이주 노동자 수입으로 충족할 수 있다. 똑같은 이유로, 실업 증가의 진정한 원인은 경기 침체나 경제 위기다. 인구 규모나 이주 노동자는 실업 증가와 아무 관계도 없다.

둘째 요점은 이주 노동자에 대한 적대감과 인종차별 사이의 연관이다.

이주 노동자를 반대하거나 제한해야 한다고 주장하는 사람들의 다수는 자신들의 주장과 인종차별은 전혀 관계가 없다며 [둘 사이의 연관을] 강력하게 부인하지만, 사실은 결코 그렇지 않다.

인종차별은 대략 17세기 이후 유럽에서 대개 처음에는 노예무역, 나중에는 식민주의와 제국주의를 반영하고 그것들을 정당화하는 체계적 이데올로기로 발전했다. 인종차별은 이른바 '인종'이나 민족성의 신화적 위계구조를 확립했다. 즉, 유럽의 백인이 가장 우월하고, 극동 아시아인이 그다음이고, 남아시아인과 아프리카 흑인이 가장 열등하다는 것이다. 이런 위계 구조에 수많은 편견과 잘못된 고정관념이 덧붙여졌다. 예컨대, 흑인은 게으르다거나 동양인은 이해하기 힘들고 교활하다는 생각 따위가 그렇다. 유럽이 경제적·정치적으로뿐 아니라 문화적·이데올로기적으로도 세계를 지배하게 됐기 때문에 이런 인종차별적 위계 구조와 잘못된 고정관념이 세계 많은 지역에서 널리 받아들여졌다. 심지어 유럽 밖의 사회들에서도 그랬다. 항상 이런 배경을 바탕으로, 그리고 이런 편견들(명시적으로 표현하든 안 하든)에 의존하거나 편견들을 이용해서 이주 노동자 반대 움직임이 나타나는 것이다.

마지막으로, 지금 세계 여러 나라 지배자들의 겉 다르고 속 다른 행동을 알아야 한다. 한편으로 그들은 자국의 이윤을 지탱하기 위해 이주 노동자의 값싼 노동력이 매우 많이 필요하고, 합법이든 불법이든 이주 노동자를 분명히 받아들인다. 다른 한편으로 그들은 이주 노동자에 대한 편견과 인종차별을 부추긴다. 그것은 이주 노동자를 손쉽게 속죄양으로 만들고 노동계급을 분열시켜서 얻는 이익 때문이기도 하고, 이주 노동자를 차별하고 무시하면 이주 노동자의 [열악한] 처지(취업권이나 노동조합도 없이 초과 착취당하는 값싼 노동력)를 계속 유지·강화할 수 있기 때문이기도 하다.

이런 관점에서 보면, 사회주의자들이 이주 노동자나 온갖 종류의 난민에 대해 지배자들과 정반대 태도를 취하는 이유가 분명해질 것이다. 우리가 이주의 잠재적 이점(경제적·정치적·문화적 이점)을 강조하고, 모든 이주 노동자에게 연대의 손길을 내밀며 "우리 나라에 오신 것을 환영합니다" 하고 말하면서 국내외 노동계급의 단결을 위한 투쟁을 강조하는 이유가 말이다.

■ ■ ■

테러가 사회주의 전략의 일부일 수 있을까?

'마르크스주의는 혁명을 말한다. 혁명은 폭력이다. 폭력은 테러리즘이다. 따라서 마르크스주의는 테러리즘이다.' 지배계급과 대중매체는 끊임없이 이런 논법으로 마르크스주의를 비판한다. 그러나 마르크스주의 전통의 주류는 항상 테러리즘이라는 수단에 강력하게 반대해 왔다.

이 문제는 19세기 말 러시아에서 처음 본격적으로 논쟁됐다. 당시 나로드니키('민중의 벗')는 제정에 대항해서 테러 투쟁을 벌이고 있었다. 러시아 마르크스주의 운동의 지도적 인물들(레닌, 트로츠키, 플레하노프 등)은 테러리즘에 단호하게 반대하면서 등장했다. 그 후로 테러리즘에 대한 반대는 우리 운동의 전통이 됐다.

우리 마르크스주의자들이 맞서 싸우는 착취와 억압은 어떤 장관이나 어떤 정부가 만들어 낸 것이 아니라, 자본주의 세계경제 체제가 만들어 낸 것이다. 착취와 억압은 오직 이 체제를 없애야만 끝장낼 수 있다. 그러려면 수많은 노동자들의 대중행동이 필요하다. 그 본질이 무엇이건 개인들을 암살하거나 어떤 목표물을 폭파한다고 될 일이 아니다. 마찬가지로, 우리 마르크스주의자들이 자본주의를 대체하고 만들어 내려는 사회(노동하는 사람들이 산업과 국가를 소유하고 통제하는 사회)는 노동자들 자신의 대중행동을 통해서만 건설될 수 있지 소수의 행동을 통해서 건설될 수는 없다.

테러리즘은 그 주관적 동기가 무엇이건 간에 극소수가 그런 대중행동을 대신하려는 시도다. 그들은 노동계급 자신의 힘으로만 할 수 있는 일을 노동계급을 대신해서 자신들이 하고자 한다.

테러리스트 세력이 강력한 경우에조차 테러 행위의 성격상 그들은 노동계급과 무관하게 비밀리에 일을 꾸밀 수밖에 없다. 더구나 테러리즘은 대중의 지지를 받는 경우에조차, 대중 속에 위로부터 해방을 기다리는 수동적 태도를 퍼뜨린다.

게다가 무고한 목숨이라도 앗아 갈 것 같으면 테러리즘은 노동자들의 지지를 받을 수도 있었을 대의에서 노동자들을 멀어지게 만든다. 사태가 이런 식으로 흘러가면 국가가 탄압할 수 있는 분위기가 만들어진다. 그래서 국가 탄압이 좌파와 노동자 운동 전체를 겨냥할 수 있고, 실제로 그럴 것이다. 마지막으로, 테러리즘은 때때로 젊고 열의에 찬 수많은 혁명가들의 목숨을 앗아 가며 그들의 삶을 낭비하게 만든다.

따라서 테러리즘은 노동계급의 투쟁 무기가 아니다. 그것은 다른 계급의 투쟁 무기다. 트로츠키는 테러리스트를 "폭탄을 든 자유주의자"라고 묘사했다.

일부 착각한 자칭 마르크스주의자나 아나키스트(예컨대, 일본의 적군파나 이탈리아의 붉은 여단)가 테러리스트로 변신하기도 하지만, 테러리스트 단체에 가장 걸맞은 운동은 중간계급이 주도하는 민족주의 운동과 종단宗團주의 운동이다. 따라서 오늘날 레바논에서 테러리즘이 유행하는 것은 놀랄 만한 일이 아니다. 그곳에는 말 그대로 억압의 홍수 속에서 완전한 절망에 빠진 민족·종교 공동체는 허다하지만, 사회주의적이거나 노동계급적인 대안은 눈 씻고 찾아봐도 없다.

그러나 마르크스주의자가 테러리즘을 비판하는 것은 지배계급과 언론에서 끊임없이 떠들어 대는 위선적 비난과는 닮은 데가 전혀 없다. 폭력이나 무고한 사람들이 죽임을 당하는 문제라면 대처나 레이건 같은 자들은 가장 극렬한 테러리스트보다 훨씬 잔인한 짓거리들을 서슴없이 자행할 수 있고 또 실제로 자행한다. 제국주의나 자본주의 국가의 군대와 억압받는 사람들을 대변하는 테러리스트 사이에 충돌이 일어나면 어떤 경우에도 우리 마르크스주의자는 무조건 테러리스트를 두둔한다.

또한 마르크스주의자는 부르주아 정치인들이 내놓는 테러리즘의 대안을 받아들이지 않는다. 즉, 억압을 수동적으로 묵인하거나 기껏해야 국회의원 선거에서 표를 던지는 것 말이다.

마르크스주의 관점에서 보면, 의회 민주주의도 테러리즘과 똑같이 근본적 결함이 있다. 의회 민주주의도 총을 든 사람들이 국회의원으로 바뀌었을 뿐 소수 엘리트가 노동계급을 대신해서 행동하도록 기대하게 만든다는 점은 똑같기 때문이다. 투표함과 폭탄은 근본적으로 대리주의라는 동전의 앞뒷면일 뿐이다.

마르크스주의자는 노동계급과 피억압자들이 억압자들에 맞서 폭력을 사용할 수 있는 권리를 부정하지 않는다. 오히려 마르크스주의자는 그런 폭력이 불가피하다고 생각한다. 격렬한 투쟁이 없다면 세계의 지배계급들은 자신들의 권력과 특권을 순순히 내놓지 않기 때문이다. 마르크스주의자는 다만, 노동계급과 피억압자들이 그 목표를 이루려면 소수 엘리트가 아니라 노동계급 대중이 그런 폭력을 사용해야 한다고, 그리고 그 폭력은 개인들이 아니라 자본주의 체제 자체를 겨냥해서 사용해야 한다고 주장할 따름이다.

■ ■ ■
혁명적 마르크스주의자들의 선거 전술 가이드[*]

최근 치러진 이집트 대선 결선투표에서 최고군사위원회SCAF와 반혁명 진영의 후보인 샤피크에 맞서 무슬림형제단 후보인 무르시에게 투표하기로 한 이집트 혁명적사회주의자단체RS의 결정(내 생각에는 완전히 옳다)은 이집트 현지에서 많은 논란을 불러일으켰을 뿐 아니라 국제 좌파 진영 내에서도 격렬한 논쟁(과 비난)의 대상이 됐다.

이 글에서 나의 주된 목적은 이 결정을 옹호하는 것이 아니라 더 일반적인 문제, 즉 혁명적 마르크스주의자는 자본주의 사회의 선거에 어떤 태도를 취해야 하는가라는 문제를 살펴보는 것이다. 그러나 먼저 지적해 두고 싶은 것은, 이집트 현지 논쟁의 많은 부분이 청년들 특유의 초좌파주의(완전히 이해할 만한) 때문에 격렬해진 반면 국제적 비판(물론 다 그런 것은 아니다)의 상당수는 무지와 이슬람에 대한 은근한 편견이 맞물린 데서 비롯했다는 생각이 강하게 든다는 것이다.

예컨대, 아일랜드의 한 베테랑 좌파 활동가는 나와 논쟁할 때 이집트

---

[*] 2012. 7. 23.

의 무슬림형제단이 러시아의 '검은 백인단'(제정 러시아에서 유대인 학살 만행을 자행한 원조 파시스트 집단)과 마찬가지라고 말했다. 이것은 명백히 사실이 아니고, 무슬림형제단을 전혀 모르거나 경험해 보지 못한 사람이나 할 법한 주장이었다. 그리고 어쨌든 그것이 사실이라면 이집트 혁명적사회주의자단체나 영국 사회주의노동자당SWP이나 국제사회주의경향IST이 무슬림형제단에 투표하라고 권하는 것은 상상조차 할 수 없는 일이다.(사회주의노동자당을 비난할 수 있는 이유야 많겠지만 아무리 그래도 사회주의노동자당이 파시스트에게 표를 던지라고 선동할 리가 있겠는가!)

다른 고참 좌파 활동가와 논쟁할 때는 무슬림형제단이 '반동의 화신'이며 결코 '개혁주의 세력'이 아니라는 얘기를 들었다. 나는 그 동지에게 무슬림형제단의 출판물을 단 하나라도 읽어 봤는지, 무슬림형제단 지도자들이 하는 연설은 들어 봤는지, 그들을 만난 적은 있는지, 아니면 무슬림형제단의 이번 선거공약을 아는지 물어봤다. 이 모든 질문에 그는 '아니오'라고 대답했다(적어도 솔직하긴 했다). 다시 말해 이 두 경우 모두 그 동지들은 사실관계나 현지의 실상 따위는 전혀 모른 채 단지 '무슬림형제단'이라는 이름과 그 이름을 들었을 때 언뜻 떠오르는 이미지들, 즉 편견에 따라 반응하고 있었던 것이다.

그러나 이 문제는 일단 제쳐 놓고 나의 본래 주제로 돌아갈까 한다. 즉, 마르크스주의자들은 부르주아 선거에 어떻게 관여해야 하는가?

혁명적 마르크스주의자들은 의회를 통해 진정한 개혁을 이루거나 자본주의를 사회주의로 변혁할 수 있다고 생각하지 않는다. 좌파가 의회 안에서 다수파 지위를 얻는 한편, 의회 밖에서는 노동계급을 동원해 이를 보조하거나 지원하는 식으로 결합하면 괜찮을 것이라는 모호한 공식에도 동의하지 않는다.

오히려 우리는 마르크스가 파리코뮌에서 얻은 결론을 따라, 노동계급은 혁명 과정에서 의회를 포함한 기존 국가기구를 분쇄하고 이를 작업장과 노동계급 거주지에서 선출된 노동자 평의회에 기초한 노동자 국가로 대체해야 한다고 주장한다. 레닌이 《좌파 공산주의 ─ 유치증》에서 주장했듯이, "의회가 아니라 오직 노동자 소비에트만이 프롤레타리아의 목표들을 성취하는 도구가 될 수 있다."[1]

우리는 또, 의회는 자본주의 사회에서 권력의 핵심 중추가 아니라는 것, 즉 진정한 권력은 대기업, 은행, 금융기관 등의 이사회실과 국가 관료기구(군대, 사법부, 경찰 등의 우두머리들)에 있다는 것도 안다. 따라서 의회라는 무대는 계급투쟁이나 사회주의 활동의 중심이 아니다. 레닌을 다시 인용하면, "대중행동(예컨대 대규모 파업)이 의회 활동보다 언제나 ─ 혁명 때나 혁명적 상황에서만이 아니라 ─ 더 중요하다."[2]

그렇다면 혁명가들은 왜 부르주아 선거에 참여해야 할까?

첫째, 선거가 결정적이지 않다는 얘기가 곧 아무 영향도 미치지 않는다는 뜻은 아니다. 선거와 선거 결과가 사회에 아무 영향도 미치지 않는다는 주장은 명백한 과장이자 일종의 기계적 경제결정론이다. 엥겔스는 (다른 모든 지도적 마르크스주의자들과 마찬가지로) 이런 태도를 분명히 배격한 바 있다.

유물론적 역사관에 따르면, 역사에서 **궁극적으로** 결정적인 요인은 실제 생활의 생산과 재생산입니다. 마르크스나 내가 주장한 것은 그 이상도 이하도 아닙니다. 따라서 누군가가 이를 왜곡해 경제적 요인이 **유일한** 결정 요인이라고 말한다면 그는 그 명제를 아무 의미 없는 추상적 공문구로 바꿔 놓는 것입니다. 경제적 상황이 토대이지만, 상부구조의 다양한 요소들(계급투쟁의 정치적 형태와 그 결과, 예컨대 전투에서 승리한 계급이 제정한 헌법 등등의 법률 형태, 심지어 이 모든 실제 투쟁에 참가한 사람들의 머릿속에 반영된 것들, 즉 정치적·법률적·철학적 이론들, 종교적 견해들 그리고 이것들이 더 발전한 교조 체계들까지)도 역사적 투쟁의 경로에 영향을 미치고 많은 경우 그런 투쟁의 형태를 결정하는 데서 가장 중요한 구실을 합니다.[3]

프랑스 대선에서 프랑수아 올랑드가 사르코지를 이겼다고 해서 프랑스 사회가 변혁되거나 그 기본 궤적이 바뀌지는 않는다. 그러나 영향은 있다. 그리스 총선에서 시리자[급진좌파연합]가 승리했어도 그리스를 변혁하지는 못했을 것이다. 그러나 그리스 노동계급이 치러야 하는 전투의 여건을 상당히 바꿔 놓았을 수는 있다. 사회주의자들은 이런 실질적 차이에 무관심해선 안 된다. 노동자들의 생활수준에 영향을 미치는 사소한 개혁들(노동시간 단축, 임금 인상, 퇴직 연령 등)에 무관심해서는 안 되는 것과 마찬가지다.

선거에 참여하는 둘째 이유는 선거가 노동계급의 의식을 둘러싼 전투의 일부이기 때문이다. 혁명가들은 의회에 대한 신뢰나 환상이 없겠지만 수많은 노동 대중은 그렇지 않다. 우리는 진정한 권력이 의회나 국회의원들에게 있지 않다는 사실을 알고 있지만 수많은 노동 대중은 아직 이 사실을 알지 못한다. 그러다 보니 선거 시기에는 정치적 관심이 커지면서 정치적 논쟁이 주목을 받는다. 따라서 혁명가들은 이런 시기를 사회주의자의 개입 없이 흘러가도록 놔둬서는 안 된다. 무엇보다 이런 정치 활동 영역을 개혁주의자, 자유주의자, 보수주의자, 파시스트가 차지하도록 허용해서는 안 된다(특히 파시스트는 언제나 의회 투쟁과 의회 밖 투쟁을 결

5장 사회주의 전략·전술

합해 왔고, 흔히 매우 효과적으로 그렇게 했다).

셋째, 혁명가들이 실제로 국회의원이나 지방의원으로 선출된다면, 그들은 '민중의 호민관'이나 사회주의 사상을 전파하는 '확성기' 구실을 할 수 있다. 이런 활동은 노동 대중과 억압받는 사람들의 운동으로 대중을 결집하는 계기를 만들 수 있다.

마지막으로, (우리가 아직 이런 단계의 투쟁에 이른 적이 없다 보니 흔히 잊어버리지만) 레닌은 "소비에트를 지지하는 정치인들을 의회 안에" 들여보내는 것이 의회에 맞선 투쟁에 큰 도움이 된다고 지적한 바 있다. 이런 정치인들은 "의회주의를 내부에서 와해"시키려 노력하면서 "장차 소비에트가 의회 해산이라는 과제를 이룰 수 있도록" 활동한다.[4]

일반적으로 말해, 어떤 식으로든 선거에 개입하는 것이 옳다. 이것이 마르크스, 엥겔스, 레닌, 트로츠키, 룩셈부르크, 리프크네히트, 루카치, 그람시, 클리프, 만델, 하먼 등 거의 모든 진지한 마르크스주의 전통의 관점이었다.

그러나 선거 자체를 거부하는 것이 옳은 특정 상황들이 있다. 언제일까? 그런 질문은 그 성격상 전술적인 것이고 늘 구체적 상황을 구체적으로 분석해야 답할 수 있다. 즉, 어떤 절대적 규범을 만들어 낼 수는 없다.

그러나 마르크스주의 운동의 역사에 근거해 볼 때, '적극적' 보이콧이 정당한 예외적 상황은 주로 임박한 무장봉기를 준비할 때라고 말할 수는 있다. 따라서 선거 보이콧은 의회를 해산하고 전복하는 조처로 곧장 이어지는 행동이라고 봐야 한다.[5]

십중팔구 이 문제에 관한 역사적 사례로는 1905~06년에 레닌이 제정 두마에 대해 취했던 태도의 발전 과정을 살펴보는 것이 가장 유익할 것이다. 이것은 토니 클리프의 《레닌 평전 1: 당 건설을 향해》 331~337쪽에 자세히 나오는데, 요점은 다음과 같다.

제정 두마는 지주에게 압도적으로 유리하고 노동자·농민에게 불리한 선거제도를 통해 선출된 대단히 비민주적인 의회 기구였다. 1905년 8~9월에 레닌이 주창해서 볼셰비키는 무장봉기 준비의 일환으로 두마 선거 보이콧을 결의했다. 1905년 12월 봉기가 패배한 후에도 볼셰비키는 봉기가 다시 일어날 것이라고 기대하며 계속 보이콧을 지지했다. 그러나 더는 봉기가 가능하지 않다는 점이 분명해지자(1906년 8월쯤) 레닌은 태도를 바꿔 선거 참여를 지지했고, 심지어 1907년 7월 당 협의회에서는 이 문제를 두고 볼셰비키에 반대해 멘셰비키를 지지하는 투표를 하기도 했다. 레닌은 다음과 같이 결론 내렸다.

적극적 보이콧은 … 혁명이 온 세상을 휩쓸고 각계각층으로 확산되고 급격하게 고조돼서 무장봉기로 발전하는 경우에만 … 올바른 전술이다. … 이런 조건들이 없으면 올바른 전술은 선거 참여를 호소하는 것이다.[6]

이와 비슷한 사례는 1917년 8~9월의 공화국평의회, 즉 예비의회(제헌의회 수립 전까지 국민을 대표하는 대의 기구 구실을 하도록 돼 있었다)와 관련해서도 찾아볼 수 있다. 트로츠키는 다음과 같이 논평했다.

공화국평의회에 대해 어떤 태도를 취할 것인가 하는 문제는 볼셰비키에게 곧바로 첨예한 전술적 문제가 됐다. 참여해야 하는가 말아야 하는가? 아나키스트들과 반쯤 아나키스트인 사람들은 대중에게 자신들의 약점을 드러내고 싶지 않기 때문에 의회 제도를 보이콧할 수밖에 없고 따라서 아무도 신경쓰지 않는 자신들만의 소극적이고 오만한 태도를 보존한다.

5장 사회주의 전략·전술

혁명적 정당은 현 체제를 즉시 전복하는 과제를 스스로 설정했을 때만 의회를 무시할 수 있다.[7]

그러나 당연히 그때는 무장봉기 직전의 상황이었고 볼셰비키 당내 논쟁에는 이 점이 반영됐다. 볼셰비키 지도부의 다수는 보이콧을 반대했지만 트로츠키는 보이콧을 지지했고 레닌(은신 중이었다)은 트로츠키를 지지했다. 그때까지 레닌은 아직 봉기를 실제로 시작해야 한다는 것을 볼셰비키 중앙위원회에 설득하지 못하고 있었던 것이다.

이런 사례들은 보이콧 문제가 전술적으로 복잡하다는 것을 보여 주지만, 일반적으로 말해 혁명가들은 선거 참여를 지지한다는 것도 강력하게 뒷받침한다.

혁명가들이 선거에 참여하는 형태는 다양할 수 있다. 그리고 어떤 형태(들)을 택할지는 각각의 경우에 구체적 분석을 바탕으로 결정해야 하는 전술적 문제이고 구체적 선거제도의 성격에 따라 상당히 달라질 수 있다.

이상적으로 말하면 혁명적 사회주의 정당은 자기 당 이름으로 후보를 내서 선거에 참여할 수 있다. 이것은 가장 단순하고 명쾌한 최고의 선택이다.

불행히도 지난 수십 년 동안 혁명적 사회주의 세력이 허약해서 이런 선택은 불가능하거나 매우 어려웠다. 영국 사회주의노동자당이 1970년대 말에 깨달았듯이, 보잘것없는 표를 얻을 후보를 출마시켜 봐야 도움이 되지 않는다. 여러 극좌파 후보들이 서로 대립하며 유권자들을 혼란에 빠뜨리고 표를 분산시켜 좌파 전체에 손해를 끼치는 것도 도움이 되지 않는다.

이런 점 때문에, 예컨대 아일랜드에서 2011년에 아일랜드 사회주의노동자당의 리처드 보이드 바레트가 '이윤보다 사람이 먼저다'와 통합좌파연맹의 후보로 출마했듯이, 그리스 사회주의노동자당이 안타르시아[혁명적 반자본주의 좌파 연합]의 일부로서 그랬듯이, 또는 영국 사회주의노동자당이 사회주의연합, 리스펙트, TUSC(노동조합·사회주의자 연합)와 여러 차례 그랬듯이, 보통은 혁명가들이 좌파 연합의 일부로 출마하는 것이 필요하다. 이런 연합과 동맹은 흔히 필요하지만, 다른 한편으로는 언제나 고유하고 복잡한 전략·전술 문제들을 야기한다.

그렇지만 이런 선거운동의 일반적 지침을 큰 틀에서 제시할 수는 있다. 첫째, 되도록 승리를 목표로 진지하게 선거운동에 나서야 한다. 둘째, 이런 목표를 위해 추상적인 최대 강령이 아니라 광범한 노동 대중이 납득할 만한 구체적 요구들을 내세워야 한다. 셋째, 그러나 당선에만 목을 맨 기회주의적 타협은 단호히 거부해야 한다. 포퓰리즘적 법질서 캠페인이나 외국인 혐오, 인종차별, 성차별 따위와의 타협이 그런 것이다. 넷째, 선거운동은 대중을 동원하기 위한 투쟁의 (부차적) 일부라는 것을 명심해야 한다.

그러나 스스로 후보를 낼 수 없는 때는 어떻게 투표할 것인지 하는 문제도 있다. 심지어 우리가 후보로 나설 수 있을 때조차 선호투표는 어떻게 활용할지 또는 1차 투표에서 우리가 떨어지면 결선투표에서는 어떻게 투표할지도 문제가 된다. 확실히 이럴 때는 문제가 복잡해진다. 때로는 까다롭고, 때로는 결정적으로 중요하며, 때로는 별로 중요하지 않은 문제들이 섞이게 된다. 예를 들어 2011년 아일랜드 총선에서 나는 1순위로 통합좌파연맹 후보들에게 투표한 뒤, 2순위와 3순위 투표를 어떻게 할지, 즉 신페인당에 2순위 투표를 하고 노동당에 3순위 투표를 할지 아니면 노동당에 2순위 투표를 하고 신페인당에 3순위 투표를 할지에 대해 여러 차

5장 사회주의 전략·전술

레 동지들과 토론했다. 이 경우에도(후보로 출마하는 경우보다야 훨씬 덜 하지만) 만병통치약 같은 해결책은 있을 수 없다. 그러나 이번에도 역시 어느 정도 일반적 견해를 내놓을 수는 있을 것이다.

첫째, 혁명적 사회주의자들은 국회의원·대통령이 실제로 사회를 운영한다고 정말로 믿는 사람들이나 자유주의자들과는 다른 근거에 따라 어떻게 투표할지를 결정해야 한다.

우선 후보자의 '개인적' 특징은 거의 중요하지 않고 결정을 내리기 위한 출발점이 결코 될 수 없다. 좌파 진영의 주요 후보가 영국의 조지 갤러웨이, 미국의 랩프 네이더, 이집트의 함딘 사바히라는 이유로, "나는 이런 자에게 투표하지 않을 거야. 믿을 수가 없거든. 그가 3년 전에 저지른 이런저런 못된 짓을 생각하면 참을 수가 없어" 하고 말하는 것은 좋은 주장이 아니다.

둘째, 선거에서 투표한다는 것은 우리가 선택하지 않은 상황, 즉 포괄적으로 정치적 지지를 할 수 없는 상황에서 선택을 하는 것이다. 여기서는 비판적 지지라는 개념 — '환상을 갖지 말고 투표하기', '투표하고 투쟁을 준비하기' 또는 심지어 '사형수 목에 걸린 밧줄이 사형수의 몸을 지탱하듯이 투표로 지지하기'(레닌) 등 여러 가지로 표현된다 — 이 핵심이다.

좌파끼리 논쟁할 때 좋지 않은 관행 하나는 다른 좌파 조직이 X당 또는 Y후보에게 투표하기로 결정하면 마치 이것이 X당이나 Y후보에 대한 전폭적인 정치적 지지인 양(심지어 그렇지 않다는 것이 명명백백할 때조차) 비난하는 것이다(물론 비판적 견해를 분명히 밝히는 것은 혁명적 사회주의자들의 의무다). 1997년에 나(와 영국 사회주의노동자당)은 토니 블레어의 노동당에 투표했다. 왜냐하면 나(와 우리)는 그 선거에서 영국 노동계급이 18년째 집권 중인 보수당 정부를 몰아내는 것이 매우 중요하다고 판단했기 때문이다. 그리고 이 목표를 성취할 수 있는 방법은 오로지 노동당에 투표하는 것뿐이었다. 그렇다고 해서 내(우리)가 블레어나 노동당이 집권하면 무슨 짓을 할지에 대해 손톱만큼이라도 환상이 있었던 것은 아니므로, 그 투표를 두고 사회주의노동자당이나 존 몰리뉴가 '토니 블레어를 지지했다'고 해석하는 것은 치졸하고 우스꽝스러운 왜곡이다.

레닌은 《좌파 공산주의 ― 유치증》에서 영국 노동당의 초기 지도자들에 대해 다음과 같이 썼다.

> 헨더슨·클라인스·맥도널드·스노든[1920년대의 노동당 지도자들 ― 몰리뉴] 같은 자들은 가망 없을 만큼 반동적이다. … 그리고 그들이 집권하면 틀림없이 샤이데만이나 노스케[룩셈부르크와 리프크네히트를 살해하고 독일 혁명을 배신한 독일 사회민주당원들 ― 몰리뉴] 같은 자들처럼 행동할 것이라는 점도 사실이다. 이 모두가 사실이다. 그러나 이것이 곧 그들을 지지하는 것은 혁명에 대한 배반이라는 주장으로 이어지는 것은 결코 아니다. 오히려 혁명의 이익을 위해, 노동계급 혁명가들이 의회 선거에서 이 신사 양반들을 어느 정도 지지해야 한다는 것이 결론이다.[8]

이것을 두고 레닌이 램지 맥도널드나 샤이데만이나 노스케 지지자였다고 해석하는 사람이 있다면 멍청하거나 악의적으로 왜곡하는 것이다.

중요한 것은 특정한 구체적 정치 상황을 **전체적으로** 고찰해서 투표의 정치적 의미를 판단하는 것이다. 레닌은 계속해서 다음과 같이 말했다.

특정 나라에서 활동하는 모든 세력, 집단, 정당, 계급, 대중을 검토해야 한다. 또 투표 방침이 희망 사항이나 견해만으로, 한 집단이나 당 자체만의 계급의 식과 전투성 수준에 의해 결정돼서는 안 된다.[9]

내가 보기에는 이런 평가를 내릴 때 세 가지 요인이 특히 중요하다. 첫째, 정당과 후보의 계급적 성격. 둘째, 대중이 정당과 후보에게 보내는 지지의 계급적·정치적 성격. 셋째, 선거에서 특정 투표 방침이나 선거 결과가 불러올 정치적 파장. 만약 이 모든 질문의 답이 항상 같은 방향을 가리킨다면 문제가 비교적 간단하겠지만, 불행히도 세상일은 그리 간단치 않다.

레닌이 설명했듯이, 노동당과 사회민주주의 정당은 흔히 단순한 자본가 정당도 단순한 노동자 정당도 아닌 '부르주아적 노동자 정당', 즉 '자본주의적 노동자당'이다.[10] 이들의 특징은 철저하게 친자본주의적인 지도부가 (흔히) 노동조합(특히 노동조합 관료)과 맺고 있는 유기적 연계 덕분에 선거에서 노동계급 대중의 지지를 받는다는 것이다.

이런 분석을 바탕으로 레닌은 영국 부르주아지의 주요 정당들(예컨대 보수당과 자유당)에 맞서 노동당을 투표로 지지하라고 주장했다.

그러나 미묘한 차이도 있다. 예를 들어, 블레어, 브라운, 밀리밴드, 올랑드, 파판드레우*만큼 노골적으로 '친자본주의적'이지는 않은 지도부가 이끄는 좌파 개혁주의 정당들이 있다. 그리스의 시리자나 프랑스의 좌파 전선이 그렇다(시리자가 훨씬 더 급진적이긴 해도 영국 노동당에 견줄

---

* 블레어, 브라운, 밀리밴드는 영국, 올랑드는 프랑스, 파판드레우는 그리스의 사회민주주의 정당 지도자들이다.

반한 노동조합 기반이 있지는 않다). 흔히 노골적 부르주아 정당에 맞서 노동당 같은 정당에 투표해야 한다는 주장은 개혁주의를 대체할 좌파적 대안이나 혁명적 사회주의 대안을 발전시켜야 한다는 이유로 기각된다. 때로는, 아일랜드에서 그랬듯이, 선거제도에 따라서는 (선호투표제 등을 이용해) 두 가지를 동시에 할 수도 있다. 다른 경우에는, 영국(단순 다수대표제)에서 그랬듯이, 둘 다 할 수가 없으므로 선택을 해야만 한다.

'제3세계'나 '개발도상국', 과거 식민지 나라에서는 상황을 더 복잡하게 만드는 또 다른 문제가 있다. 유럽이라면 사회민주주의 정당들이 차지했을 정치 공간을 이런 나라에서는 반제국주의 언사(때로는 투쟁)로 노동계급, 빈민, 농민의 광범한 지지를 받는 민족주의 정당이나 이슬람주의 정당이 차지하는 경우가 흔하다. 이 정당들은 실천에서는 자본주의를 지지한다. 남아프리카공화국의 아프리카민족회의ANC부터 레바논의 헤즈볼라까지, 그리고 과거의 팔레스타인해방기구PLO와 오늘날의 하마스도 이런 사례에 포함된다.

때로는 셋째 요인인 투표 결과의 정치적 파장이 첫째·둘째 요인과 다른 방향을 가리키는 것처럼 보일 수 있다. 예컨대, 2002년 프랑스 대선 결선투표에서 우파인 시라크와 파시스트인 르펜이 붙었을 때가 그랬다. 평상시라면 어떤 사회주의자도 시라크에게 투표할 생각을 하지 않을 것임이 명백하다. 그러나 르펜의 승리가 재앙일 것이라는 점도 그만큼이나 분명했다. 당시 혁명적 마르크스주의자들 사이에서는 견해가 갈렸다. 영국 사회주의노동자당은 시라크에게 투표하는 것에 반대하면서, 파시스트 세력에 맞서 의회 밖 대중 동원을 호소했다. 프랑스의 혁명적공산주의자동맹LCR은 시라크에게 표를 던졌다. 당시 나는 사회주의노동자당의 방침을

5장 사회주의 전략·전술

지지했지만, 지금 생각으로는 십중팔구 내가 틀렸던 것 같다. 공교롭게도 시라크는 79퍼센트 투표율에 82퍼센트 득표라는 압도적 승리를 거뒀는데 이는 계급의식적 부위를 포함한 프랑스 노동자의 압도 다수가 시라크에게 투표했음을 보여 준다.

마르크스주의 전통에서 혁명가와 선거라는 문제 전반에 관한 가장 훌륭한 일반적 지침은 앞서 인용한 레닌의 《좌파 공산주의 ― 유치증》이다. 당시 공산주의 인터내셔널의 많은 신생 정당들(독일, 네덜란드, 이탈리아 공산당 등) 안에서 상당히 강력했던 '좌파' 공산주의 경향에 맞서 싸우고자 쓴 이 책은 전략·전술의 탁월한 안내서로서 선거 문제를 제대로 판단하고자 하는 혁명가라면 반드시 탐구해야 마땅하다. 《자본론》을 읽지 않으면 대단한 마르크스주의 경제학자가 될 수 없는 것과 마찬가지로 《좌파 공산주의 ― 유치증》을 읽지 않으면 혁명적 사회주의 정치 지도자가 될 수 없다.

이 책의 핵심 주장은 다음과 같다. 첫째, 모든 타협을 원천적으로 거부하는 것은 진지한 마르크스주의자의 태도가 아니다. 둘째, '반동적' 노동조합을 포함해 노동조합 안에서 활동하는 것은 무조건 필요하다.[11] 셋째, 선거에 참여하고 부르주아 의회에 개입하는 것은 의무다. 넷째, 우파에 반대하는 노동자 대중과 한편에 서기 위해, 그리고 개혁주의자들이 집권하게 해서 대중에게 개혁주의를 폭로하기 위해, 믿지 못할 개혁주의 지도자들에게서 현장 노동자들을 떼어 내 우리 편으로 만들기 위해, 노골적 자본가 정당에 맞서 사회민주주의 정당에 투표해야 한다. 다섯째, 혁명 지도부의 기예 가운데는 노동계급의 혁명적 전위만이 아니라 노동계급의 다수를 설득할 방법을 터득하는 것도 포함된다("전위만으로는 승리를 쟁취할 수 없다"[12]). 그리고 이것은 대중과 너무 멀리 떨어지지 말고 한 발짝

앞에서 접점을 유지해야 함을 뜻한다.

그러나 《자본론》이 마르크스주의 경제 분석의 전제 조건이라고 해서 오늘날의 경제 분석을 《자본론》으로 대신할 수 없듯이, 선거와 관련해 올바른 결론을 내리려면 그저 레닌의 저작을 읽는 데 그쳐서는 안 되고 여러 계급과 정치 세력의 관계를 구체적으로 따져 봐야 한다.

다시 이집트 이야기를 한마디만 하겠다. 내가 이집트를 이 글의 주된 초점으로 삼고 싶지 않았던 이유는 (내가 아일랜드에 있는 탓에) 이집트의 상황을 구체적으로 평가할 만한 처지가 아니기 때문이다. 그러나 이 글에서 개진한 주장들은 이집트 상황과 관련해서 분명한 함의가 있다.

첫째, 이 주장들은 기권주의적 태도나 보이콧 방침의 근거로 제시되는 수많은 이유들이 총선에서건 대선에서건 타당하지 않다는 것을 암시한다. 무슬림형제단은 극단적 반동 세력이므로 샤피크에 맞서 무슬림형제단에 투표할 수는 없다는 주장만 잘못된(사실이 아니므로) 것이 아니다. 무슬림형제단은 혁명을 배신했다거나 배신할 것이므로(비록 그것이 사실이라 해도) 또는 무슬림형제단은 종교적이며 여성에 대한 태도 등에서 후진적이므로 샤피크에 맞서 무슬림형제단에 투표해서는 안 된다는 주장도 잘못이다. 역사는 많은 경우에 진지한 혁명가들이 노골적 반동과 반혁명에 맞서 그런 배신자와 후진적 집단에게 투표해야만 했음을 보여 준다.(영국 제국주의에 맞서 지지받아 마땅한 아일랜드 공화당이 여성의 권리나 노동자 권력을 위해 투쟁할 것이라고 생각하는 사람이 있을까? 1914년 이래로 제국주의 전쟁을 지지했고 인종차별적 이주 규제를 비롯해 숱한 범죄를 저지른 수많은 사회민주당들이야 말해 무엇하겠는가.)

또, 이집트에서 정치활동규제법[13]이 지켜지지 않으면 좌파는 선거에 참여하지 말아야 한다는 주장도 잘못이었다. 그런 주장이 절대적 또는 '도덕적' 원칙으로서 잘못된 이유는 모든 부르주아 선거, 즉 자본주의 사회에서 치러지는 선거는 모두 결함이 있고 불공평하기 때문이다. 그런 주장이 '위협용'이나 협상 수단으로서 무의미한 이유는 최고군사위원회가 좌파의 선거 보이콧에 콧방귀도 안 뀔 것이기 때문이다.

1919~20년 독일에서 선거 기권을 옹호한 혁명가들(레닌은《좌파 공산주의 — 유치증》에서 이들을 논박했다)과 오늘날 이집트에서 선거 불참을 옹호한 혁명가들이 서로 매우 닮았다(물론 똑같지는 않다)는 점도 흥미롭다. 두 경우 모두 그들은 흔히(꼭 그런 것은 아니더라도 대체로) 아직 젊고 혁명가가 된 지 얼마 안 된 노동자와 거리 투사들이었다. 이들은 혁명에 없어서는 안 될 훌륭한 사람들이지만 혁명 전략과 전술 분야에서 경험과 훈련이 부족하고, 결정적으로, 그들 자신의 용기와 의지력만으로는 혁명(사회주의 혁명)을 일으킬 수도 없고 심지어 최고군사위원회를 타도할 수도 없다.

혁명을 승리로 이끌려면 영웅적인 혁명적 전위가 대중, 즉 작업장의 노동자, 도시와 농촌의 빈민, 농민의 상당 부문을 설득할 수 있어야 한다. 고작 수십만 규모가 아니라 수천만 규모의 대중을 말이다. 그러려면 가두 투쟁만이 아니라 정치 전략이 필요하고 그런 전략의 일부는 선거 전략이어야 한다. 그래야 함딘 사바히와 무함마드 무르시에게 투표한 수백만의 노동 대중과 연관을 맺을 수 있을 것이다. 따라서 그러한 전략의 정식화는 앞으로 이집트 좌파가 해결해야 할 중요한 과제가 될 것이다.

이것은, 다른 많은 나라들(그리스, 프랑스, 영국, 아일랜드 등)에서 그랬듯이, 이집트에서도 혁명가들과 다양한 좌파 개혁주의 세력 간의 선거 연합 또는 공동전선이라는 문제를 제기한다. 많은 경우에 이것은 효과적 선거 개입을 위해 확실히 필요하지만, 경험(특히 영국의 경험)이 보여 주듯이 그것은 또한 많은 문제를 만들어 낼 수 있다. 지면이 부족하므로 여기서 이 문제에 대한 일반적 논의를 다룰 수는 없다. 그리고 내가 이집트의 '좌파'와 급진 세력들을 잘 알고 있지도 못하므로 이집트 상황에 대해 뭔가 구체적으로 말하기도 쉽지 않다. 그러나 이집트 혁명가들이 분명 어느 단계에선가는 이 문제를 진지하게 다뤄야 할 것이다.

후주

1 레닌은 다음과 같이 덧붙인다. "물론 아직까지도 이 점을 이해하지 못한 사람들은 구제 불능의 반동분자들이다. 심지어 그들이 최고 수준의 교육을 받은 사람, 노련한 정치인, 가장 신실한 사회주의자, 가장 박식한 마르크스주의자, 가장 정직한 시민이고 가장家長이라고 해도 말이다." *Left Wing Communism: an Infantile Disorder*, Peking 1965, p.80.

2 같은 책, p.55.

3 엥겔스가 블로흐에게 쓴 편지, 1890, http://www.marxists.org/archive/marx/works/1890/letters/90_09_21.htm

4 Lenin, 같은 책, p.81.

5 예외의 예외도 있다. 레닌이 *Left Wing Communism* p.53-54에서 지적했듯이, 볼셰비키는 1917년 9~11월, 즉 무장봉기를 전후한 시기와 제헌의회를 해산하기 전에 치러진 제헌의회 선거에 참여했다.

6 Lenin, *Collected Works*, Vol.13, p.60. Tony Cliff, *Lenin*, Vol.1, Building the Party, London 1986, p.251에서 인용.

7 Trotsky, *The History of the Russian Revolution*, London 1977, p.541.

8 Lenin, 같은 책 p.81.

9 같은 책, p.81.

10 "하나의 정치 현상으로서 '부르주아적 노동자 정당들'은 모든 선진 자본주의 나라에서 이미 형성돼 있고, 이런 정당들(또는 그룹들, 경향들 등 모두 마찬가지다)에 반대하는 노선에 따라 단호하고 가차 없는 투쟁을 벌이지 않으면 반제국주의 투쟁이나 마르크스주의나 사회주의적 노동자 운동은 존재할 수 없다는 것이 진실이다." Lenin, 'Imperialism and the Split in Socialism', http://www.marxists.org/archive/lenin/works/1916/oct/x01.htm

11 나는 이 문제를 내 글 'Marxism and Trade Unionism', *Irish Marxist Review* 1, 2012에서 상세히 다룬 바 있다.

12 Lenin, 같은 책 p.97.

13 무바라크의 국민민주당NDP과 그 밖의 구체제 잔당들이 입후보하지 못하게 금지하는 법.